CAMINO
A LA
SALVACIÓN

10

Michael Leehan

CAMINO
A LA
SALVACIÓN

TRADUCCIÓN DE SANTIAGO NUDELMAN

VERGARA

BARCELONA · MÉXICO · BOGOTÁ · BUENOS AIRES · CARACAS
MADRID · MIAMI · MONTEVIDEO · SANTIAGO DE CHILE

Título original: *Ascent from Darkness.*
How Satan's Soldier Became God's Warrior

Camino a la salvación

Primera edición en Ediciones B, junio de 2012

D. R. © 2011, Michael LEEHAN
D. R. © 2012, EDICIONES B MÉXICO, S. A. de C. V.
        Bradley 52, Anzures DF-11590, México
        www.edicionesb.mx
        editorial@edicionesb.com

ISBN: 978-607-480-325-9

Impreso en México | *Printed in Mexico*

ACLARACIÓN DEL AUTOR: *en algunos casos, los nombres, fechas, lugares y otros se han modificado intencionalmente para proteger la identidad y la vida privada de las personas citadas en este libro.*

Para aquellos que luchan y se esfuerzan por avanzar
cada día en un mundo fracturado e indiferente

índice

TODO LO ESCRITO EN ESTE LIBRO ES REAL. No voy a mentir ni a modificar la verdad para impresionarlos. No deseo transformar mis experiencias en algo mejor o peor de lo que fueron en realidad. Mi objetivo es contar la verdad sobre mi viaje oscuro y angustiante por el satanismo, y sobre cómo el Señor me rescató de un trágico final. Todo lo que puedo hacer es dar testimonio de sus actos durante este proceso.

No soy un estudioso de la Biblia ni un profesor universitario ni un escritor profesional. No soy experto en ninguna confesión, culto o religión. Soy una persona que depositó su fe en Jesucristo y en las promesas a sus seguidores. Soy una persona con defectos que ha visto la maravillosa luz de Dios y que, por su gracia y piedad, tuvo literalmente una segunda oportunidad en la vida. Estoy aquí sólo para compartir mi historia sobre lo que Dios hizo por mí y continúa haciendo en mi vida.

Sin duda, muchos pondrán en duda las cuestiones espirituales que presenta un libro sobre el satanismo. Es de esperar. Pero déjenme ser claro al respecto: ahora soy un hijo del Dios Supremo. Mi fe en Jesucristo no está abierta a debate.

Camino a la salvación trata cuestiones relacionadas con la desesperanza, la depresión, la enfermedad mental, la guerra espiritual, la cárcel, las adicciones y muchos otros combates que usted o alguien que usted quizá conoce debe enfrentar. Mi intención al escribir este libro es esparcir la luz divina sobre estas oscuras circunstancias y dar esperanza a aquellos que no la tienen.

Rezo porque este libro ayude a liberar a los cautivos a través de la luz de nuestro Dios maravilloso que brinda amor.

capítulo 1

Los primeros años

Porque somos hechura suya, criados en
Cristo Jesús para buenas obras, las cuales Dios
preparó para que anduviésemos en ellas

Efesios 2, 10

11 de enero de 1976
Edmond, Oklahoma

MI MEJOR AMIGO, ELDON FRENCH, tenía un departamento a pocos kilómetros de mi trabajo, por lo que me encaminé a su casa a pasar el rato y tomar un par de cervezas cuando salí, alrededor de las cinco de la tarde. Faltaban cuatro horas para que Eldon saliera del supermercado donde trabajaba, así que hice lo que muchos jóvenes de diecinueve años habrían hecho: me tomé un *six* de cervezas. Esperar hasta las nueve a Eldon me pareció eterno, así que bajé a una tienda a comprar otro *six*.

Mientras caminaba hacia la tienda, comenzó a dolerme la rodilla derecha. Me la había lesionado jugando futbol en un solar, y estaba destrozada. Ya había sufrido tres operaciones y todavía necesitaba una más, así que siempre tenía a la mano un frasco de analgésicos. Tomar pastillas para combatir el dolor de la rodilla se había convertido en una rutina: llevaba unos dos años así.

Debo haber parecido más viejo, o a los cajeros no les importó demasiado, porque ninguno de los que trabajaba esa noche me pidió mi identificación. Tomé mi recién comprado *six* de cervezas, salí de la tienda y regresé caminando a casa de Eldon. El clima gélido de enero no ayudaba con el dolor de mi rodilla, así que cuando llegué al departamento tomé otras tres pastillas (la dosis de todo un día) y las pasé con una budweiser fría.

Alrededor de las ocho de la noche me terminé la última cerveza del segundo *six* y fui otra vez a la tienda. Revisé mi frasco de píldoras y comprobé que me quedaban diez. Tomé otras dos para la caminata y el viento helado de la noche. Me entretuve bebiendo mi última cerveza, a la espera de que las pastillas hicieran efecto. La rodilla me dolía, pero el verdadero dolor que intentaba embrutecer era el dolor emocional de mi reciente ruptura con una chica de la que estaba enamorado.

Bebí el último sorbo de mi cerveza todavía recostado en el sofá. Cuando busqué el frasco de pastillas, noté que estaba vacío. *No recuerdo haberlas tomado*, pensé.

Intenté levantarme, pero sentía las piernas pesadas. Recostado en el sofá de cuero, observé la habitación. La televisión estaba encendida, pero no escuchaba ningún sonido que saliera de ella. Una sensación de calidez recorrió mi cuerpo, y todo comenzó a ir más despacio. *Mejor te levantas*, me dije. Pero cuando intenté moverme, mis pies parecían bloques de cemento. Tenía las manos dormidas, sentía el rostro sonrojado, el corazón me latía rápido y comencé a sudar. *Esto no está bien*, pensé. Estaba en problemas, y lo sabía.

Entré en pánico. De alguna manera reuní la fuerza para salir del sofá, pero caí al suelo. Me giré de lado e intenté agarrar el teléfono de pared que estaba en la cocina. Necesitaba ayuda. Quería gritar, pero no tenía voz. Sentía la cabeza embotada y me costaba respirar. Pero tenía que alcanzar el teléfono. Me arrastré unos metros, volví a caer y me desmayé.

Cuando desperté, poco después, la habitación estaba muy fría, pero yo tenía el cuerpo empapado de sudor. Todo mi cuerpo estaba fuera de control, y supe que no tenía mucho tiempo. Conseguí ponerme en cuatro patas, luego me sostuve de rodillas y estiré la mano hacia la pared. Pero a pocos centímetros del teléfono perdí la fuerza y me deslicé por el muro hasta quedar boca abajo contra el suelo de linóleo. Giré hasta quedar boca arriba mirando el techo. La habitación daba vueltas, tenía el estómago revuelto, palpitaciones en la cabeza y mi camiseta estaba empapada. Mi cuerpo comenzó a sacudirse entre espasmos. Las rápidas contracciones estomacales me impedían respirar. Finalmente la habitación se oscureció por completo.

Diversas escenas desfilaron por mi mente. Pude verme claramente a los cinco años, jugando en el jardín de mi casa y platicando con los vecinos, cuyos rostros amables estaban iluminados por el brillo del sol californiano. Reconocí a mi madre y a mi padre, pero estaban alejándose de mí y no podía ver sus caras. Quería llamarlos, pero estaban muy lejos, fuera de mi alcance. Después estaba en la playa, y vi el rostro enojado de una mujer adulta que me gritaba por algún error imperdonable. Me hundió en el agua salada hasta que no pude respirar más. Vi mis lágrimas, mi miedo y mi desamparo.

También me vi llorando cada noche antes de dormir. De niño, le rezaba a dos estatuillas de María y Jesús que estaban sobre la cabecera de mi cama. Rezaba para que me rescataran de esa vida de miedo y desesperación que desde entonces sentía insoportable. Les rogaba con las palabras simples de un niño con el corazón roto que sólo buscaba alivio. Pero el alivio nunca llegó. La estatuilla de aquella mujer que, según me habían dicho, tenía el poder de ayudarme, no lo hizo. La amable sonrisa de la estatuilla de su hijo parecía estar burlándose de mí. Me sentía solo y abandonado. Una noche, después de rezar, arranqué las cabezas de las dos estatuillas de plástico, fui al patio trasero y las enterré bajo el suelo de un jardín cercano.

Lo siguiente que vi fue mi cuerpo recostado en una ambulancia mientras avanzábamos por la calle Danforth en dirección al centro médico de Edmond. Yo flotaba por encima del vehículo y podía ver la conmoción que tenía lugar dentro mientras los paramédicos se ocupaban de mí. Vi la máscara de oxígeno sobre mi rostro y mi camiseta desgarrada mientras yo estaba inconsciente sobre la camilla blanca. Observé mi cuerpo arquearse cuando me apoyaron los desfibriladores en el pecho para traerme de regreso al mundo que acababa de abandonar. Pero yo no quería regresar al dolor, a la confusión, a la soledad y al aislamiento. Vi el miedo en los rostros de los paramédicos a medida que mi vida se les escapaba de entre las manos. Mirando esta escena, lo único que pude pensar fue: *Al fin se terminó.*

Entonces escuché una voz que me decía: «Todavía no, hijo. ¡Aún necesito que hagas muchas cosas!».

Volví a dormirme.

•

Abrí los ojos en una habitación en penumbras. Estaba tapado con una sábana blanca y una manta ligera. *¿Estoy vivo?, ¿dónde estoy?* No sabía el día o la hora, ni siquiera creo que recordara mi nombre. Mi mente se fue aclarando poco a poco. Era como si hubiera tenido un cortocircuito y la sinapsis no estuviera transmitiendo. Intentar mover las piernas me provocó un cansancio aplastante.

Sobre el dorso de la mano izquierda tenía insertado un catéter envuelto en tela blanca, que llevaba electrodos conectados a mi pecho por un extremo y a un monitor por el otro. La habitación era cálida y no había en ella nada más que un ramo de flores sobre la mesa de luz y algunas tarjetas de buenos deseos en el alféizar de la ventana. Cerré los ojos e intenté descansar. No tenía fuerzas. *Estoy vivo pero... ¿por qué?*

—¿Cuándo vas a volver con nosotros, Michael? —susurró una voz suave. Abrí los ojos lentamente y vi a una joven enfermera que me cambiaba la bolsa de solución intravenosa. El reloj de la pared marcaba las dos de la madrugada. La enfermera me daba la espalda cuando pregunté con una voz ronca:

—¿Dónde estoy?

La enfermera giró sobre sus talones:

—¡Gracias a Dios!

Con lágrimas en los ojos, tomó mi mano y la sostuvo con ternura. Intentó hacerme hablar, pero yo no tenía energía. Intenté volver a dormirme, pero ella seguía hablándome y diciéndome que me mantuviera despierto. Entonces la escuché gritar pidiendo ayuda.

Tenía muchas ganas de dormir. Se me cerraban los ojos. Ella me sacudió, repitiendo mi nombre una y otra vez.

Entonces escuché a otra mujer en la habitación.

—¿Está segura? Bien, déjelo dormir y llame al médico de guardia.

Escuché la voz de un hombre decir mi nombre. Una luz brillante me iluminó el ojo izquierdo mientras una mano me forzaba a abrir el párpado. Intenté apartarme.

—¿Puedo dormir, por favor? —murmuré.

—Michael, necesitas despertar —dijo con severidad el extraño doctor. Luché para no despertarme porque me sentía sin fuerzas, pero el doctor continuó: —Michael, necesito que te quedes conmigo. Tienes que luchar.

Con los ojos empañados miré al doctor y me cegaron las grandes luces del techo. Hice una mueca y cerré los ojos.

—Por favor, apáguenlas —rogué, sintiéndome confundido y desafiante. Cuando la enfermera apagó las luces, me senté en la cama y caí de nuevo hacia atrás. Alguien me alzó con suavidad por los hombros y la cabeza mientras otra persona colocaba almohadas debajo de mí.

El doctor me preguntó cómo me sentía y si estaba adolorido. Le dije que sentía como si me hubiera atropellado un camión, que me dolía todo. Le pregunté qué me había pasado. En vez de responderme, me preguntó cuál era mi nombre, quién era el presidente de los Estados Unidos y en qué año había nacido. Le dije mi nombre, pero era todo lo que recordaba.

—Por favor, ¿puedo volver a dormir? —le pedí, cansado de sus preguntas.

—Claro —dijo—. Presiona el botón en tu mano derecha si necesitas algo, tu médico de cabecera vendrá a verte pronto.

Volvieron a despertarme más tarde con más preguntas y un nuevo examen físico. Esta vez mis ojos se abrieron por completo ante los rayos de sol que atravesaban la ventana. Me sentía mucho más despierto y coherente que la noche anterior. Escuché la voz familiar de mi madre:

—Hijo, me asustaste. ¡Estoy tan contenta de que te encuentres de nuevo entre nosotros!

Miré a mi derecha y vi a mi madre junto a mí. Detrás de ella estaba el padre Frances, el sacerdote católico de su iglesia. Me felicitó y me dijo que se alegraba de que estuviera despierto, que había hecho una tontería pero que Dios me había perdonado. Más adelante mi madre me reveló que el padre Frances me había dado la extremaunción un par de semanas antes. Me contó que cuando llegué al hospital tenía los labios azules y la piel fría, y que los médicos me habían llevado en camilla a la sala de emergencias. Creyó que no volvería a verme con vida.

·

Dos semanas después yo observaba la ciudad desde las alturas a través de la ventana del hospital, que había sido mi casa durante el último mes. Estábamos a mediados de febrero y la nieve cubría las calles y se apilaba en la acera. Parecía como si llevara meses nevando.

—Fue una de las peores nevadas que hayamos visto —me dijo la voz de un hombre. Aparté la mirada de la ventana y vi a mi nuevo doctor que se acercaba—. ¿Cómo se encuentra? —preguntó.

Miré la habitación y luego de vuelta al doctor.

—Bien —respondí.

Me observó con curiosidad: —¿Su sobredosis fue intencional?

—No recuerdo mucho de aquella noche, *doc,* salvo cuando estaba afuera y, después, dentro de la ambulancia —respondí—. Recuerdo haberme alegrado de estar en otro lado. Me sentí ligero. En cierta forma estaba relajado. Quería estar fuera de este mundo y quedarme ahí, donde sea que fuera —hice una pausa, preguntándome si podía confiar en él—. También escuché una voz, *doc.*

—¿Ah, sí? —dijo alzando una ceja— ¿Y qué decía la voz?

—Era una voz de hombre, quizá mi padre, no lo sé. Me dijo: «Todavía no, hijo. ¡Aún necesito que hagas muchas cosas!».

El doctor escribió algo en el reporte médico y luego afirmó:

—Fue sólo su imaginación.

•

Unas horas después, estaba dentro del coche con mi mamá. Nos dirigíamos a casa, y yo todavía le daba vueltas en la cabeza a lo que había sucedido un mes atrás.

—¿Cómo te sientes? —preguntó mi mamá.

—Estoy bien —dije, cansado de que siempre me preguntaran lo mismo.

—El doctor me dijo que te vigile bien. No está convencido de que no hayas querido matarte a propósito, hijo. ¿Fue así?

—No.

—Papá está bastante alterado, pero no le conté todo. Ya sabes que no maneja muy bien estas cosas.

—No te preocupes, mamá —dije—. Ya sé cómo es papá.

Para mis adentros lo insultaba. *¡Qué maricón! Papá es un cobarde, no puede enfrentar ningún problema emocional. Ni siquiera puede decir «te quiero» a su hijo que casi muere. No puede ir al hospital porque está demasiado limpio, demasiado aséptico. Le tiene miedo a los médicos, a las mujeres, a la confrontación. Sólo piensa en sí mismo. ¡No pienses en tu hijo, papá, podría dolerte demasiado!*

—Voy a ir a ver a Carol al llegar a casa. ¿Todavía está allí mi coche? —dije, determinado a no quedarme en casa lo suficiente como para tener que hablar con mi padre.

—Hijo —me dijo con dulzura mi madre—, Carol rompió contigo el día que ingresaste al hospital.

—¿En serio?

Mis pensamientos saltaron a la última vez que había visto a Carol. Estuvimos solos y conversando. Salí de casa de sus padres y me dirigí al trabajo. ¿Fue realmente así? Ella estaba preocupada por algo. ¿Por qué lloraba? Mi mente se negaba a recordar. Intenté revivir los detalles de nuestro último día juntos, pero cada vez que me acercaba a algo, un nuevo recuerdo aparecía y yo tenía que volver a pensar toda la escena.

—Sí, y tienes que mantenerte alejado de ella —la respuesta de mi mamá me sacó de mis cavilaciones—. Ella es todavía muy joven, y no sabe lo que quiere.

Mi mente comenzó otra vez a buscar una justificación detrás de las duras palabras de mi madre.

Mi mamá sólo dice eso porque cree que Carol es responsable de mi sobredosis. Ni siquiera la conoce. Carol sí sabe lo que quiere. ¡Tiene diecisiete años! Padres... a mi papá no podría importarle menos, y mi mamá sólo finge que le importa. Lo único que cuenta para mi mamá es ella misma: sus apuestas en el bingo, sus cigarros y su padre manipulador. ¿Cómo sabe lo que quiere Carol? ¡Apenas y ha hablado alguna vez con ella!

Mi madre aparcó en la entrada de nuestra pequeña casa de una planta. El jardín y la entrada todavía tenían pilas de nieve sucia y a medio fundir. Alcé la mirada y vi a mi papá abrir la puerta de entrada y quedarse tras la antepuerta de cristal esperando mi llegada. El sol de la mañana atravesaba el cristal e iluminaba la lata de cerveza que sostenía en la mano. Aún no era mediodía.

—Necesito uno de los analgésicos que me dio el doctor, mamá.

—Todavía no es hora —respondió—. Me dijo que no te dejara tomar otra hasta las dos de la tarde.

—Por favor —insistí—. No pasa nada, mamá. Una pastilla no va a matarme. Me duele mucho la cabeza.

Luego de un suspiro, me alcanzó el frasco:

—Tienes diecinueve años, hijo, no voy a tratarte como a un bebé... ¡Toma!

—Gracias. Me voy al autolavado. Te veo en un rato.

—¿No vas a saludar a tu padre? Además, el doctor dijo que te lo tomes con calma por al menos tres o cuatro días, así que no estoy segura que sea prudente que conduzcas. Estuviste inconsciente casi dos semanas, y un mes en el hospital —señaló—. Y recuerda que el jueves tienes cita con tu psiquiatra. Quiere verte dos veces por semana hasta que considere que estás bien.

—¡Mamá! Estoy bien. Sólo quiero salir, estar en cualquier lado menos aquí —podía sentir la ira montar en mí mientras hablaba—. De todas formas, odio a los loqueros. No tienen idea de lo que hacen. El doctor Turner es un idiota, sólo le digo lo que quiere escuchar. Olvídalo, mamá... ¡Olvida todo este maldito mundo! ¿Qué te importa, de todas formas? ¡Nunca te importó nada más que tú misma!

Apenas tuve tiempo de darme cuenta de las palabras que salían de mi boca. Mi mamá no respondió a mi agresión. Abrió la puerta y dijo con calma:

—Bien, yo creo que deberías tomártelo con tranquilidad. Necesitas volver a activarte, y tienes que regresar al trabajo. Tu abuela llamó ayer para decir que tu puesto en LongBell está aún disponible.

La maderera LongBell era un almacén local de madera donde mi abuela había trabajado por más de cuarenta años. Cuando me mudé de California a Oklahoma, ella me ayudó a conseguir un trabajo como chofer de camiones de reparto.

—Disculpa, mamá, estoy un poco nervioso. No soy un bebé, y estoy cansado de los doctores y de que todo el mundo me trate como a un… Los medicamentos también me hacen sentir un poco raro. Es difícil pensar y hablar. Es como si mi mente fuera más despacio. Cosas raras, mamá.

—El doctor dijo que podrías sentirte somnoliento, hijo.

—No me siento sólo adormilado. Es como si no pudiera pensar. No puedo explicarlo. Como si no fuera yo mismo.

Me giré lentamente y tomé un par de bolsas del asiento trasero, una bacinica para orinar (¿por qué había traído eso a casa?), los papeles de alta del hospital, una receta y algunas tarjetas de buenos deseos. Luego de tomar mis cosas, abrí la puerta del coche y me dirigí a la entrada de la casa. Sentía las piernas débiles. Todavía me costaba pensar con claridad. Era como si mis pensamientos no fuesen míos. Pensaba de forma distinta… muy lentamente. Me tomé un momento para asimilar el entorno. Sentía la cabeza como ajena a mis sentidos. Intenté caminar hacia la puerta pero tropecé. Mi mente no estaba en sincronía con mis pasos. *Deben ser los medicamentos*, pensé.

Mi padre me abrió la antepuerta y dijo:

—Hola, hijo.

—Hola papá. Oye, te estás poniendo viejo. Tienes la barba blanca. Parece que llevas varias semanas sin afeitarte.

Seguramente sabe que estoy bromeando, pero de verdad se ve horrible… ¿Por qué diablos me siento tan espeso? Tengo la boca muy seca… Tengo sed. Necesito salir de aquí.

—¿Y por qué no viniste a verme, papá? —pregunté, intentando despejar mis pensamientos.

—Ya sabes que no me gustan los hospitales —respondió.

Miré la casa sucia. Era algo típico: polvo y mugre por todas partes, y las cosas fuera de lugar. La alfombra verde parecía no haber sido aspirada en todo el mes. Los techos blancos estaban manchados de nicotina. Había platos en cada rincón de la pequeña cocina. La mesa del comedor estaba cubierta de cosas. Exasperado, solté mis pertenencias en el suelo.

—¿Los hospitales son demasiado limpios, papá? ¿Ése es tu problema? ¿Qué es lo que tanto te gusta del caos? ¡Tenía esta casa impecable, y ahora mírala! —suspiré—. Debo irme.

—¿A dónde vas?

—No importa —hice una pausa, queriendo preguntarle algo pero sin estar seguro de si quería conocer la respuesta—. Papá, tengo una pregunta para ti.

—Adelante —murmuró.

—¿Estabas conmigo en la ambulancia?

Bebió un largo trago de su lata de cerveza antes de responder.

—No.

¿Por qué pregunté eso? Por supuesto que no estaba. ¿Alguna vez había estado cuando lo necesitaba? Cada vez que hay un problema simplemente se esconde.

—Me voy —dije—. Voy al autolavado y luego a ver a Eldon.

Me metí en mi coche y conduje para intentar despejar la mente. Al fin solo, sin doctores, sin enfermeras, sin mi familia, era libre para beber. Mis instintos de conductor se hicieron cargo en cuanto giré la llave en el contacto, pero mis sentidos todavía parecían ir por detrás.

Mejor que vaya con cuidado. Ya he conducido borracho antes, pero esto es como un viaje. Tengo que deshacerme del efecto de estos medicamentos… no puedo pensar con esta cosa en mi sangre. No quiero atropellar a nadie.

Mis pensamientos volvieron a la voz que escuché cuando estaba en la ambulancia, cuando sentí como si hubiera alguien más conmigo. *¿De dónde vino esa voz? Era tan reconfortante, tan tranquilizadora... Sonaba (o se sentía) como mi papá, pero no era él... ¿Quién me dijo que tenía muchas cosas por hacer? Era una voz muy calmada y amable. Tan límpida, tan pura... ¿Había sido real?* Sacudí mi cabeza, intentando despejarla de mis pensamientos mientras seguía conduciendo. *No importa... el doctor tiene razón. Sólo fue mi imaginación.*

Llegué al estacionamiento del supermercado donde mi amigo Eldon trabajaba. Entré en la tienda y lo vi aprovisionando una estantería.

—Oye, me parece que trabajas demasiado —dije.

Eldon se dio vuelta y me vio:

—¡Mike! ¡Me alegro que estés bien! ¿Cómo te sientes? Fui al hospital cada día mientras estuviste inconsciente... Me diste un susto tremendo. ¿En qué estabas pensando?

—No estoy seguro de lo que pasó esa noche —respondí, inclinando la cabeza—. Sólo pensaba emborracharme antes de que saliéramos.

—¡Mike, lo que pasó esa noche fue Carol! Seguro que estabas triste por eso. Déjala ir, hombre.

—Eso hice —dije rápido—. Al menos eso creo...

—Te entiendo, amigo —asintió.

Hablar de Carol era doloroso, así que decidí cambiar de tema:

—¿Quieres ir al Scorpio esta noche? —El Scorpio era un sórdido bar de la zona.

—¿Crees que es una buena idea? —preguntó.

—Creo que es una idea perfecta. Es como dijiste: tengo que dejarla ir y pasar a otra cosa.

—Está bien, hombre... Pero no creo que debamos quedarnos hasta muy tarde. Paso a buscarte a las seis.

Mi vida continuó vacía y sin mucho sentido. Escondía mis emociones detrás de las drogas que me recetaban y el alcohol. Incluso la experiencia cercana a la muerte no me cambió demasiado. Me veía a mí mismo como alguien de diecinueve años a prueba de balas y que vivía al límite.

El resto del año continuó de la misma forma, con fiestas, citas con chicas del lugar y mi trabajo en el almacén de madera. Me sentía completamente recuperado y de regreso a mi vida de siempre.

En febrero, un año después de mi sobredosis accidental, encontré una nueva fuente de inspiración cuando conocí una chica con la que empecé a verme seguido. Amber era genial, divertida y le gustaba el esquí acuático, una pasión que había comenzado en mi infancia. Ahora que vivía en Oklahoma, donde había lagos en abundancia, practicaba muy seguido el esquí acuático.

Finalmente había dejado la casa de mis padres y vivía con un amigo con quien trabajaba en LongBell. Era una época de auge en la construcción, por lo que los negocios aumentaron sustancialmente para la compañía maderera LongBell. En aquel entonces no había tiendas especializadas en bricolaje como Home Depot o Lowe's, por lo que los constructores trabajaban únicamente con las madereras de la zona. Yo entregaba madera doce horas al día, y durante los fines de semana ayudaba a mi papá a arreglar la casa en la que vivían.

Un caluroso sábado de junio estaba en casa de mis padres instalando un sistema de ventilación en el ático para que no hiciera tanto calor adentro. Hacía más de treinta grados fuera, pero en el ático la temperatura era aún mayor. Mientras trabajaba en aquel espacio sofocante, pensaba en mi novia e intentaba terminar de una vez para poder ir a esquiar como habíamos planeado. Aunque sólo conocía a Amber desde hacía cuatro meses, pensábamos casarnos en julio.

Estaba apurado por terminar. Llevaba mucho tiempo bajo un calor extremo, y ya había pasado el punto del sudor. Me sentía mareado.

La salida del ático era a través de una abertura de sesenta centímetros por un metro veinte a casi tres metros del suelo de concreto. Había colocado una escalera para acceder ahí, ya que no había ninguna instalada. Una ráfaga del aire acondicionado pasó a través de la abertura, instándome a apurarme aún más para poder refrescarme.

Aproximadamente a un metro de la abertura había una abrazadera sobre una de las vigas del techo. En mi prisa por salir del ático ardiente, tropecé con la abrazadera y caí de cabeza a través de la abertura contra el suelo de concreto. A mitad de la caída, mi brazo derecho golpeó ligeramente el costado de una lavadora y salió disparado hacia atrás, lo que me impidió protegerme la cabeza del inevitable choque contra el suelo. El costado izquierdo de mi frente se golpeó contra el concreto con un golpe seco. Lo siguiente que recuerdo fue despertar en una cama de hospital unos días después.

Según mi mamá, el día de mi caída ella y mi papá habían salido de la casa por unas horas para ir de compras. Dijo que me había gritado que saldrían y que yo le respondí que casi había terminado y que la llamaría más tarde. Cuando regresaron a la casa cuatro horas después, mamá llamó a la perra para darle de comer. No pudo encontrar a Mia (su pequeña poodle), y cuando entró en donde estaba el lavadero, la vio lamiendo vómito y sangre de mi rostro. Llevaba inconsciente al menos tres horas. Me dijo que estaba tirado sobre un charco de sangre y que no reaccioné cuando me sacudió, así que llamó a una ambulancia.

•

Cuando desperté en la habitación del hospital no podía ver con el ojo izquierdo, estaba cerrado por la inflamación. Tenía varios puntos de sutura sobre la ceja izquierda. Apenas y podía ver con el ojo derecho, también hinchado, pero sí lo suficiente como para notar a una enfermera a mi lado. Poco después entró un doctor y habló conmigo. Estaba aturdido, pero era coherente. Respondí a las preguntas que me hizo. Me dolía mucho. Me dolía el cuello, me dolía el hombro y me dolía la cabeza. Los medicamentos ayudaban a calmar el dolor, que era normal para el tipo de herida que tenía.

Unos días después, tras varias tomografías y exámenes para determinar la extensión de mis heridas, me dieron de alta del hospital. Sorprendentemente, la caída no representaba ninguna amenaza para mi vida ni efectos a largo plazo en mi salud. Los doctores me dijeron que las posibles repercusiones no aparecerían hasta muchos años después, y podrían incluir epilepsia o muchos otros efectos producto del golpe, pero que de momento todo estaba en orden. Estaban sorprendidos de que me hubiese librado del golpe sólo con una conmoción, contusiones, el hombro derecho dislocado y una fractura de cráneo. Según los expertos, mi edad, vigor y fuerte complexión eran los factores clave de mi recuperación de la caída.

Tres semanas después regresé al trabajo. Cuatro semanas después me casé con la madre de mis hijos.

•

Amber y yo estábamos enamorados, y como buenos recién casados, hacíamos todo juntos: esquí acuático, comprar antigüedades, proyectos de mejora de la casa y más. Al principio nuestro matrimonio fue muy feliz. Sin embargo, tras un tiempo relativamente corto la relación comenzó una espiral descendente. Tanto mi esposa como yo teníamos mal genio. Con poco apoyo por parte de nuestras familias y ninguna base real sobre la que construir algo, nuestro matrimonio pronto comenzó a desmoronarse.

Aunque la mayor parte del tiempo nos peleábamos, había momentos de respiro y de gran pasión. En medio de nuestras disputas maritales nacieron tres hermosos niños. Sin embargo, desde que nacieron, la mayor parte del tiempo Amber y yo vivíamos vidas separadas bajo un mismo techo.

Mi esposa cuidaba en casa a los hijos de amigos mientras yo trabajaba. Yo intentaba quedarme en el trabajo el mayor tiempo posible hasta la hora de ir a acostarme. Entonces regresaba a casa y me acostaba en la cama con los tres niños a mi alrededor hasta la mañana siguiente. Así funcionó nuestro matrimonio luego de tener hijos: Amber hacía sus cosas y yo las mías. En aquel entonces actuábamos lo mejor que podíamos.

Nuestros hijos, como la mayoría de los niños a esa edad, nos amaban incondicionalmente. Presenciaban algunas de nuestras peleas y sentían la tensión constante, pero eran demasiado jóvenes para comprender las implicaciones de un fracaso matrimonial, e incapaces de modificar la situación. No puedo imaginar lo que pasaba por sus cabezas, mientras que la mía estaba constantemente aturdida los medicamentos contra la ansiedad y la depresión.

Tras nueve años de matrimonio, todo se derrumbó: Amber me pidió el divorcio. No podía culparla por querer terminar conmigo; mis cambios de estado de ánimo eran más de lo que ella podía soportar. Estaba harta.

Yo me sentía enojado. Una vez más, mi vida estaba por dar un giro... y no para mejorar.

capítulo 2

Caída en el lado oscuro

Comenzaron entonces a gritar más fuerte y,
como era su costumbre, se cortaron con cuchillos y dagas hasta quedar bañados en sangre

1 Reyes 18, 28

CONOCÍ A CHERI EN UN BAR a principios del verano de 1987. Poco después, ya compartíamos un departamento en la calle 15 en Edmond, Oklahoma. Su compañía era un respiro agradable tras la tensión de mi reciente divorcio. Cheri era una mujer en constante movimiento, ocupada con sus estudios de MBA en la Universidad de Oklahoma. Ya había obtenido un máster, pero su sed de conocimientos la llevaba a esforzarse aún más. Pensé que la convivencia sería agradable: ella era atractiva, inteligente y tenía una gran disponibilidad.

Pasamos muchas noches de aquel verano junto a la piscina bebiendo cerveza, jugando voleibol de playa, dándonos chapuzones o relajándonos en la bañera. Las personas que viven en departamentos son por lo general jóvenes que beben bastante, y yo no era una excepción. Incluso estaba conociendo nueva gente. Vista en perspectiva, esta nueva sociabilidad era el único remedio emocional ante el dolor de no ver a mis hijos con mayor regularidad.

Mi historial académico apenas y contaba con algunos cursos tomados diez años atrás en una universidad local. Me pregunté si

a los treinta y un años era demasiado viejo para volver atrás. Día
tras día, Cheri salía de su trabajo como profesora en la Universidad
Central de Oklahoma y se volcaba en sus estudios, acercándose a
un nuevo máster. Su dedicación me impresionaba.

En los papeles, Cheri y yo no encajábamos a nivel educativo.
Pero a pesar de mi falta de educación formal, encontramos un espacio intelectual común. Cheri parecía disfrutar de nuestras conversaciones filosóficas y me insistía para que retomase los estudios,
convencida de que yo destacaría académicamente. Un día, impulsado por ella, decidí inscribirme en un par de cursos universita-
rios para ver a dónde me llevaban. La educación tenía sentido para
mejorar mi carrera pero sobre todo me ofrecía una gran distracción ante el dolor de perder a mis hijos.

Trabajaba de vendedor para un distribuidor nacional de quími-
cos, lo que me otorgaba la flexibilidad de continuar mis estudios
siguiendo algunas clases y ocupándome de mis clientes. Con el
ardiente deseo de ser la primera persona en mi familia con un título
universitario, me dirigí a la Universidad Central de Oklahoma y me
inscribí en dieciocho horas de cursos semanales. Quería especiali-
zarme en negocios y quizá también en psicología.

Cuando Cheri llegó del trabajo a casa y vio mi certificado de
inscripción, consiguió decir con los ojos abiertos como platos:

—Guau, estoy orgullosa de ti —aunque probablemente estaba
pensando: «No tienes ni idea de cuánto trabajo tienes por delante».

Sin embargo, estoy seguro de que también se sentía aliviada al
saber que yo estaría ocupado con mis estudios y la dejaría bastante
más tranquila.

Mi primer revés llegó de manos de mi profesora de inglés, la señora Beck, un espíritu libre calzado con Birkenstocks. Reprobé mi primer examen de gramática. Me encontré con la señora Beck luego de la clase para hablar de mi examen. Como profesora talentosa y verdadera profesional que era, la señora Beck vio en mí algo que yo no había visto. Me convenció en seguida de que podía hacerlo mejor. También dijo, medio en broma, que pensaba que yo tenía el síndrome de Tourette y TDAH (muchos de quienes me conocían llegaron a la misma conclusión, porque mi mente estaba en constante movimiento y mi boca por lo general seguía mis pensamientos). Me permitió hacer otro examen en lugar del que había reprobado, y me fue muy bien. Era el quiebre que necesitaba.

Terminé el semestre con excelentes calificaciones, y estaba listo para más. El semestre siguiente tomé veintiún horas semanales con el mismo resultado. Siguieron varios semestres de veinticuatro horas semanales. Tras obtener mi licenciatura en la Universidad Central de Oklahoma, me inscribí en la Universidad de Oklahoma para mis estudios de posgrado, con el fin de obtener un MBA (Master of Business Administration) de mercadotecnia. Completé la mayoría de los cursos necesarios para el MBA, pero apenas tomé unas cuantas clases de derecho y no terminé mis estudios a causa de asuntos legales pendientes. Mi objetivo original era completar una formación conjunta de MBA y una licenciatura en Derecho para luego abrir mi propio negocio. Pensaba que una educación jurídica me ayudaría a manejar todos los aspectos de los negocios, y que la combinación con el MBA me ofrecería un gran potencial.

Mientras destacaba en los estudios y progresaba a grandes pasos según los estándares sociales, en mi interior todo era un desastre. Todavía sufría por mi divorcio, y me sentía herido y solo. La constante sensación de fracaso, el vacío y mi ira frente a un sistema judicial que me decía dónde y cuándo podía ver a mis hijos, me volvieron amargado y lleno de resentimientos.

Existe una vieja expresión que afirma que la presión no construye el carácter, sino que lo pone en evidencia. Pues bien, yo era la prueba viviente de aquella máxima. Bajo una gran presión, me ahogaba en un océano de negatividad. Sin ilusión, asustado y confundido, no tenía ninguna convicción inquebrantable en la cual concentrar mis esperanzas.

Nunca había contemplado mi llamada condición humana. *¿Qué hago aquí?*, *¿cuál es el significado de la vida?* Todas estas preguntas me eran ajenas. Pero mi dolor emocional crónico comenzó a forzar esta pregunta en mí: *¿esta existencia dolorosa y lamentable es lo que merezco? Tiene que haber algo más.* Para un humanista secular, narcisista y guiado por su ego, a quien no le importa si vive o muere, este tipo de pensamientos pueden resultar peligrosos.

Decir que yo era vulnerable es una obviedad. Me encontraba ante una encrucijada y podía terminar en cualquier lugar a donde el viento me llevara. Luchando por un poco de aire, estaba en condiciones de volcarme a la reina de todas las malas decisiones. A medida que mi ansiedad, mi miedo y mi incertitud crecían fuera de control, mis pensamientos se fueron volviendo más erráticos. Mi mente descontrolada, mi incapacidad de relacionarme con otros y mi actitud de «cada cual por sí mismo» me habían llevado a la soledad. Deseaba algo diferente, algo que me sacara de las profundidades emocionales y me otorgara la fuerza de enfrentar mis problemas y tribulaciones. Sintiéndome débil, todo lo que podía hacer era buscar la fuerza. Cualquier fuerza.

Con una infancia solitaria y carente de disciplina, una vida de desengaños, y una capacidad nula para comunicarme y construir relaciones, mi ira iba en aumento. Mis emociones volcánicas se acercaban al punto de la erupción, y el día de aceptarlo se aproximaba.

Mi novia estaba en Michigan visitando a sus padres. Me encontraba solo por las próximas dos semanas sin nada más que tiempo en mis manos. Las dieciocho horas semanales en la universidad no

CAMINO A LA SALVACIÓN

eran suficientes para consumir mi tiempo libre o aplacar mi mente inquieta. Me encontré solo en aquel departamento, odiando al mundo por mi situación, enojado con un Dios en quien no creía del todo porque no podía concebir que me dejara nadar en semejante estado de desesperanza. A mi entender, Dios me había abandonado temprano en mi vida. Y también pronto yo lo había enterrado cuando era niño junto a la estatuilla de la virgen María en un jardín.

Mi razón enferma se había retorcido en esta idea: si *Dios lo creó todo, entonces también creó el mal.* Entonces, siguiendo tal razonamiento, decidí que Dios era el responsable del mal, que lo controlaba, y que de hecho era causa tanto del bien como del mal. Tenía entonces que ser responsable de la tragedia que era mi vida. Y si era el responsable de todo el sufrimiento en mi vida, ¿cómo era posible que se preocupara por mí? Puesto que Dios no se interesaba por mí, entonces mejor servir a su enemigo. Si Dios no me consideraba lo suficientemente bueno como para salvarme, ¿por qué no servir a su némesis? Y dicho némesis es Satán, el dios de este mundo. En mis razonamientos retorcidos, yo veía a Satán como el alter ego de Dios.

La decisión estaba tomada. Lo mejor era unirme al lado oscuro, puesto que eso era lo que siempre había conocido. Mi vida siempre había sido oscura, incluso en mi matrimonio. Siempre me había metido en problemas, incluso cuando pensaba que quería hacer el bien. Pensé que si mi vida siempre había sido un desastre, entonces el Dios de la luz no se interesaba por mí. Debía entonces superar la tragedia de mi vida uniéndome al otro lado. Al menos de esa manera podría ser más honesto con mi propia oscuridad. Ya no tendría que ser hipócrita. Necesitaba un cambio... no importaba cuál.

•

Un sábado por la tarde me senté en mi sofá rojo de pana con el corazón lleno de ira contra un Dios que me parecía distante e incluso
cruel. Mi escaso conocimiento de este Dios de la Biblia había construido la imagen de un tirano en mi mente: un Dios que nunca está
satisfecho, a la espera de que alguno de sus seguidores se pase de
la raya. En mi mente, Dios esperaba en secreto que uno de ellos
pecara o fracasara para poder hacer de él un ejemplo ante los otros,
y así asegurarse de que estos se mantuvieran tranquilos. Sentía que
el mundo moral de los hombres era uno en el que se les oculta-
ban las cartas con el fin de que nunca estuvieran a la altura de sus
circunstancias. ¿Acaso Dios no había creado un sistema basado en
el miedo, con la amenaza del infierno que forzaba a las personas a
arrodillarse ante él, no por amor sino por instinto de auto preserva-
ción? ¿Qué significa el libre albedrío en todo esto? Me sentía consumido por mi mente torturada.

Finalmente, dije:

—Dios, no voy a servirte más. No serviré a un Dios de miedo y
castigos que fuerza a la sumisión a sus víctimas. Serviré al lado oscuro
—y solté—: Satán, entra en mi vida. Ahora eres tú mi dios. Úsame,
poséeme y contrólame para tu beneficio.

Tras haber tomado una cierta decisión espiritual, me sentí un
poco aliviado.

De inmediato un poder se apoderó de mí. Un vacío inhóspito
ocupó mi interior, y mi mente se vio invadida por pensamientos
viles y perversos. Sentía la oscuridad de mi espíritu. A mi derecha,
el cojín del sofá se hundió como si alguien se hubiera sentado junto
a mí. Una voz me dijo «ve a la librería». Me dirigí a una librería, sin
saber qué haría una vez allí. Caminé entre los estantes y escogí la
Biblia satánica y el *Libro de las sombras*.

La cajera pareció nerviosa cuando me acerqué con mis libros.
Tras dudar un instante, me habló:

—No tiene por qué comprar estos libros. Hay otras opciones.

Su audacia me hizo dudar, pero igual los compré. Sentía en mi interior cómo ella rezaba por mí. Salí de la librería sin mirar atrás.

Al subir las escaleras de mi departamento, sentía la cabeza pesada y densa. Cuando abrí la puerta me rodeó una corriente de aire frío. Con los libros que había comprado en una mano, cerré la puerta tras de mí. En mi interior sabía que lo que estaba a punto de suceder estaba mal. Sabía que nadaba en aguas peligrosas. Me encontraba en un estado de rebelión desafiante, y me dirigía a un punto sin retorno.

Ignoré el aviso de mi conciencia que me hizo dudar. Me senté en el sofá y abrí la *Biblia satánica*. En ese momento, algo terrible sucedió dentro de mí. Al abrir el libro, sentí que Dios ordenaba a los ángeles soltarme a causa de mi decisión consciente de servir al lado oscuro. Desde que tengo memoria he creído en ángeles y seres espirituales. No estoy seguro de por qué, simplemente creía en ellos. De lo que no me daba cuenta era que algunos de esos seres parecían cuidarme y protegerme, quizá como hace un hermano mayor con su hermanita, o una leona con sus cachorros.

A medida que leía la *Biblia satánica*, pude sentir una presencia oscura dentro de la habitación deslizándose en mi interior. Dejé el libro abierto sobre el sofá y me levanté a poner música. Puse un CD y seguí leyendo. Mientras más leía, más sentía la habitación llenarse con la presencia de seres oscuros y poderosos. Estaba mareado y al mismo tiempo excitado. El corazón se me enfrió y de inmediato un muro protector me rodeó, un aura maligna encargada de rechazar toda doctrina o pensamiento contrarios a ella. Me envolvía una capa oscura y protectora que me reclamaba como suyo.

La tibieza y la luz del sol se fueron apagando fuera del departamento al mismo tiempo que todo resto de luz desaparecía en mí. El ambiente se enfriaba a medida que pasaba las páginas de aquellos extraños libros y sus ideas perniciosas invadían mi corazón y enfermaban mi alma. Las horas pasaron y, al igual que un pequeño bote a la deriva en altamar, yo estaba a punto de ser lanzado dentro de una violenta tempestad.

El enemigo se movió con rapidez, atrapando mis pensamientos. Había encontrado un sujeto maleable. Sabía que era necesario un sacrificio para demostrar mi sumisión: esto repelería la oposición de los santos.

Poco después, la piel de mi brazo izquierdo se hundió para luego abrirse mientras un cuchillo afilado entraba en mi cuerpo por primera vez. La empuñadura de madera se volvió pegajosa al absorber la sangre que manaba. No sentí ni dolor ni arrepentimiento al realizar el pacto de sangre. En ese instante crucé el umbral: todo resto de virtud, inocencia o pureza, había desaparecido.

No recuerdo el resto de la noche, pero cuando desperté a la mañana siguiente tenía una profunda herida en el brazo izquierdo. Había manchas de sangre en las sábanas y en la alfombra frente al sofá del salón. En la mano derecha tenía un cuchillo. Lo tiré al piso, me levanté de la cama y fui a la cocina a prepararme un café. No me hice preguntas sobre la escena ni sobre la noche anterior. Tenía que ir a la universidad, trabajar unas horas y continuar con mi vida normal.

Ya no estaba solo, como me había sentido siempre. Era evidente y muy real para mí que mi mente y mi cuerpo parecían «acompañados». Conocía bien mi cuerpo: olía, saboreaba y respiraba diferente al de unas horas antes. Mi espíritu había cambiado. Sentía como si pesara más. Era como si seres extraños hubieran entrado en mí y estuvieran «ordenando la casa». Una parte de mí sentía que yo estaba metido en grandes problemas. Otra parte estaba lista para la nueva aventura que se me presentaba.

Cada día que pasó desde que me comprometí con el demonio, me fui sintiendo más dirigido y focalizado. Continué con mis clases, pero otros aspectos de mi vida se resintieron. Por entonces no tenía verdaderos amigos, y comencé a recluirme aún más del mundo exterior. Aislado y retraído, fui perdiendo contacto con mis emociones, mientras que sentía un aumento de conciencia en mi espíritu.

•

Ya instalado en la incubadora espiritual de Satán, mis sentidos se volvieron más precisos y refinados. A medida que mis emociones y sentimientos se desvanecían, mis sentidos del olfato, vista y oído se perfeccionaron y se desarrollaron aún más. Al igual que un animal, mis instintos más básicos se convirtieron en el eje, mientras mi espíritu estaba siendo completamente modificado para adaptarse a los deseos de mi amo. Estaba siendo redirigido espiritualmente hacia la voluntad de Satán. Y como pronto lo confirmaría, los pecados de la carne son su moneda de cambio.

Ahora me sentía más orientado en la vida, un hombre con una nueva misión. No era tanto perder la prudencia como descubrir otras pasiones en mi corazón. Nuevas motivaciones instintivas trabajaban dentro de mí. Durante una de mis noches de bebida e inmersión comunitaria, conocí a una mujer que vivía en el edificio contiguo al mío. Acababa de divorciarse y tenía dos niños a los que veía los fines de semana.

Sandra era una artista, alta y atractiva. Un día vino a preguntar si podía ayudarla con su coche, que no arrancaba. Lo puse en marcha con ayuda de unas pinzas y después me invitó a su departamento a beber una taza de café. Al cabo de veinte minutos estábamos en la cama. A partir de entonces, una vez por semana me llamaba diciéndome que tenía problemas con su coche. Yo acudía cada ocasión, siempre con los mismos resultados. A pesar de mi relación con Cheri, mis visitas regulares a Sandra continuaron por un año hasta que ella se mudó.

Basta con una simple mirada a nuestro alrededor para suponer que muchos de los trucos de Satán giran alrededor del sexo, la lujuria y los placeres de la carne. No era casualidad que a donde quiera que fuera, las mujeres parecían mágicamente atraídas hacia mí. El objetivo de Satán era utilizar mi nuevo y creciente apetito por el sexo para atraer mujeres a relaciones sexuales que poco tenían que ver con la diversión y el juego.

Entonces, mi nuevo líder espiritual me encomendó explotar sexualmente a mujeres débiles, y por lo general las mujeres que me enviaba afirmaban ser cristianas. Mi misión era tomar mujeres poco entusiastas respecto al cristianismo y alejarlas de la voluntad de Dios, desviarlas del buen camino. Las incitaba al pecado, separándolas finalmente de aquél que afirmaban seguir.

Una típica misión era así: me relacionaba con un grupo de solteros en alguna iglesia de la zona. La mayor parte de las mujeres de estos grupos carecían de discernimiento y casi todas buscaban una relación. En este estado de vulnerabilidad, muchas eran presa fácil para alguien capaz de decir y hacer cualquier cosa con tal de obtener lo que buscaba.

Algunas de las mujeres que encontré durante los siguientes diez años pertenecían claramente al lado oscuro. Dos personas cargadas de lujuria satánica son egoísmo en estado puro. El satanismo gira esencialmente sobre uno mismo; literalmente te fuerza a mirar hacia dentro de tal manera que todos tus pensamientos están dominados por el deseo de satisfacerte a ti mismo. Te convierte en esclavo de toda idea lujuriosa y egoísta que la carne pueda inventar. Es lo más cercano al infierno que puedas tener en la Tierra.

Y aunque la carne desborda de placeres sensuales y satisfacción, el espíritu va muriendo de forma lenta y quizá permanente.

Descubría que la carne tiene pocos límites en materia de deseos, y mi búsqueda de emociones fuertes no se limitaba a los encuentros sexuales.

•

Jugaba raquetbol con bastante regularidad. Amaba la acción, el ritmo del juego y la competencia uno contra uno. Tenía un amigo, licenciado de Oklahoma State, que trabajaba con uno de los vendedores que yo trataba. Jugábamos cada semana cuando se encontraba en la ciudad, y los partidos eran intensos. Pero enfrascado en el modo insaciable en el que estaba cayendo; yo necesitaba más.

Entonces encontré una forma de hacer del raquetbol algo más excitante, más estimulante y, por supuesto, más peligroso. Coloqué una radio a todo volumen en la parte trasera de la pista para crear una mayor distracción y obligarnos a concentrarnos más. Pero la siguiente acción muestra realmente mi degeneración: fumábamos marihuana antes del partido, para atontar nuestros sentidos y aumentar las posibilidades de ser golpeados por una pelota a gran velocidad, estrellarnos contra la pared e incluso entre nosotros. En la historia de las ideas estúpidas, el «marihuana raquetbol» supera casi todo lo que he escuchado. Sé lo que pensarán en este momento: que estoy orgulloso de mis travesuras. Pero déjenme decirles, no es con orgullo que cuento esta historia. Es sólo uno de los muchos pasos que marcaron mi espiral descendente.

•

Practicaba mi nueva religión en secreto, por la noche, solo en el departamento cuando Cheri estaba de viaje. Las ceremonias ahora me parecen triviales: habitación iluminada por las velas, música de The Doors o algo igual de inquietante a todo volumen. Solicitaba la asistencia del demonio y realizaba el típico sacrificio de sangre. Igual que un borracho a la mañana siguiente de una juerga, no recordaba nada de la noche anterior hasta que veía las velas, el vestido, el cuchillo o la *Biblia satánica* abierta en algún lado. De manera quizá similar a la de un adolescente que esconde sus latas de cerveza y su pipa de agua, guardaba mi parafernalia satánica y comenzaba mi día normal.

Este estilo de vida era similar a un trance espiritual... estaba literalmente poseído, alejado de la realidad. El peso físico y emocional de estas experiencias nocturnas comenzó a hacerse sentir. Vivía en un estado constante de pesadez y cansancio. Me encontraba muy lejos de cualquier atisbo de alegría y paz que hubiera vivido antes, en un espacio de caos emocional. Satán me había metido allí, y yo no sólo había mordido el anzuelo, sino que me lo estaba tragando.

Estudié las artes oscuras con la misma intensidad que me había brindado un promedio sobresaliente en mis calificaciones universitarias. Me encontraba arrastrado cada vez más dentro de la inmediata gratificación que me brindaba este estilo de vida. Era una extraña dicotomía: estaba dispuesto a cambiar la depresión constante por la autosatisfacción y las subidas de tensión que esta vida me generaba. La excitación nocturna de practicar estas extrañas artes se convirtió en una droga, y yo en un adicto (cada vez necesitaba más droga para obtener una sensación similar). El enemigo estaba incrementando mis apetitos. Era un animal de engorde siendo preparado para el matadero.

•

El satanismo se practica de diferentes maneras, y las doctrinas varían en función del creyente o el grupo de creyentes. Una de las formas más populares es el satanismo laveyista, fundado por Anton Szandor LaVey. Él creó la Iglesia de Satán en 1966, y escribió la *Biblia satánica* en 1969. Muchas otras formas son consideradas como satanismo teísta, y comparten varias creencias, ceremonias y rituales. Por lo general, el satanismo teísta conlleva la adoración de una única divinidad: Satán. En el satanismo laveyista, Satán es considerado más como un símbolo de la carnalidad y los valores terrenales. Los satanistas laveyistas consideran que tratan con la naturaleza inherente del ser humano, y que debemos someternos a esos deseos y tendencias naturales.

La religión satánica laveyista es a tal punto sobre uno mismo que la festividad más importante del año es el cumpleaños del creyente, un día muy festejado en la vida de un satanista. La segunda festividad más importante del año sería la Noche de Walpurgis, en honor de santa Walpurgis. La tercera en importancia para los laveyistas (e irónicamente la segunda para los cristianos) es Halloween. Una vez que entregué mi vida a Satán, Halloween se convirtió en una noche especial para mí. En general la pasaba solo, y practicaba alguna forma de ritual solitario que tenía quizá un significado más relevante porque parecía más preciso y guiado por la espiritualidad.

Halloween es una festividad reconocida en todo Estados Unidos, y si no es la más celebrada, sigue de cerca en importancia a la Navidad. Para mí, es una muestra de lo imbricado que está Satán en la vida norteamericana. Después de todo, no estamos celebrando la llegada del día de Todos los santos, sino dándoles cabida a nuestros instintos más básicos y jugando con nuestro lado más oscuro. Halloween se centra en los muertos, los fantasmas, el morbo, los espíritus y lo macabro. La gente se disfraza aparentando lo que no es. Los niños ofrecen «truco o trato»: van de casa en casa pidiendo dulces a cambio de no hacer travesuras. Mientras más casas visitan, más dulces obtienen. Para mucha gente, Halloween es una festividad de autosatisfacción y codicia, de gratificación de la carne. Considero que ésta es una de las formas en las que Satán se desliza en nuestra cultura sin ser notado.

En mis experiencias con el satanismo, incorporé una combinación de satanismo laveyista y satanismo teísta. No me considero un experto en ninguno de los dos: yo practiqué mi propia forma de satanismo. Simplemente servía a Satán en la única manera que conocía: guiado por la plegaria. Leí la *Biblia satánica* y otros libros. Realicé mis propias prácticas rituales para obtener poder, y recé. No parecía un satanista, y no formaba parte de ningún grupo organizado o grupo satánico.

No sentía la necesidad de relacionarme con nadie para practicar mis nuevas creencias. De hecho, pensaba que la práctica grupal era un signo de debilidad, a pesar de la creencia de que el satanismo era más poderoso cuando se practicaba en grupo.

Insisto: bajo ningún concepto me considero un experto en satanismo o en cualquier otra religión oscura. Sólo puedo hablar sobre mi experiencia en el lado oscuro, y sobre cómo mis elecciones casi me cuestan la vida.

•

Cada día era una batalla contra el dolor de mi divorcio. Me sentía enojado, herido y cargado de resentimiento, y quería quedar a mano. De hecho, si no hubiera estado ocupado con la universidad durante el día y las artes oscuras durante la noche, habría intentado vengarme. Casi suena a una mala canción de música country: «Si no estuviera tan ocupado con el satanismo, habría matado a mi ex».

Mis hijos me visitaban cada fin de semana. Disfrutábamos nuestro tiempo juntos. Por aquel entonces eran muy pequeños, y los momentos con ellos eran fáciles para mí. Amaba a mis hijos, pero estaba tan atrapado en mi pequeño mundo que no pensaba en cómo las consecuencias de mis actos los afectarían en el futuro.

Mi hija Kristin tenía seis años. Un día me dijo que no vendría más. Cuando le pregunté por qué, me respondió: «Papá, Dios sabe lo que haces y no le gusta». Se mantuvo alejada durante varios meses, aunque aparecía de vez en cuando gracias al amor que sentía por mí. Yo sabía que ella poseía el don espiritual del discernimiento. Yo poseía aquel don, junto con la capacidad de transmitir palabras de sabiduría a las personas que me rodeaban. Pero aquellos dones que Dios me había dado, Satán los estaba corrompiendo. Aquel don divino, en lugar de ser utilizado para ayudar a su gente y expandir su reino, se convirtió en un arma para engañar, manipular y destruir.

•

Pocos meses después de mi pacto con Satán, durante un ritual, comencé a invitar demonios a entrar en mi vida. La mayoría provenía de las regiones de Inglaterra, Escocia e Irlanda. Ya sé, imagino que se estarán preguntando cómo sabía de dónde venían. ¿Acaso el demonio escocés tenía un fuerte acento, o el demonio irlandés quería pelearse con los otros dos? O quizá el demonio inglés me decía con delicadeza y acento londinense: «Mike, sé un buen muchacho, pon algo de ese tal Morrison y comencemos con la automutilación. Tengo una agenda que respetar».

Pero no. La horrible verdad es que tenía en mi poder los nombres para llamar a demonios específicos a mi presencia (nombres que no revelaré), por lo general a través de un ritual de sacrificio de sangre. Esto podía implicar cortarme o realizar algún sacrificio animal. En aquella noche en particular, el poder era abrumador. Algo único sucedía con el espíritu, como si algo o alguien significativo estuviese presente, pero yo no podía asirlo. Con The Doors al máximo, yo hojeaba mi guía de espíritus cuando intuí que algo cambiaba y sentí una carga aplastante.

Al día siguiente supe que había ocurrido un doble homicidio a tres calles de mi casa. Un hombre que trabajaba en el hospital de veteranos fue a casa de su novia y la asesinó a ella y a su bebé. Tanto la madre como el niño tenían pentagramas grabados en sus vientres. Para las autoridades, resultaba claro que no había sido simplemente un acto satánico, sino alguna forma de asesinato ritual.

El hombre terminó por confesar los crímenes, y todavía sigue en una prisión de Oklahoma con dos condenas a cadena perpetua sin posibilidad de libertad condicional. Pasé el día siguiente a los asesinatos cargado de sentimientos que iban desde el disgusto hasta la iluminación. Ideas de haber obtenido algún sentido de poder, por cuanto lo que había sucedido me hacía sentir pleno. Me sentía conectado a los asesinatos y parecía como si me hubiera graduado en espiritismo y alcanzado un nivel más elevado de poderío y control. Era como si hubiera estado presente en aquella habitación, y quizá fuera cierto para mi espíritu. Mi espíritu pesaba mucho. Pensé en cómo habían muerto y en el dolor que habían padecido. Pensé en sus gritos de ayuda que nadie oyó, pensé en los ruegos de la madre a un Dios que autorizó aquella terrible muerte. Una vez más, el mal había triunfado en su lucha con la muerte. Sentía una unión espiritual con el asesino, quien obviamente había sido dirigido por el poderoso nuevo dios al que yo servía.

Había obtenido el favor de las fuerzas oscuras, y aquello me intrigaba. Mi confianza se incrementó con la nueva certeza de que aquel que yo servía cuidaría de mí, me guiaría y me protegería. No podría haber estado más equivocado.

•

Durante mis estudios en la Universidad Central de Oklahoma, en clase de psicología empecé a relacionarme con un tipo que terminaría convirtiéndose en mi amigo.

Mitch Perkins parecía muy inteligente, y estudiaba para licenciarse en negocios. Más adelante conseguiría su MBA. Mitch me pareció interesante, un pensador profundo, y alguien con quien conectar a nivel intelectual. Me encontré pasando cada vez más tiempo con él a medida que avanzaba el semestre. Mirando atrás, ahora sé que mi interés en Mitch era puramente desde el punto de vista de sus conocimientos y de cómo podría utilizarlos para manipular y controlar a los demás. Era un tipo brillante, que sabía mucho de religión y filosofía. Me encantaban ambos temas. Habían sido estudiados por cientos de años y atraían a mi mente inquieta.

Nuestras conversaciones eran variadas, pero inevitablemente terminaban con él dando un discurso sobre su fe y sobre cómo amaba a Dios y creía en Jesucristo. Mitch sentía que me molestaba. Sentía mi incomodidad y quizá mi desequilibrio mental. Debía parecerle extraño. Él me veía cursar en la universidad, mantener relaciones y trabajar, a pesar de estar perturbado al punto de poder ser diagnosticado con varias enfermedades mentales. Su evidente fe en Jesucristo no era una amenaza para mí. Sólo pensaba que lo dejaría jugar sus juegos, aprender, y seguir adelante. Yo era espiritualmente arrogante. Pensaba que podía jugar con los creyentes debido a mi conocimiento espiritual «superior» y mi creciente poder en las artes oscuras.

Por pura bondad, Mitch comenzó a buscarme sólo para pasar tiempo conmigo, y más tarde me confesó que rezaba por mí todo el tiempo. Yo no lo quería en mi casa, e intentaba disuadirlo de venir a verme. Pero él venía igual, sobre todo cuando yo estaba en la universidad. Lo sabía porque al llegar a casa encontraba crucifijos sobre mi puerta dibujados con aceite consagrado. Parecían brillar en la oscuridad. Quizá utilizaba algún tipo de aceite reflectante, no estoy seguro, pero siempre veía los crucifijos.

Mitch integraba un grupo de plegarias que rezaba intensamente por mí en aquel tiempo. Bill Fernández, Sonnae Albert y otros rezaban devotamente para que yo recibiera a Jesucristo. Sonnae es una guerrera devota; ahora debe tener unos ochenta y ocho años y sigue firme en su devoción al Señor y en sus plegarias por los demás. Es una mujer destacable, con un gran conocimiento de la palabra de Dios. Cuando la conocí me dijo que algún día yo sería salvado, que me convertiría en un guerrero de Dios y que predicaría el evangelio, formaría pastores y hablaría al mundo. Yo reí para mis adentros.

Aunque en esta etapa de mi vida tenía momentos de claridad y momentos de felicidad temporal, por lo general estaba aplastado por pensamientos negativos y deprimentes. Seguía intentando razonar a través de dichos pensamientos, utilizando la filosofía y la lógica aprendidas en la universidad. Sin embargo, mi mente me empujaba hacia una vasta oscuridad exterior. Mientras más intentaba razonar sobre dónde me encontraba y hacia dónde me dirigía, y mientras más intentaba ir más allá de mis pensamientos y circunstancias, más me descubría entrelazado en un complejo y creciente vórtice de posibilidades, doctrinas y filosofías. Era un proceso enloquecedor: cuanto más pretendía razonar, más irracional se volvía todo.

•

Tras un año, mi relación con Cheri comenzó a desmoronarse. Unas cuantas veces ella me dijo que algo había cambiado. No sabía qué, pero ya no era igual. Una vez que estábamos en la cama me dijo que yo la asustaba. Nuestra relación se sentía extraña, decía, como si estuviera con otra persona. Cuando cerraba los ojos era como si un gran peso estuviera sobre ella, impidiéndole respirar. La asfixiaba. Me dijo que era como si se acabara de acostar con muchos hombres. Creo que de hecho así era, salvo que no eran hombres. Yo estaba poseído por demonios.

Tras varias situaciones similares dejamos de dormir juntos y nos alejamos. Ella comenzó a ir cada vez más seguido a ver a sus padres. Pronto descubrí que mantenía una relación con otro hombre con quien había ido a la escuela. Me sentí ofendido por la mentira, pero mi mente estaba en otra parte.

Mirando atrás, mientras yo vivía junto con Cheri en el departamento, me encontraba restringido en la profundidad que podía alcanzar con mis rituales solitarios y mis prácticas en el lado oscuro. Con ella yendo y viniendo, sin mencionar la gran actividad de un edificio, sabía que mis prácticas satánicas terminarían por llamar la atención. Necesitaba privacidad. El enemigo me quería aislado y solitario.

Cheri no se sentía feliz con nuestra vida común. Se la pasaba diciendo que ya no sentía que nuestra casa fuera acogedora, o que cada vez que estaba allí la invadía un profundo temor. Por lo tanto, se mantenía alejada, estudiaba con sus amigos o se iba a la biblioteca de la universidad.

Busqué un nuevo lugar donde vivir y encontré una casa cercana en la calle Abilene. Alquilé un camión y mudé mis cosas en una tarde. Cuando Cheri regresó le dije que me iba. En nuestra última conversación, me dijo que sentía confusión y caos alrededor mío y del departamento.

Mi condición espiritual era palpable para aquellos que me rodeaban, y estaba a punto de ponerse peor... mucho peor. Le entregué mis llaves y me fui.

capítulo 3

Sumisión al mal

Y ésta es la condenación: porque la luz vino
al mundo, y los hombres amaron más las
tinieblas que la luz; porque sus obras eran
malas. Porque todo aquel que hace lo malo,
aborrece la luz y no viene a la luz, para
que sus obras no queden al descubierto

Juan 3, 19-20

A PRINCIPIOS DE AGOSTO DE 1990 me mudé a una casa en la calle Abilene. Mi vida estaba marcada por mi absoluta dedicación a las cuestiones espirituales. La oscuridad me era extremadamente atrayente. A pesar de que continuaba con la universidad y mi trabajo, todo era secundario en relación a mi sumisión al mal. Acudía a los tribunales casi semanalmente para audiencias por la pensión alimenticia, y mi situación económica comenzaba a complicarse.

Pero la mudanza a la calle Abilene me ofreció algo que estaba necesitando: la privacidad necesaria para llevar a cabo mis actividades nocturnas sin ser notado. O al menos eso creí. Lo que no tuve en cuenta fue que la mayoría de mis nuevos vecinos de esta calle suburbana de clase media resultaron ser cristianos. En Oklahoma, ciudad a la que muchos podrían llamar el cinturón de la Biblia, es común hablar con los demás sobre las creencias propias y la iglesia a la que se acude. A las pocas semanas de instalarme, mis vecinos se lanzaban sobre mí como abejas a la miel. La calle Abilene era pequeña y con pocas casas, por lo que todos se conocían entre sí. Los vecinos se reunían con frecuencia para socializar alrededor de comidas y helados.

Compartían sus historias de vida, las de sus hijos, y anécdotas graciosas de sus familias. Estas historias me hicieron reflexionar sobre lo disfuncional y deshilvanada que era mi familia biológica: habíamos tenido muy pocos momentos como los que compartían mis veci-nos. También me recordaron la separación de mis hijos. Sólo los veía cuatro días al mes, y eso me resultaba inaceptable. Los vecinos también compartían historias sobre Dios y la Iglesia. Me pregunté por qué se vanagloriaban tanto de su fe. Yo no podía hacer lo mismo con la mía.

Traté de evitar estas situaciones en la medida de lo posible. Sin embargo, vivía en la última casa del callejón, por lo que parecía como si se juntaran siempre frente a mi puerta.

De haber sabido que los lazos eran tan fuertes en este vecin-dario, no me habría mudado. Salía poco de mi casa, apenas para encontrarme con alguna mujer soltera del barrio o para buscar mi correspondencia. Mi garaje daba a un callejón trasero, lo que resul-taba conveniente para entrar y salir sin ser notado.

En muchas ocasiones mis vecinos golpeaban a mi puerta sólo para saludar o para traerme alguna comida cocinada por ellos. Pero yo podía detectar sus motivos ocultos: lo que querían era saber en qué ocupaba mi tiempo. Eran amigables, pero demasiado trans-parentes. Yo buscaba privacidad, y ellos comunidad. Me hacían muchas preguntas: ¿era soltero?, ¿cuántos hijos tenía?, ¿a qué iglesia acudía? Todas las cosas normales, supongo, pero yo no estaba ahí para socializar o compartir experiencias, sobre todo respecto del camino oscuro que había elegido.

Sus hijos jugaban en la calle, frente a mi casa. Jugaban al básquet-bol en el área verde que estaba junto a mi casa. Organizaban picnics en el jardín comunitario. Los escuchaba jugar cada día. Mis recuerdos me transportaban a mi infancia y a lo infeliz que era yo entonces. Sus risas me hipnotizaban. Pensaba en lo inocentes y cándidos que eran aquellos niños frente al dolor y al mal que yo experimentaba. Disfrutaban jugando y siendo libres para expresarse. Sus ruidos alegres siempre me transportaban al tiempo en que yo era un niño y me sentía atrapado en el cuerpo de un joven sin posibilidad de escapar.

Mientras ellos se divertían, yo me volvía adicto a una existencia aislada: puertas cerradas, persianas bajas, soledad. Sólo veía a mis hijos cada tanto, y los momentos en los que me encontraba solo, sin ellos, se volvieron cada vez más dañinos mental y espiritualmente. Este periodo me dio tiempo de hundirme más, de enojarme más y de continuar con mis intereses en las artes oscuras.

•

En la casa de al lado vivían Tracy Yates y su esposa, ambos cristianos. Ellos sentían que yo pasaba por un mal momento, y me hicieron saber que rezaban por mí. Nuestras casas estaban unidas por un muro de veinticinco centímetros. De cada lado de la calle las casas tenían paredes medianeras. Yo vivía solo, pero mi casa estaba lo suficientemente cerca de mis nuevos vecinos para que se pudiera notar cualquier cosa inusual. Y, por supuesto, no pasó mucho tiempo antes de que sucediera.

Una noche, yo me sentía nervioso y débil. Los momentos en los que recuperaba mis fuerzas eran durante mi tiempo ritual (TR, como yo lo llamaba), la ceremonia que llevaba a cabo en la oscuridad de la noche. Estos eran siempre los mismos, aunque se fueron volviendo más oscuros e intensos. Por lo general, encendía unas velas, rezaba a Satán y las cosas sucedían. Casi siempre había derramamiento de sangre. Solía ser mi propia sangre, pero a veces se trataba de un animal del barrio, por lo general algún gato. Odiaba a los gatos por los recuerdos que me producían. Cuando era niño, tuve una fiebre producto del arañazo de un gato que me tuvo muy enfermo durante dos semanas. Los gatos también simbolizaban para mí una independencia arrogante, igual que casi todas las mujeres que había conocido en mi vida. Aunque mi corazón se estaba insensibilizando frente a estos crueles rituales con animales, todavía conservaba algo dentro de mí que me señalaba la maldad en ellos. Dentro de mí se libraba una batalla entre el bien y el mal.

El aislamiento era adictivo durante estos rituales, y me fue arrastrando a una profunda depresión. Estaba perdiendo el control de mi vida, y el único momento en el que creía conservar el mando era durante esas noches oscuras. Es irónico, pero aquel era mi momento, mi espacio y mi voluntad. Pero estaba muy equivocado: era el tiempo de Satán en mi vida, y él lo dirigía.

Como sucede con cualquier ley o tradición, había excepciones. Los rituales nocturnos a veces tenían lugar durante el día, sobre todo cuando las presiones del mundo real me aplastaban. Una vez, después de uno de estos rituales, durante un frío día de otoño, terminé fuera de casa y Tracy me sorprendió confundido, la sangre brotaba de mi brazo y tenía la mirada perdida en el infinito. Tracy parecía incrédulo y preocupado. Sea cual fuere la enrevesada excusa que conseguí inventar para explicar mi situación, estoy seguro de que no me creyó. Pero, siendo el hombre que era, me ayudó a limpiarme y me vendó el brazo.

Dado el estado de envilecimiento espiritual en el que me encontraba, me era fácil sentir su inocencia, el aura sagrada que lo rodeaba. Recé contra él, pidiendo protección contra sus plegarias que, sabía, él realizaba por mí. Comencé a sentirme inquieto e incómodo cerca de él, y hacía lo posible por evitarlo. Mi oscuridad interior odiaba toda forma de luz, y este hombre cristiano estaba bañado en ella. En mi mundo oscuro, esto lo convertía en mi enemigo.

•

En el lado opuesto a la casa de Tracy vivía una bellísima muchacha llamada Karen Vivacious, cariñosa y de buen corazón, con quien pasaba las tardes a fuera tomando cerveza durante la temporada cálida mientras sosteníamos profundas conversaciones filosóficas. Karen también era la propietaria de una gata negra de magnífico pelo largo que me intrigaba mucho. A pesar de mi aversión a los gatos, tenía una extraña conexión con aquel animal, como si ese gato pudiera ver quién era yo realmente. Adivinando mi necesidad de afecto, Karen ofreció darme a Sanibel. Dijo que sentía que yo necesitaba su compañía más que ella.

Sanibel estuvo a mi cuidado un par de semanas solamente, hasta que mis impulsos me llevaron a matarla en un sacrificio. Una noche, asfixié al animal y después le di respiración boca a boca hasta que volvió a la vida. Volví a hacerlo cinco o seis veces hasta que decidí dejarla morir. Exhaló su último suspiro con sus ojos verdes clavados en mí. La sensación de poder que esto me produjo me dejó eufórico. La posibilidad de arrancar la vida a un ser inocente me producía un éxtasis casi afrodisiaco que alimentaba mi adicción creciente, devolverla a la vida me provocaba un éxtasis similar. Me entretuve entre ambas experiencias (en realidad una sola: la de controlar la vida) hasta que me cansé. Fue el primero de muchos sacrificios animales en aquella casa.

Más tarde por la noche, tomé el cuerpo inerte de Sanibel, lo metí en una bolsa de basura y lo arrojé al basurero municipal. La oscuridad en mi interior seguía creciendo.

•

En la acera frente a la casa de Karen vivía una viuda de aproximadamente la misma edad. Su esposo había sido un piloto de la fuerza
aérea que murió durante una misión de entrenamiento. Jennifer y
su hijo Travis vivían solos. De vez en cuando venían a mi casa. Pasábamos el tiempo bebiendo y hablando de cosas banales: los estudios, la vida y el amor.

Cada tanto, Jennifer tenía un fin de semana libre cuando los abue-
los de Travis venían a buscarlo. Un viernes por la noche, cuando sus
suegros vinieron temprano por Travis, ella vino a visitarme sola, y nos
sentamos en el patio a conversar mientras nos bebimos unas diez
cervezas. Cuando refrescó, entramos en casa y nos pusimos frente
a la chimenea para continuar la charla. Poco después estábamos el
uno sobre el otro en el sofá, hasta que decidimos pasar a la habitación. Estos encuentros continuaron durante los diez meses siguientes hasta que ella terminó por mudarse.

En la casa de al lado de Jennifer vivía una modelo. Angela trabajaba en el negocio de las hipotecas y era muy amigable, extrovertida
y llena de vida. Estaba comprometida, y parecía muy feliz. Hablábamos con frecuencia cuando pasaba frente a su casa de camino
al Henry Hudson, un bar de la zona. Nos hicimos amigos, compartíamos cocteles juntos cuando su novio estaba fuera de la ciudad
y hablábamos, reíamos y coqueteábamos un poco. Hasta que una
noche, tras unas copas, terminamos en la cama.

Estos ejemplos no son para convencerlos a ustedes de mis talentos
de Don Juan, sino para mostrar que la carne es una parte importante
del satanismo. Todo gira alrededor de la autosatisfacción inmediata.
Y finalmente, de hacer de la gente esclavos de sus propios deseos.

Esta línea de pensamiento satánico lleva al tipo de sexo rapaz
que daña a las mujeres, destruye matrimonios y roba la virtud de
los inocentes. Es, por naturaleza, destructiva. Mis planes secretos
y demoníacos consistían en abordar a todas las mujeres jóvenes e
inocentes que pudiera. Había días en esa calle en los que tenía sin

problemas hasta tres o cuatro encuentros. El sexo era un juego, y las mujeres, objetos. Era prisionero de un estado de deseo perpetuo sin posibilidades de satisfacción. En cuanto terminaba con una conquista, pasaba a la siguiente.

•

Tim y Desiree Good, unos jóvenes recién casados y cristianos evangélicos, vivían enfrente de mí. Desiree era una chica adorable y de gran espíritu. Tim parecía igual de bondadoso y recto. Formaban una sólida pareja. Cada tanto yo recibía alguna indicación espiritual contra ellos, pero siempre la ignoraba. Sentía debilidad por ellos, y sabía que Satán odiaba esto. Hoy en día tengo claro que Dios ejercía una gran protección sobre ellos. Más de una vez mis pensamientos se detenían en ella. Sabía que la intensión era lastimarla, pero el poder que los rodeaba me mantenía a raya.

Ron Watkins, un antiguo jugador de la NFL, y su esposa también eran mis vecinos. Ron participaba activamente en una iglesia por aquel entonces, tanto que finalmente se convirtió en el pastor principal en la iglesia cerca de donde yo vivía.

Del lado opuesto a Ron vivía una joven pareja que también era cristiana devota. Dennis y Michelle vivían su fe con una genuina amabilidad para conmigo y mis hijos. Ellos seguían el camino recto. Pero no eran solamente buenos, también eran sabios. No pasó mucho tiempo antes de que Michelle comenzara a sentirse incómoda a mi lado, sabiendo en su fuero interno que algo no iba bien en mí. Ella sentía el mal que me envolvía y creo que Dios los llevó a alejarse de mí para protegerlos.

•

El odio que yo sentía hacia Amber, mi ex esposa, era difícil de suprimir. Era un sentimiento que había crecido en mí mucho antes de que me pidiera que me fuera de casa y firmara los papeles de divorcio. Y el hecho de que yo sintiera que su nuevo novio era condescendiente y sarcástico conmigo no ayudaba en nada. Yo estaba divorciado, sin empleo y con el corazón roto, y ahora creo que Chuck, el novio de mi ex esposa, se burlaba de mí frente a mis hijos. Chuck era capaz de sacar lo peor de mí. Hacía que me hirviera la sangre.

Entonces, pueden imaginarse mi alegría cuando Chuck y mi ex esposa compraron una casa a menos de dos kilómetros de donde yo vivía. A Chuck le gustaba mucho correr, y comencé a notar que pasaba frente a mi casa a la misma hora cada día. No era casualidad, estoy seguro de que lo hacía para provocarme. Si Chuck hubiera sabido la gravedad de mis problemas espirituales y emocionales, seguramente ni comprando una casa en Japón se habría sentido lo suficientemente lejos del delirante ex marido de su esposa. Al ver a Chuck realizar cada día sus rondas frente a mi casa, comencé a pensar en alguna forma de venganza. Pensé largo y tendido sobre salir corriendo de mi casa y atacarlo. Pero sabía que era demasiado obvio, y que me acarrearía aún más problemas legales. Entonces ideé un plan.

Chuck solía correr por una parte de la ciudad bastante deshabitada, con un gran campo de deportes junto a la calle por la que corría. Una verja de madera bordeaba la propiedad casi todo el camino y terminaba de forma abrupta en uno de los extremos. Yo podría esconderme tras la verja armado con un bate de béisbol y golpearlo cuando pasara junto a mí. Nadie nos vería. Lo atacaría en la oscuridad y luego me escaparía sin ser notado. ¿Quién podría descubrirme? Incluso si sospecharan de mí, nadie podría probar algo. Estaba seguro de poder inventarme una coartada y salir impune de la operación «Matar a Chuck».

Así que, vestido con ropas oscuras, conduje hasta mi escondite por la noche. Estacioné cerca el automóvil, me puse una máscara de esquí negra y me oculté tras la verja. A los pocos minutos, escuché pasos y vi a Chuck acercándose. Sentí mi corazón latir más deprisa mientras aferraba el bate de madera. Mi desprecio hacia Chuck aumentó a medida que se acercaba. Quería matarlo, arrebatarle la vida en aquel preciso instante. Con la cabeza palpitándome, contuve la respiración y esperé. Cuando pude verlo con claridad, noté que llevaba auriculares: estaba escuchando música. *Cinco metros... dos metros*. Todos mis sentidos estaban alerta, concentrados. *Casi, casi...* De un salto salí de mi escondite y blandí el bate con toda la rabia que se agitaba en mi interior.

Pero calculé mal el golpe. Chuck ya estaba varios pasos por delante, por lo que erré mi golpe por completo. El impulso del giro al no dar con nada me hizo trastabillar y casi caigo al suelo. Me quedé ahí, de pie en medio de la noche, mirando el bate y preguntándome qué había sucedido. No había sangre de Chuck en el bate, y su cuerpo no estaba en el suelo sacudiéndose sin control como había imaginado que sucedería. Chuck no me había visto ni oído. Con los auriculares a todo volumen, siguió corriendo a través del cálido aire nocturno.

Luego de aquel extraño ataque fallido a Chuck, continué visitando mi escondite varias veces con la misma intención. Me sentaba tras la reja y esperaba a que apareciera. Mientras se acercaba, yo me preparaba con el bate en la mano pero no hacía más que verlo pasar. De alguna extraña manera, comencé a sentir lástima por él. Parecía ser tan miserable como yo, tal vez más. Antes de todo aquello, antes de ver al verdadero Chuck, yo creía que él se sentía feliz y satisfecho. Pero al observar su actitud y sus acciones, comprendí su infelicidad y abatimiento. Tal y como lo veía, alguien como él merecía vivir en sufrimiento. Su relación con Amber no podía durar. Ella no podría soportar mucho tiempo lo que yo imaginaba como su maltrato y sus historias. Lo castigaría más dejándolo vivir.

Al pensar en las posibles consecuencias, la idea de terminar en la cárcel o de perder el contacto con mis hijos terminó por calmar cualquier deseo arraigado de venganza. Desde mi escondite pude permitirme también momentos de profunda reflexión. Mientras esperaba a que Chuck apareciese, me golpeó la certeza de que algo no iba bien en mí, aunque esta revelación no cambió en nada mi existencia. Estaba determinado a rebelarme contra todos los que me hicieran daño, especialmente contra cualquier figura de autoridad en mi vida.

•

Durante este periodo conocí a un tipo llamado Brian Sanders a través de un amigo en común de la universidad. Unos años más joven que yo, Brian era un cristiano profeso, así como otra persona más que comprendió la oscuridad en la que me hallaba inmerso y que intentó hablarme de Jesucristo. A los pocos meses de frecuentar a Brian, me presentó a su padre, el doctor Robert Sanders. Bob era psicólogo, y un cristiano ferviente que se interesó en mi vida y en lo que llamaba «mi historia».

Bob y yo nos encontrábamos cada tanto en alguna cafetería o hamburguesería, conversábamos sobre nuestras convicciones y nuestros sistemas de creencias y pasábamos un tiempo juntos. Por alguna razón, nunca me sentí amenazado por él y de hecho disfruté de su compañía, aunque espiritualmente hablando se encontrara del otro lado del alambrado. Bob era cordial, y no intentaba obligarme a tragar su teología. Era un buen hombre.

•

La noche del 26 de noviembre de 1992, yo jugaba con mis tres hijos en casa frente a la chimenea. Jugamos a la generala y a las cartas. Bebimos chocolate caliente y trabajamos en el proyecto de manualidades de uno de ellos. En aquel entonces Marisa tenía doce años, Kristin diez y Jason ocho. En mitad de la velada me vi de pronto invadido por la desesperanza. *¿Por qué me molestan los espíritus justo ahora? Éste es «mi» momento*, pensé. Casi de inmediato sonó el timbre, y allí estaba mi hermano Dennis con la respuesta. De pie en el porche y con lágrimas en los ojos, como un niño con el corazón roto, dijo:

—Papá acaba de morir.

Lo miré ausente, con ojos desalmados.

—Gracias por venir a decírmelo —repliqué, sin un atisbo de emoción.

Dennis dio un paso para abrazarme pero yo cerré la puerta. Regresé al salón y seguí jugando con mis hijos. Me preguntaron quién era.

—Era el tío Dennis. Vino a decirme que mi papá murió.

Los niños dejaron de jugar y se quedaron mirando mi ausencia de emociones. No tenían una relación cercana a mi mamá y mi papá, pero aún así, su abuelo acababa de morir y su papá no parecía sentir nada. Incluso unos niños son capaces de comprender tal incongruencia. Mis hijos, y sobre todo Marisa, la más grande, me miraban como a un extraterrestre. Puedo imaginar sus pensamientos: *¿Por qué papá no está llorando o triste? ¿Qué le pasa a papá?*

Seguimos jugando y no hablamos de la muerte de mi padre. Irónicamente, yo quería a mi papá más que a cualquier otro miembro de mi familia. Sin embargo, Satán había convertido mi corazón en piedra al punto que las lágrimas ya no me eran posibles. Las grietas que Satán había producido en mi alma comenzaban a provocar fisuras y la vida se me escapaba por las venas. Estaba siendo empujado a un vacío oscuro y desesperanzador, carente de emociones, y mi alma y mi corazón se estaban muriendo por falta de luz.

El funeral de mi papá vino y se fue. Yo acudí junto al resto de mi familia, pero no interactuamos demasiado. Puesto que no éramos cercanos, tenía poco para decir. No recuerdo el funeral en general, porque tomé tres o cuatro analgésicos antes del servicio. Lo que sí recuerdo es lo vacía que era mi vida familiar en aquella época.

El funeral me hizo reflexionar un momento en mis actividades oscuras. En mi mente, avancé hasta mi propia muerte. Imaginé mi cuerpo en el ataúd y nadie en el servicio, ni siquiera un cura. Sólo veía buitres negros volando en círculos sobre una iglesia vacía en medio de la nada.

Tuve un momento de tristeza una semana después de la muerte de mi padre, cuando fui a su tumba y me abrí el brazo con un cuchillo afilado, salpiqué su lápida con la sangre que brotaba de las venas de su hijo deshecho y perdido. No derramé una sola lágrima mientras la sangre me corría por el brazo. Un empleado del cementerio descubrió mi ceremonia privada, vio mi brazo manchado de sangre y llamó a las autoridades. Poco después llegaron los paramédicos y la policía.

En un extraño giro del destino, uno de los policías que acudieron a la escena resultó ser un amigo, que me sermoneó durante casi una hora hasta de descubrir que yo llevaba un arma en la mano. Tomó el arma, y en un acto de bondad, me acompañó hasta casa y no presentó ninguna denuncia.

•

No salí de mi casa en todo un mes. Mi ira y mi depresión habían alcanzado un nuevo pico.

Una vez durante aquel mes, yo estaba sentado en mi cama, escuchando The Doors y sosteniendo en la mano un pequeño revólver calibre 25 con una sola bala. Cuando la música y una gran ola de mi depresión llegaron a su punto más alto, coloqué el revólver contra mi sien derecha y apreté el gatillo. *Click.* Volví a apuntar el revólver y a apretar el gatillo. *Click.* Continué así durante casi una hora. Finalmente me detuve, apunté al cielo, apreté el gatillo y esta vez el disparo sí salió, dejando un agujero en el techo.

Cada día me sentía más desesperado. Había gastado todos mis ahorros y el dinero de mi préstamo estudiantil. Estaba divorciado, sin amigos y solo. Con los pagos de la renta atrasados, pronto me echarían de mi casa. Todas estas presiones y problemas me invadieron en busca de algo en mi vida en lo que fuera bueno. A lo único que me sentía conectado por entonces era a mi religión, por lo que continué con la práctica del satanismo, que parecía ofrecerme una sensación de control en medio del mundo incontrolable que me rodeaba.

Me aferré a mi depresión, a mi ira y a mi odio con todas mis fuerzas. Mi situación era el fruto de mi cosecha satánica, y me negaba a rendirme a ella. Insistía en no dejar de lado los poderes oscuros que había conseguido. Entonces endurecí aún más mi corazón, rechazando el amor divino que me ofrecían mis vecinos pero pronto comprendí que detener la luz era una tarea difícil incluso para un alma oscurecida, y sus actos de amabilidad encendieron una pequeña llama en las cavernas oscuras de mi alma.

Me estaba ahogando poco a poco, a la vez que era arrastrado mar adentro por una marea de mentiras. Mis amables vecinos me lanzaron una cuerda para intentar sacarme del pozo oscuro en el que me encontraba. Pero tener el corazón de piedra no me permitía ser vulnerable ni aceptar a nadie en el desastre en que se había convertido mi vida.

Me rehusé a atrapar la cuerda que podría haberme salvado, prefiriendo revolcarme en el lodazal maligno en el que se había convertido mi existencia.

capítulo 4

Entrenado para engañar

Pero todo lo que la luz pone al descubierto se hace visible, porque la luz es lo que
hace que todo sea visible. Por eso se dice:
«Despiértate, tú que duermes, levántate de
entre los muertos, y te alumbrará Cristo»

Efesios 5, 13-14

TRAS DOS AÑOS VIVIENDO en la casa de la calle Abilene, me mudé
a un nuevo hogar en Edmond. El cheque por una comisión que
había estado esperando de la última compañía para la que había
trabajado me permitió pagar el depósito y el primer mes de renta
de una casa en la calle Apollo. Este barrio era diferente del anterior:
el ambiente era más relajado, lo que encajaba perfecto con mi estilo
de vida. Era el único soltero de mi calle, y a los hombres casados les
gustaba venir a mi casa los fines de semana a tomar cerveza y flir-
tear con mis amigas.

Durante este periodo de mi vida fue un desafío mantener una
relación con mis hijos. Aunque me visitaban cada fin de semana,
yo pasaba por un mal momento financiero y no podía llevarlos a
comer fuera o a disfrutar de una salida, por lo que nos quedába-
mos en casa, jugábamos juegos de mesa, andábamos en bicicleta
y los ayudaba con sus tareas escolares. Cuando estaban en la casa,
los niños saltaban en mi cama por las noches, se acostaban junto

a mí y nos dormíamos juntos. Era una costumbre que teníamos desde que eran muy pequeños. También tenían miedo de las casas donde yo vivía. Yo había visto muchas casas embrujadas en mi vida, y vivido en la mayoría de ellas. En ésta pasaban cosas muy extrañas: la televisión y las luces se encendían y apagaban por su cuenta, los objetos se movían solos, cada tanto aparecían serpientes o cientos de arañas a la vez, y durante las noches se escuchaban todo tipo de ruidos extraños. Los niños y sus amigos por lo general se asustaban mucho.

Cuando los niños venían de visita les enseñaba a esconderse del hombre que quería embargarme el coche. Este hombre sabía dónde vivía, y llevaba ocho meses intentando confiscarme el coche. También evitábamos a personas que intentaban entregarme documentos legales o notificaciones judiciales relacionadas con asuntos del divorcio. Yo hacía que los niños salieran y mirasen en los alrededores, en los coches y en la acera para verificar si no había algún indeseable esperando. Se volvieron muy buenos en estas misiones secretas y en identificar quién podía ser un enemigo potencial. Cuando estaba solo en casa, dejaba mi coche en alguna calle aledaña y saltaba la verja del patio trasero para evitar cualquier confrontación si me veían.

Sabía que estaba llegando al fin de una era. Confiaba en que de alguna manera conseguiría librarme de tener que correr y esconderme. También sentía que no faltaba mucho para que me separaran de mis hijos, aunque aquello me provocaba alivio. No era estable, y comprendí que mis juicios y mi capacidad de razonar estaban en poder de otro. Caía velozmente hacia otra dimensión de mi existencia. Visitaba con frecuencia el mundo de los espíritus y sospechaba que en cualquier momento me sería imposible regresar al mundo real en el que vivía. La puerta que separaba estas dos existencias paralelas se cerraría y yo me encontraría perdido por la eternidad en una dimensión desconocida.

A nivel social las cosas mejoraban, pero la nube negra de oscuridad siguió acechando hasta cubrir por completo cada aspecto de mi vida. La bancarrota espiritual era una realidad en mí. Algunos dirían «bueno, las cosas ya no pueden empeorar», pero eso no es cierto. Créanme: las cosas siempre pueden empeorar sobre esta tierra. No parecía haber ninguna luz al final del túnel. La desesperanza era constante. Mis pensamientos pasaban del oscuro al aún más oscuro, y como resultante, mis actos seguían el mismo camino.

Llevaba una vida dedicada a mis plegarias a Satán. Mis automutilaciones iban en aumento. Cuando me cortaba la carne por razones espirituales, para mostrar obediencia y en consecuencia obtener un sentido más profundo del poder a partir de mi sumisión a Satán, los cortes eran más profundos y me hacían un mayor daño.

También aumentaba la influencia espiritual en mis actos externos. Mis pensamientos carnales se volvieron más extremos en todos los sentidos: deseos por mujeres cada vez más jóvenes y visiones de gran violencia como asesinatos o suicidio, todo acompañado por siniestros demonios y ángeles caídos.

Los acreedores seguían llamando, los embargantes terminaron por venir, y yo veía mi vida desmoronarse. Por supuesto, si uno no paga sus deudas ese es el desenlace predecible. Pero de alguna manera yo pensaba que si era fiel al dios de este mundo debía esperar resultados diferentes. Eso fue una decepción. Esperaba que Satán se ocupara de mí completamente, y no sólo de mis deseos carnales. Creía que él tenía el poder de acercarme a los ricos en pago por mi lealtad. Dentro de mí se libraba una batalla permanente entre mis expectativas y los resultados. Al final sólo obtenía una profunda frustración, lo que me producía una mayor ira.

La depresión era constante, y a medida que ésta aumentaba, lo hacía también mi odio a Dios. Esto había sido una constante en mi vida: cualquier dificultad o revés provocaban que me alejara más del Dios verdadero y luminoso que no conocía, a la vez que me acercaba al dios que, por desgracia, conocía muy bien. No era tanto una elección como una respuesta innata al mundo en el que yo funcionaba, una forma de creerse con derecho a algo en su peor versión.

·

Ese estilo de vida oscuro era una cuestión generacional. Mi ADN llevaba una marca satánica colocada con el objetivo de invadir a generaciones futuras, de ser posible. Lo que quiero decir es esto: realmente creía (y sigo creyendo) que lo que me sucedía era una maldición generacional contra mi familia. Aunque asumo toda la responsabilidad de las decisiones deliberadas que tomé para servir al mal, existía también una suerte de compulsión satánica generacional. Era como si el hijo de un alcohólico se volviera alcohólico a su vez. Nunca vi a mis padres practicar el satanismo, pero sus débiles prácticas seudocristianas, junto con la afición de mi madre por los psíquicos y similares, me llevaron a la conclusión de que su fe y confianza en el Dios creador del universo era superflua y carente de sustancia.

Mi conclusión fue que su Dios generaba seguidores débiles. Es todo lo que conocí en mi infancia. ¿Por qué supuse aquello? ¿Por qué no asumí que aún no había encontrado a un verdadero creyente? Mirando atrás, tengo cientos de imágenes del adversario de Dios triunfando y dirigiendo mi vida. Mi mente estaba cautivada por una suerte de pensamiento revelador; me intrigaba con nuevas preguntas e ideas profundas e incontrolables que me llevaban a pensar de forma irracional.

Cuando obedecía a Satán, él prodigaba un poder sobre mí que me hacía estremecer. Por ejemplo, como ya he mencionado, yo parecía obtener un mayor éxito con el sexo opuesto. Tenía más mujeres, y una mayor experiencia en el terreno del deseo sexual. Obtenía claros resultados de mis hechizos y encantamientos. Rezaba pidiendo fuego, y el fuego aparecía. Es como cuando un cristiano reza a Dios por un amigo que necesita trabajo, y el amigo consigue un trabajo. El cristiano alaba a Dios y le atribuye toda la gloria. Algo similar ocurre con el lado oscuro: yo rezaba por cosas malas, y cuando las cosas malas sucedían, daba todo el crédito a Satán. Que fuera una coincidencia, o que me estuviera engañando, importaba poco. Pasaban muchas cosas a mi alrededor, y yo les atribuía un propósito a todas, un propósito demoniaco. Para mejor o peor, todo fenómeno físico a mi alrededor sacudía mi espíritu, y todo me parecía extraordinario y misteriosamente significativo.

Pero cuando desobedecía a lo que Satán exigía de mí, el poder oscuro se esfumaba. Y como mi carne se había vuelto adicta, yo quedaba en un estado de permanente necesidad. Esto no era diferente a cuando buscaba otras doctrinas u opiniones, especialmente las de influencia cristiana. Aquello me provocaba un conflicto interno candente que me desbordaba por completo. Me convertí en un recipiente espiritual transportando una influencia diabólica que, si los planes de Satán no se torcían, lastimaría a muchas personas (incluyéndome).

•

Mientras proseguía esta batalla por mi alma, me encontré relacionándome con cristianos en formas que, ahora, sólo pueden ser concebidas como de naturaleza divina. Aunque los mormones y los testigos de Jehová transitaban por mi barrio, ninguno se detenía ante mi puerta. Pasaban de largo como si hubiera una ley no escrita que lo ordenara. Una vez, cuatro personas de la Iglesia de la Fe llamaron a mi puerta. Por razones que entonces no comprendía, les permití entrar en mi casa. Pasaron, se sentaron y me hablaron de Dios, de Jesús y del camino de la salvación. Yo los escuché.

El muchacho que guiaba la conversación parecía algo apren- sivo. Sin embargo, hablaba con audacia, y yo escuchaba. Una mujer junto a él rezaba en silencio sin detenerse. A los otros dos ni los miré. Estaban allí, pero mi atención estaba concentrada en el muchacho y la delgada mujer que hablaba en silencio con el Dios que adoraba.

Noté que mi tiempo de atención era más largo que nunca. Cuando pensé en el mensaje que los miembros de aquella iglesia intentaban transmitir, la lava caliente que por lo general ascendía en mi interior pareció ceder. Mientras más hablaban, más los escuchaba. El mucha- cho me preguntó si iba a la iglesia. Le expliqué mis creencias y dónde me encontraba a nivel espiritual. Me era imposible mentirle, porque estaba paralizado por las palabras que parecían brotar de su boca como agua de una fuente.

Los juegos mentales eran mi modus operandi en este tipo de situaciones, pero perdí todo deseo de intentar confundirlos. Algo me había atrapado. Esta conversación de dos horas era completa- mente excepcional en aquel momento de mi vida. Sus palabras sobre Dios parecían aportar claridad a mi mente oscura y torturada. Podía pensar con mayor claridad en su presencia. Aunque no entregué mi corazón a su Dios, sí les permití marcharse con algunos objetos de mi relación con Satán. No recuerdo por qué lo hice. Se llevaron un saco de compras lleno de biblias satánicas, cuchillos rituales y algu- nas piezas del altar. Más adelante supe que habían quemado todos los objetos y rezado por mí y por mi casa.

Habían ganado la lotería evangélica. ¡Allí estaban, por primera vez en sus vidas, frente a frente con un verdadero satanista que buscaba cambiar! Sería la más bella joya de su corona.

·

Hacia finales de esa misma semana, Cliff, mi nuevo jefe de ventas, llegó desde Dallas para trabajar junto a mí. Le dije que podía pasar la noche en mi casa en lugar de ir a un hotel. Yo no sabía que él era cristiano, y mucho menos pastor asociado de una pequeña iglesia en su ciudad. Mi radar estaba por alguna razón temporalmente apagado desde la visita del clan de la Iglesia de la Fe, y yo estaba fuera de forma.

Fue una noche espiritualmente densa, y yo sentía mucha actividad dentro y alrededor de mi casa. A las tres treinta de la madrugada escuché a Cliff que hablaba por teléfono con su esposa. Caminaba de un lado a otro de la habitación donde le alojaba, rezando con su mujer al teléfono. Le escuché decir que ya se había encontrado con resistencia espiritual y actividad demoniaca con anterioridad, pero que estos demonios simplemente no querían partir. Le dijo a su esposa que la pesadez estaba a punto de aplastarle el pecho, y que debía irse. El Señor se lo había ordenado. Veinte minutos después de la llamada, ya había empacado sus cosas y se encontraba camino a Dallas. Me llamó temprano al día siguiente y me preguntó en qué andaba metido. Cuando le dije, me despidió.

Una noche, con más tiempo a mi disposición, cambiaba de canales en la televisión mientras estaba recostado en la cama cuando me topé con el programa de Larry King, donde entrevistaba a Mark David Chapman, el hombre que había asesinado a la leyenda de la música John Lennon. Me intrigó la historia de su pasado oscuro, y fue así como comencé a enviarle cartas a la prisión de Attica en Nueva York, donde estaba detenido. Me respondió un mes más tarde, y no fue lo que esperaba. Tras explicarle el rol que ocupaba Satán en mi vida, lo único que Mark fue capaz de compartir conmigo fue su experiencia personal con Jesucristo. Era un creyente fervoroso, e intentó guiarme hacia su fe.

La visita de los miembros de la Iglesia de la Fe, la correspondencia con Mark David Chapman y seguramente las constantes plegarias de los otros hombres y mujeres santos que se preocupaban por mí, comenzaron a filtrarse en mi espíritu. A pesar de militar activamente en las actividades del lado oscuro, comencé a visitar una iglesia cercana algunas veces al mes. En retrospectiva, aunque mis motivos quizá no fueran puros, la iglesia Edmond fue un paso esencial para poner en marcha el objetivo mayor que ya existía en mi vida. Se trataba de una congregación aconfesional de varios miles de personas. Comencé a ir a un grupo de solteros en la iglesia, y de hecho me comporté bien... por un tiempo.

No me agradaba el pastor, y maldije su ministerio con los demonios del deseo de mujeres y dinero. En otras palabras, recé contra este pastor y le lancé hechizos y maldiciones. Creo que esas maldiciones no fueron desoídas. El pastor terminó por ceder en diversas áreas de su vida. Quizá fueran su propio orgullo y sus deseos egoístas los que provocaron su muerte, pero yo asumo el crédito por su caída. ¿Me sentí orgulloso de aquella responsabilidad? Es posible, aunque también podrían ser los poderes oscuros obtenidos que comenzaban a rendir frutos.

En todo caso, yo deseaba la caída del pastor y debilitar el cuerpo de la iglesia. El que yo acudiera a esa iglesia reflejaba claramente mis dobles pensamientos. Era capaz de ser educado, incluso cortés, con la gente de la iglesia; pero si alguien me lastimaba o me hacía enfadar, yo respondía con odio. Las maldiciones y las actividades delictivas secretas eran mi rutina. Terminé por recurrir a los más insignificantes actos de vandalismo. Una vez hasta quité todas las tuercas de las ruedas del coche de un tipo que «me había mirado mal». Fue una época de mucha inestabilidad.

A pesar de mi condición de oscuridad espiritual conocí gente, acudí a las ceremonias de culto e incluso conseguí asimilar algunos de los mensajes. En mi intento por engañar y hacer retroceder a los cristianos que conocía incluso llegué a ser bautizado frente a toda la congregación. No fue un acto que saliera de mi corazón, lo hice para calmarlos un poco en su cristiandad. No sentí la presión de cumplir con ellos, fue algo más en el estilo de «mantén a tus amigos cerca, y a tus enemigos más cerca». Pensaba que, una vez bautizado, la congregación dejaría de molestarme.

Aquello era algo que había visto y me había afectado cientos de veces en la iglesia, y Satán se aprovechó de mi «enfermedad», por así decirlo. Me explico: lo que había visto muchas veces era que los cristianos amaban a alguien al darle la bienvenida a su fe y a su Iglesia, pero que una vez dentro, el nuevo cristiano era prácticamente abandonado. Desde la perspectiva del lado oscuro, lo importante comienza en el momento en el que el llamado nuevo creyente se manifiesta. Si no se le ama, no se le guía ni se le disciplina por un tiempo, el nuevo creyente, haya sido o no salvado (dependiendo de la doctrina), no sirve a Satán y es una presa fácil. Era algo que ocurría con frecuencia, y frente a ello la iglesia permanecía ignorante mientras su adversario lo utilizaba como campo común de batalla. Mi dios sabía enseñarme a distraer, engañar y dividir a los creyentes. Cuando le rezaba a mi dios, él me revelaba estas artes. Se regodeaba y burlaba de la «enfermedad de la iglesia». Yo comenzaba a compenetrarme con mi misión, y el terreno de prácticas estaba dentro de la iglesia.

•

Poco a poco, en pequeñas dosis, sentí cómo las plegarias de quienes había sido enviado a lastimar comenzaban a penetrar y desarmar algunos de mis más sólidos pilares fundacionales. Cuanto más cercano era a los devotos de la iglesia Edmond y a sus oraciones, más cuestionaba mi camino y mi dios. Aunque muchos vean esto como una ruptura y un deseo de liberarme de mi estilo satánico de vida, yo no pretendía ceder ni convertirme a la fe de su dios. La cristiandad seguía pareciéndome un camino espiritual más débil que el que yo había elegido. El camino de la oscuridad ofrecía mucha gratificación inmediata y sentimientos de poder. Su Dios no parecía darles ningún poder, sólo exigencias de bondad escamosa y para ofrecer la otra mejilla. Sin embargo, algo conseguía penetrar mi corazón de piedra y, a veces, no sabía si entregarme a ello o salir corriendo.

Hay una vieja canción que yo solía escuchar mucho y que reforzaba una profunda convicción personal. Es *Simpathy for the Devil*, de los Rolling Stones. Mientras más satánico era mi sistema de creencias, más lástima sentía por Satán. *¿Quieres hacerme creer que estaba en el cielo y que Dios lo echó? ¿Por qué, porque se rebeló? ¿No podía castigarlo de otra forma que condenándolo por toda la eternidad?* En mi mente, el crimen no justificaba el castigo, y eso afirmaba mis ideas, mi justificación y mi camino por el mundo de la oscuridad. Sentía lástima por el demonio y su naturaleza rebelde.

En los Estados Unidos se nos enseña a cuestionar la autoridad, a ser pensadores independientes, a seguir nuestro camino, y cosas por el estilo. Me sentía el James Dean de la iglesia cristiana: ¡Iba a arremangarme y a llevar la pelea a su propio campo! No sólo era responsable de mis actos, estaba orgulloso de ellos. ¿Y si mi ira no se originaba tanto en las trágicas circunstancias de mi vida como en mi sacrificio o autosacrificio para ajustar cuentas con un Dios que había castigado injustamente a un tercio del reino de los cielos? *He aquí una víctima que Dios no podrá conseguir,* me decía a mí mismo. *No pienso servir a un Dios como ese.*

•

Uno de los versículos de la Biblia que escuché en la Iglesia Edmond fue «la luz vino al mundo, pero la humanidad prefirió las tinieblas a la luz, porque sus hechos eran perversos. Pues todo el que hace lo malo aborrece la luz, y no se acerca a ella por temor a que sus obras queden al descubierto». (Juan 3, 19-20). Este pasaje definía mi vida. Me acercaba a la luz apenas lo necesario como para aliviar un poco mi tormento, para luego regresar a la oscuridad y dar rienda suelta a mis pecados. Dicho mecanismo impenitente terminó por llevarme al límite y me dejó agotado, tanto física como mentalmente. Y fue en este punto tan bajo que conocí a alguien que impactaría con fuerza en mi vida.

Gerald Deaton era un devoto que se interesó mucho por mí. Me invitó a acudir a su congregación, y yo acepté sólo por no faltarle el respeto.

En mi primera visita a la iglesia de Gerald llegué para la ceremonia religiosa, y a los pocos minutos de empezar sentí como si el corazón se me saliera del pecho. Estaba ansioso, lleno de dudas y nervioso, y tuve que abandonar el servicio dos veces para vomitar en el baño de hombres. Cada vez que volvía a entrar al santuario sentía náuseas. Era como si tuviera gripe, pero yo sabía que no era eso. Las fuerzas oscuras me controlaban cada vez más, y terminé por ceder y abandonar la iglesia.

Definiría este periodo como «denso» a nivel espiritual. Estaba empeñado en destruir todo aquello que fuera sagrado, y Satán había orientado mis búsquedas a las iglesias cercanas y los grupos de estudio de la Biblia. Concurrí a los servicios religiosos y grupos de estudio de unas quince iglesias, e hice todo lo posible por trastornarlos espiritualmente. Una vez dentro del grupo, torcía el sentido de las escrituras para provocar confusión e iniciar discusiones. Un ejemplo sería Santiago 4, 7, donde dice «Así que sométanse a Dios. Resistan al diablo, y él huirá de ustedes». En un grupo de lectores poco formados, yo lanzaba: «¡Resistan al diablo y él huirá!». Suena correcto e inofensivo, pero está lejos de ser verdad. Aquellas personas continuaban con su vida pensando que si resistían al demonio cuando se sentían oprimidos, todo iría bien. Pero yo omitía la parte más importante del versículo: «Sométanse a Dios». Ese es el eje del versículo. El enemigo no irá a ninguna parte a menos que uno se someta a Dios. E incluso entonces, todavía puede presentar batalla.

Mi objetivo era cualquier cosa que alejara a los creyentes de las cuestiones espirituales y los llevara a las cuestiones materiales. Esto mantenía en marcha mi misión de confundir y alejar a los cristianos de su fe, perfeccionaba mis poderes de manipulación y me brindaba una cierta diversión. Durante este periodo fui echado de algunos grupos de estudio y se me prohibió la entrada a varias iglesias.

Lo que fue una revelación impactante para mí durante mi etapa «predatoria» era la gran cantidad de personas completamente perdidas que encontraba en las iglesias y grupos de estudio, sin importar sus creencias. Simplemente no estaban comprometidos con la búsqueda de Dios. La mayoría de los grupos contaban con una persona que buscaba de verdad a Dios, pero se imponía la falta de profundidad y entendimiento del resto de los participantes. Estaban mal informados y con frecuencia desinformados, y su falta de conocimiento los hacía presas fáciles para Satán. Y su vulnerabilidad no se limitaba a su ignorancia espiritual: si yo buscaba una conquista sexual fácil, por lo general encontraba a alguna mujer dispuesta en los grupos y las iglesias. Pronto descubrí que era más fácil conseguir un poco de sexo en esos grupos repletos de creyentes ignorantes o perdidos que en cualquier bar de la zona.

Había, sin embargo, algunas excepciones a esta regla general. Una noche, fui hasta el sur de Oklahoma a un grupo de creyentes de la iglesia perteneciente a un viñedo. En cuanto llegué, sentí que no era un típico grupo como los que solía visitar año tras año. Eran unas diez personas, hombres y mujeres, nada fuera de lo común. Sin embargo, noté que dos hombres del grupo eran más respetados y protegidos de lo que había visto en mucho tiempo. Esta barrera que se formaba a su alrededor despertó mi curiosidad.

Un joven cristiano llamado Herbert parecía sentir alguna presencia maligna a mi alrededor, y entramos en una suerte de careo espiritual. Era alguien juicioso e inteligente, pero parecía nuevo en su fe, y fluctuaba entre el espíritu y la carne. Nuestro pequeño enfrentamiento interrumpió el curso del grupo de estudio. Otro hombre allí presente, Jim Kimbrough, haciendo gala de un espíritu amable y amoroso, regañó a Herbert por sus intentos de batalla espiritual en aquel marco. Yo sentí una unción especial en Jim, y me sentí inmediatamente atraído por su persona. Mirando atrás, creo que Jim hizo la cosa más gentil que un creyente puede hacer por otra persona: se abrió un camino en mi vida a golpes de amor.

Al poco tiempo invité a Jim a cenar a casa. Conoció a mis tres hijos y nos entendimos muy bien. Más adelante terminé por compartir mi oscura historia con Jim, e incluso si no fui salvado, pocos meses después me pidió que fuera el padrino de su boda. A pesar de mi oscuridad espiritual, Jim se animó a adentrarse en la compleja trama de mi vida.

Incluso mientras experimentaba un paso adelante a nivel relacional, el resto de mi vida continuaba desintegrándose. Con mis problemas para pagar la renta y mi falta de dinero, la depresión me acosaba permanentemente. Abandoné mis estudios e intenté encontrar trabajo en la construcción. Lo único que pude encontrar fue en Las Vegas, ayudando a un conocido a construir un anexo a la sala de esparcimiento de una iglesia. Así fue como partí hacia Nevada para un trabajo que debía durar un par de meses. Me habían prometido una interesante cantidad de dinero por el trabajo, pero tras unas semanas, el contratista se fugó con el dinero y dejó a muchos sin su paga. Era un adicto al juego, y todo el dinero que caía en sus manos lo utilizaba para alimentar a su monstruo. También tenía otra adicción: la cocaína. Yo quería alejarme de ambas.

Todo comenzó cuando mi hija Marisa me llamó pidiéndome que fuera a verla nadar en una competencia estatal en Oklahoma. Dejé el trabajo, llené el tanque de gasolina y quedó atrás el ardiente sol del desierto de la «ciudad del pecado».

capítulo 5

El camino de la cárcel

Luego me fijé en tanta opresión que hay
en esta vida. Vi llorar a los oprimidos, y no
había quien los consolara; el poder estaba
del lado de sus opresores, y no había quien
los consolara: Y consideré más felices a los
que ya han muerto que a los que aún viven,
aunque en mejor situación están los que
aún no han nacido, los que no han visto
aún la maldad que se comete en esta vida

Eclesiastés 4, 1-3

SIN UNA MONEDA EN EL BOLSILLO, llegué a Oklahoma robando gasolina. Llegaba a las gasolineras, cargaba gasolina y, cuando el empleado estaba distraído, escapaba. Sin duda era algo frustrante y humillante, pero necesitaba llegar a casa para ver a mi hija.

Llegué el día de la competencia. Marisa era una nadadora talentosa, y llevaba varios años compitiendo.

Cuando entré en el gimnasio me dio un fuerte abrazo y me preguntó si podía ocuparme de tomar los tiempos, como ya había hecho otras veces. Satisfecho por reconectar con mi hija y excitado por su carrera, se me asignó un carril y me preparé para cumplir con mi obligación. Más de trescientas personas habían concurrido a presenciar el evento que duraría todo el día.

Tomaba el tiempo de un nadador cuando sentí una mano en mi hombro. Me giré para toparme con un ayudante de sheriff que me miraba fijamente.

—¿Es usted Michael Leehan?

Asentí.

—Esta es una convocatoria para la corte por causa de falta de pago en la cuota alimentaria —observé el documento en mi mano y me sentí completamente humillado—. Considérese notificado, señor Leehan.

Giró sobre sus talones y se alejó mientras yo permanecía estupefacto, buscando un lugar donde poder ocultarme y esconder mi vergüenza.

Las nuevas leyes contra padres desobligados acababan de implementarse, y mi esposa, con la ayuda de su costoso abogado, había escogido aquel momento para humillarme frente a mis hijos y la gente. Cuando Marisa salió de la piscina con los ojos bien abiertos y la mano tapándose la boca, sentí que acababa de descender a un nuevo fondo en mi relación con ella. Se acercó a mi mesa con iguales dosis de vergüenza y preocupación.

—Papá... ¿Qué ha pasado? —dijo apoyando la mano sobre mi hombro.

Yo alcé la vista hacia ella, y todo lo que conseguí decir fue:

—Lo siento, cariño.

•

Dos días después, estaba en los tribunales de Oklahoma esperando para ver al juez. Justo antes de entrar en la sala, recibí el llamado de un nuevo cliente que quería construir un anexo a su habitación. El trabajo me daría el dinero suficiente para cubrir mi retraso en la cuota alimenticia y encontrar dónde vivir. ¿Qué posibilidades había de tal coincidencia? Una llamada inesperada me salvó el día. Creyendo que esto me daría un respiro, quedé en encontrarme con mi cliente a las dos de la tarde para que me pagara un adelanto y comenzara al día siguiente. Problema resuelto: obtener el adelanto, pagar a mi esposa. Estaba libre de problemas, era pan comido. Pero estaba equivocado.

Poco después de la llamada entré en la sala. De pie frente al juez, éste me preguntó si tenía un abogado que me representara.

—No, su señoría.

—¿Tiene en su poder el dinero atrasado de la pensión alimenticia que está obligado a pagar?

—No, no lo tengo —respondí—. Su señoría, tengo un nuevo...

—No quiero escuchar ni una palabra más —lanzó el juez—. Lo condeno a la prisión del condado de Oklahoma, donde permanecerá hasta el 22 de noviembre a menos que deposite un cheque de 14 567 dólares. En ese momento volverá a concurrir aquí para enfrentar los cargos por incumplimiento de pago de la pensión alimenticia que estableció esta corte. Disfrute su estadía, señor Leehan.

Miré fijamente al juez con todo el veneno que pude producir. No me dio ninguna posibilidad de explicarme, ni de decirle que tendría el dinero en unas semanas. No tuve ninguna opción de redimirme.

El ayudante del sheriff me puso las esposas y me acompañó desde el quinto piso de los tribunales, y a través de la recepción, hasta un transporte de prisioneros estacionado fuera del edificio. En la cárcel me ubicaron en una célula de detención junto a otros quince reclusos que esperaban para ser procesados. En las cuatro horas que siguieron me examinó un médico, me registraron las cavidades corporales, me ficharon y me asignaron un número de prisionero. Estaba listo para ser llevado a la prisión que sería mi hogar durante los siguientes dos meses.

La idea de pasar un tiempo en la cárcel debería haberme asustado, pero no fue así. Mi vida ya era un desastre caótico de deudas crecientes, embargantes, el largo brazo de la ley, mi ex esposa atacándome y la tensión y el desorden producto de practicar las artes oscuras. En comparación con todo eso, la cárcel era un recreo. Todo lo que tenía que hacer era aprender los códigos, las leyes no escritas y las jerarquías de mi nuevo mundo para poder sobrevivir.

•

Tras ser procesado, se me asignó la zona que sería mi casa por los siguientes meses. Una zona es una parte cerrada de un piso (nivel) que aloja a cincuenta presos. Cada piso del complejo carcelario tenía cuatro zonas. Los diferentes pisos de la prisión alojaban a los presos en función de la gravedad de los crímenes cometidos. Por lo general, alguien que no había pagado la pensión alimenticia no compartiría piso con uno que hubiera asesinado a su familia. Pero por obra del destino, mi primera zona estaba compuesta por cuarenta y nueve criminales graves y yo. Terminé por saber que entre todos mis nuevos «vecinos» sumaban treinta y cinco asesinatos. Estos jóvenes pandilleros tenían sus propios códigos y eran ferozmente leales entre sí.

Poco a poco fui asimilando las maneras de la cárcel. Me afeité la cabeza, me dejé crecer la barba y me aislé de los demás. Comencé un ayuno que duraría treinta días (los satanistas ayunan por las mismas razones que los cristianos: una mayor claridad, fuerza y poder, pero por una causa equivocada). Daba mi comida a algunos de los pandilleros más hambrientos, y ellos me ayudaron a ocultar mi ayuno. No quería llamar la atención y sabía que esto me ayudaría en mis intenciones.

Los primeros tres días son los más duros en cualquier ayuno. Después, se vuelve fácil no comer. El poder sobre la propia carne brinda fuerza al espíritu, sin importar a qué dios se sirve. Mientras más hambriento me sentía y más me dolía el estómago, más vivo estaba mi espíritu. Terminó por llegar el momento en el que, quizá por la fuerza del hábito y de la voluntad, dejé de pensar en la comida. Los pensamientos azarosos se convirtieron en ideas sobre negocios que podría emprender al salir, en visiones de mis hijos y en cuidarme las espaldas. Mi poder espiritual y perspicacia aumentaron, y conquistar mi carne me brindó valor.

Mis compañeros de encierro reaccionaban de diferentes formas frente a mí. Igual que animales encerrados, los criminales sienten automáticamente el miedo a su alrededor. El débil y el fuerte coexistían, y por lo general esto no tenía relación con el tamaño de las personas. Al privar mi carne, mi espíritu había sido ungido por fuerzas oscuras que hacían de mí alguien con quien no era conveniente meterse. Las personas con las que entré en contacto quizá no tuvieran educación, pero su inteligencia callejera permanecía intacta, y en este medio era necesaria para sobrevivir.

Muchos de los hombres en la cárcel no usaban sus verdaderos nombres sino apodos basados en la célula donde se encontraban. Cada una de las cuatro zonas por piso tenía una letra (A, B, C y D) y las cincuenta celdas de cada zona estaban a su vez numeradas. Entonces, 829C refería a un joven pandillero negro con quien entablé relación: octavo piso, zona C, celda 29. Para él, yo era 850C, o 50 en diminutivo. Yo lo llamaba 29. Era un sistema frío, duro e impersonal, pero era lo más cercano que podíamos encontrarnos a los demás.

Cuando conocí a veintinueve, lo miré por unos segundos, lo evalué y dije:

—Puedes tomar mi comida, veintinueve... pero no digas nada. No quiero llamar la atención —aclaré, mirando a mi alrededor en el patio central.

—¿Intentas matarte? —dijo, negando con la cabeza—. No te he visto comer nada en días. Deben estar haciéndote la vida imposible...

—No, nada de eso —respondí—, sólo intento controlar algo. Verás, si intentas controlar algo que deseas, te hace más fuerte —me golpeé la frente con el dedo índice—. La verdadera fuerza está aquí. Si quieres controlar lo que te rodea... controla esto primero. Veintinueve me miró como si yo tuviera dos cabezas:

—Oye, eso es bastante fuerte para un tipo blanco y pelado. ¿No intentas engañarme? —sonreí, y veintinueve me devolvió la sonrisa—. Muy bien... —Veintinueve volcó rápidamente mi comida en su bandeja.

—¿Llevas mucho tiempo aquí? —pregunté.

—Sí, bastante. ¿Y tú? ¿Cuál es tu historia?

—No me creerías si te lo dijera —le contesté con ojos fríos—. Igual, es una larga historia.

—Mataste a alguien —dijo, señalándome con el dedo—. Puedo verlo en tus ojos. Eres un asesino —dio un gran mordisco a su panecillo y tragó con dificultad—. Un blanquito asesino y loco, eso es lo que eres.

—Mi padre, aquel que sirvo, me envió aquí.

—¿Mataste a tu padre?

—Más bien, él me mató a mí.

Veintinueve hizo una mueca, incrédulo:

—Oye, nunca escuché a nadie hablar así. Estás loco, es eso... En todo caso, viejo blanco loco, ¿puedo quedarme con tus raciones si no vas a comer por un tiempo?

Veintinueve miró detrás suyo para confirmar que «su banda» estuviera cerca. Podía sentir el miedo que emanaba de su cuerpo.

—Sí, veintinueve, puedes quedártelas. Pero es nuestro secreto, ¿de acuerdo? —dije. Él asintió y regresó junto a su gente.

Los siguientes veintiséis días fueron iguales. Veintinueve venía a mi celda a la hora de la comida. Me traía su bandeja vacía, y yo le daba la mía intacta. Los guardias nunca supieron lo que ocurría.

El día que terminé mi ayuno, veintinueve vino a mi celda como de costumbre. Me encontró recostado en mi catre con los pies en lo alto y mi bandeja vacía sobre la mesilla.

—Ey, cincuenta, ¿dónde están tus sobras?

No lo miré a los ojos, pero señalé mi bandeja vacía:

—El ayuno terminó. No hay más sobras.

Vi a veintinueve bizquear y poner su mirada de gánster. Se acercó y me bajó de un golpe uno de los pies que tenía apoyados en la barandilla del catre:

—Yo no creo que se haya terminado... ¿Quién va a darme mis sobras, si no?

Quedé inmóvil por un segundo. Me pateó el otro pie. Me puse en pie de un salto y quedé a cuatro centímetros de su cara:

—Creo que acabo de decírtelo, veintinueve... no hay más extras —retrocedió—. De hecho, si alguna vez vuelves a mirarme, te va a ocurrir algo malo.

Se quedó mirándome en un intento por conservar terreno, pero estaba cada vez más asustado. Al final, terminó por irse. Nunca volvimos a dirigirnos la palabra.

Salvo mi contacto con veintinueve, mantuve un perfil bajo durante las primeras semanas dentro, pero el aburrimiento terminó por ganarme la partida. Satán había hecho de mí un agitador incansable, y supe que era el momento de sacudir las cosas con mis vecinos. Mi paranoia no tenía límites, y durante los encierros comencé a tomar notas sobre los otros reclusos que conocía, iniciando conversaciones, buscando sus debilidades y nuevas formas de explotar a mis nuevos «amigos».

Eric, mi primer compañero de celda, era un muchacho blanco de algún pueblo perdido que había matado a su madre y su padrastro. Se había escondido arriba de su casa rodante con un rifle de caza y les había disparado una noche cuando regresaban a casa.

—Odiaba a mi mamá porque abandono a mi papá —se limitó a decir—. Y mi padrastro era malo conmigo... entonces los maté.

Tuve reacciones encontradas mientras Eric me contaba su historia, impresionado con su nivel de desapego ante un asesinato a sangre fría. Mientras estaba con él se abrió de repente la puerta de la celda.

—Leehan, tienes visita —gritó el guardia—. Vamos.

Entré en una habitación con pequeños cubículos y una gruesa separación de cristal capaz de detener una bala. El cristal separaba a los criminales de las familias y amigos que venían de visita. Mi madre se sentó del otro lado del vidrio y me miró como a un extraño.

Yo también la miré fijamente hasta que al final hablé:

—Hola mamá.

Ella siguió observando mi nuevo estilo carcelario (tenía la cabeza afeitada y una barba candado).

—Hijo, pareces el demonio —dijo finalmente.

Me reí. Mi mamá no sabía en lo que estaba metido espiritualmente. Para mí era como si me hiciese un cumplido. Por un instante me pregunté si sabría en qué andaba yo antes de terminar en la cárcel. *No, no tiene ni idea*, pensé. Que me dijera algo así me parecía una gran ironía.

—Algunos de los que están aquí piensan que lo soy —dije.

—Apenas pude reconocerte, hijo. ¿Te estás cuidando?

—Hago lo mejor que puedo dadas las circunstancias, mamá —sonreí. Sus ojos se llenaron de decepción. No podía esconder su desagrado, y a mí todavía me costaba digerirlo. Cerró los ojos, los volvió a abrir lentamente y continuó:

—Bueno, llegan las fiestas, y pensé en venir a desearte una feliz Navidad.

—Feliz Navidad para ti.

—No es fácil llegar hasta aquí. Me hicieron esperar dos horas para verte.

—Sé que es molesto, pero aprecio que hayas venido —la conversación parecía forzada, incómoda.

Mi mamá me miraba. Sabía que había algo que quería decirme y me preparé para lo que vendría.

—Hijo, deberías haber dejado a esos niños e irte. Esa mujer con la que te casaste es un desastre, yo sabía que te haría daño. Conozco ese tipo de mujeres, y ella es así. Iba a terminar lastimándote o asegurándose de que acabaras en un lugar como éste. Y aquí estás —dijo por el comunicador.

—No pasa nada, mamá. Estoy sobreviviendo y en cierta forma me siento aliviado de estar aquí.

Me miró extrañada mientras procesaba mis palabras. Sentí un cúmulo de emociones atravesarme mientras observaba a mi madre, y pensé en cuánto me había fallado y en cómo ella estaba allí sentada pensando que era yo el que le había fallado a ella.

—¿Por qué no viniste al juicio? —le pregunté—. No había nadie de mi familia apoyándome.

Mi mamá parecía adormecida. Pensándolo ahora, me alegro de que no haya estado en el juicio. Habría sido una persona más a la que mirar avergonzado.

—Era un momento difícil para todos, hijo. Un momento difícil, estoy segura de que lo entiendes.

—Yo puedo hablarte de momentos difíciles —noté lo avergonzada que se sintió de su comentario—. En realidad no importa. Obtuve lo que merecía, ¿no crees? —no dijo nada—. Y como dije, casi estoy contento de estar aquí. Estaba yendo por el mal camino. Estaba metido en cosas extrañas, mamá. Con una depresión así, te puedes meter en muchos problemas allá afuera.

—¿Te dan medicamentos aquí?

—No. ¿Para qué? No hay suficientes medicamentos en todo Oklahoma para evitar que alguien se deprima en este basurero. En todo caso, feliz Navidad, mamá.

—¿Puedo hacer algo por ti? Estás muy flaco, hijo —parecía preocupada—. ¿Has perdido peso?

—La comida de aquí no merece ser comida.

—¿Qué es ese moretón en el costado de tu cara?

—Me golpeé con la puerta de mi celda por accidente. Ya sabes lo torpe que soy. Mira, no te sientas obligada a venir. Ya sé que es un problema.

Colgué el comunicador y me puse de pie para hacerle saber al guardia que la conversación había terminado. Hice un gesto de despedida a mi madre del otro lado del cristal. Me miró una última vez, a su hijo el prisionero, el convicto que no pudo pagar la pensión alimenticia de sus hijos, que iba en caída libre a los brazos del fracaso, y parecía ofuscada. Lo que más recuerdo de este encuentro con mi mamá es lo que no me dijo: ni «te quiero», ni «lo siento», ni «perdóname por no haber estado el día de tu juicio».

Incluso en mi oscuro estado, la capacidad de mi madre para hacerme sentir un fracasado seguía quemando. Nada puede infligir tanto dolor como la propia familia.

Lancé una última mirada a mi mamá mientras tomaba su cartera para salir. Ella no miró atrás. No volví a verla por un año.

•

Mi buena fortuna con los compañeros de celda continuó cuando Lawrence apareció en mi vida. Con sus aires de Sammy Davis Jr., Lawrence podría haber sido alguien cómico de no ser un criminal institucionalizado. Había pasado unos treinta años en prisión por un asesinato y estaba a punto de ser liberado. A partir del momento en que llegó a mi celda, Lawrence no paró de hablar. Su principal objetivo era intimidarme.

Decía tener una tía bruja. Alegaba que ella tenía un gran lobo blanco, y que si alguna vez intentaba algo contra él, haría que ella me lanzara un hechizo. Lawrence estaba loco, era peligroso y no tenía idea de que estaba ladrando al árbol equivocado en términos de brujería.

Lo habían asignado a mi celda por una pelea con su ex compañero de celda. La historia, contada por Lawrence mientras desempacaba, era la siguiente:

—Mi último compañero roncaba muy fuerte. Me cansé, y finalmente le metí una toalla en la boca y casi lo mato por asfixia. —Lawrence me estudiaba con la mirada, sopesando mi miedo, viendo cómo reaccionaba. Dejé que sus palabras quedaran suspendidas en el aire por un momento.

—¿Adivina qué, Lawrence? Yo también ronco —dije finalmente.

—Si roncas demasiado, te cortaré la garganta —dijo sin dejar de mirarme.

Me puse de pie lentamente, le clavé la mirada y dije en un tono neutro:

—Las navajas no me asustan. Duermo con un ojo abierto.

Cuando ya no estaba ayunando, solía conseguir dulces por medio del comisario y los escondía en mi celda. Pero mientras yo estaba en las duchas o fuera de la celda, Lawrence revisaba mis cosas y tomaba lo que quería, pensando que podía hacer lo que quisiera conmigo. Un día, lo descubrí mientras estaba robando:

—¡Quita tus manos de mis cosas!

—Blanquito, mejor cierras la boca...

—Mantén tu puta persona lejos de mis cosas —lancé. Puse gran énfasis en lo de «puta» debido a una historia que Lawrence me había contado. Mientras estaba dentro por treinta años se consiguió una «novia» llamada Cocoa. Era la chica (chico) de sus sueños.

—¿Entonces eres homosexual? —le había preguntado.

—No, es sólo lo que haces cuando estás dentro.

Le respondí que yo nunca haría eso. Le dije que era un maricón. Así que allí estaba yo, llamándolo maricón de nuevo, hasta que terminó por hervirle la sangre.

—Te voy a cortar, blanquito. Voy por ti.

Mi risa lo dejó al borde de la explosión. No podía soportar que se burlaran de él, y estar atrapado conmigo en un espacio de dos metros por tres sólo le generaba más frustración.

Nuestra discusión continuó durante un par de noches, y la tensión crecía entre nosotros. Una noche, con la paciencia al límite, supe que estaba listo. Lawrence había escondido una hoja de afeitar bajo el colchón. Yo había escondido uno de mis calcetines lleno de pilas, algunas piedras pequeñas que había traído a la celda y algunos jabones.

Apagaron las luces a las diez. Lawrence se acostó en la cama de abajo y se revolvió por un rato. Actuaba como si fuera a dormirse, pero yo sabía que estaba disimulando antes de actuar. Yo me mantuve alerta y despierto durante el par de horas que siguieron. Entonces rechinaron los resortes del colchón de Lawrence al levantarse.

Yo tenía el «martillo» preparado, y lancé un golpe sobre el borde de mi catre que le dio en la cabeza. No lo había lastimado mucho, pero sí detuve su movimiento con la hoja de afeitar. Salté fuera de mi catre y me lancé sobre él con mi «martillo». Al terminar, llamé a los guardias por el intercomunicador de la celda. Llevaron a Lawrence a la enfermería. A mí me dejaron en aislamiento y al día siguiente me interrogaron. Como él tenía antecedentes de problemas con sus compañeros de celda y yo era un criminal menor, me dejaron tranquilo. A decir verdad, muchos de los guardias se alegraban de la paliza que le había dado. Era una cuestión racial, y la mayoría de los guardias blancos no apreciaban a aquel negro bravucón.

•

Pasaron dos meses hasta que volví a ver al juez. Cuando el día llegó finalmente, fui llevado desde la prisión del condado junto a otros reclusos que tenían audiencia. A nivel emocional las cosas sólo habían empeorado en la cárcel, y yo me llevé mi mala actitud conmigo a la corte.

Llegué a la audiencia esposado, vestido con un overol naranja y tenis azules. Para mi sorpresa la sala estaba repleta, y las primeras personas que reconocí fueron mi ex esposa y su novio, Chuck. La situación se agravaba con la presencia de varios miembros de su familia que vivían en estados cercanos. Chuck me observaba fijamente desde la última fila.

Luego de todos los problemas que había tenido en mi vida hasta ahora, ser humillado en la corte frente a la familia de mi ex esposa era un nuevo punto bajo. Los veía allí sentados, salivando ante la perspectiva de la ley cayendo pesadamente sobre mí. Me sentí atrapado en este estado de máxima humillación hasta que me llamaron dos horas después.

—El Estado de Oklahoma contra el señor Michael Anthony Leehan —dijo el juez.

—Aquí, su señoría —me puse de pie.

—Puede acercarse al estrado. ¿Tiene usted un abogado, señor Leehan?

—No —respondí.

Me acerqué al estrado con los ojos de mi ex y su familia posados sobre mí. Al detenerme frente al juez escuché la risa burlona de Chuck desde el fondo. A mi lado había un abogado muy bien vestido que pronto identifiqué como el representante de mi esposa contratado por su familia. Como un cordero en el matadero, alcé la vista y miré al juez.

—Señor Leehan, se encuentra aquí bajo cargos de desobediencia al tribunal. ¿Entiende usted estos cargos?

—Los entiendo, su señoría. Pero ya que se me acusa de un crimen, ¿no tengo derecho a un abogado designado por el Estado? —pregunté—. Soy indigente, y solicito un defensor público.

—Claro, señor Leehan —el juez no parecía muy comprensivo—. Por favor, explique por qué cree que el Estado de Oklahoma debería pagar por su defensa, lo escucho.

—Primero que nada, porque es mi derecho constitucional, su señoría. Estoy en quiebra. No puedo trabajar a causa de una profunda depresión, y necesito un abogado. Mi depresión es un hecho médico documentado. Tengo doctores que pueden certificar esto y...

—Señor Leehan —interrumpió el juez—, no me gusta su actitud. El juez me miraba mientras yo seguía oyendo la risita de Chuck en el fondo de la sala. Esto no iba nada bien. El juez revisó unos papeles mientras mi vida y mi futuro se me escapaban de las manos. Finalmente, continuó—: Señor Leehan, el Estado de Oklahoma le proveerá un abogado —sentí un gran alivio mientras el juez seguía revisando papeles—. Déjeme mirar mi lista de casos para ver cuándo tengo tiempo de volver a recibirlo —tras revisar sus documentos, volvió a mirarme con ojos fríos e inmisericordes—: Muy bien. Volveremos a vernos en febrero.

Estábamos en diciembre. El juez estaba usando los tiempos de la justicia para convencerme de renunciar a mis derechos constitucionales. Podía renunciar a mis derechos y tentar mis chances ese mismo día, o esperar otros tres meses en la cárcel del condado.

No pagar la pensión alimenticia es un asunto serio, pero a esta altura era sólo un delito menor. Lo máximo que podían darme era un año en la cárcel. Si esperaba para ver al juez acompañado de un defensor público (o «estafador público», como los llamaban en la cárcel), podía recibir la máxima condena, más los dos meses que ya llevaba dentro y los tres adicionales hasta la nueva visita judicial. Estoy seguro que muchos tenemos que tomar decisiones importantes bajo presión a lo largo de nuestra vida, pero ésta era grande. Si me defendía a mí mismo podían darme como mucho doce meses, pero si esperaba podrían terminar siendo diecisiete.

Me viene a la mente la famosa frase de Abraham Lincoln: «El hombre que se representa a sí mismo tiene un loco como cliente».

—Supongo que entonces estoy aquí *pro se*, su señoría —lanzó este loco al juez. *Pro se* es un término legal que significa representarse a sí mismo sin un abogado presente... y en otros idiomas significa «idiota».

—Vigile su tono en esta corte, señor Leehan —me ladró sin dejar de tomar notas en su libreta.

Sabiendo que las tenía todas en contra y que estaba a punto de caer, murmuré un insulto al juez creyendo que no podría oírme. Su rostro se tornó escarlata. No respondió, pero escribió algo en su libreta. Imagino que estaba calculando cuánto tiempo podría mandarme a la cárcel.

—Muy bien, señor Leehan, ardo en deseos de escuchar las razones por las que no fue capaz de mantener a sus propios hijos.

Comencé a balbucear mi historia de depresión e incapacidad de encontrar un empleo estable debido a mi condición, y seguí ridiculizándome hasta que el juez tuvo suficiente.

—¿Eso es todo, señor Leehan?

Sabía que mi carrera como abogado defensor tendría una corta vida, así que arrojé la toalla:

—Sí —respondí.

De todas las cosas autodestructivas que alguien puede hacer, desafiar a un juez cuando se está en su propia corte está entre los primeros puestos de la lista. Allí estaba yo, mirando el rostro enrojecido del juez y sus ojos de piedra entrecerrados.

—Perfecto, entonces. Lo condeno a nueve meses por incumplimiento de sentencia, que deberá cumplir en la prisión del condado de Oklahoma. El tiempo que ya pasó allí no cuenta —lo que llevaba mi sentencia a once meses—, y no habrá remisión de pena por buena conducta.

¿Alguno conoce la expresión «caerle a alguien con todo el peso de la ley»? Pues bien, el juez acababa de lanzarme el peso equivalente de un camión. La sentencia implicaba que, sin importar lo bien que me portara, no podría salir antes de tiempo.

Cuando bajó el martillo, el juez confirmó mi regreso a la prisión del condado. No vería el sol por los siguientes nueve meses. Mi mal carácter, mi bocaza y mi desprecio por la autoridad me habían costado mucho. *Qué idiota*, pensé. *Sólo estoy retrasado con el pago de la pensión alimenticia y estoy esposado como si hubiera matado a toda mi familia.* Pero a causa de mi orgullo, mi arrogancia y mi incapacidad de mantener la boca cerrada, estaba rodeado de verdaderos criminales y lejos de mis hijos.

Ya sé que es hipócrita sentirme injustamente tratado por esta pequeña corte del mundo siendo culpable ante la «corte del universo» en tanto servidor del demonio. En mi interior sabía lo culpable que era en muchos aspectos de mi vida. También era irónico que terminara en la cárcel por un delito menor en comparación con los crímenes que había cometido en secreto contra la sociedad.

Pensé que el camino de vergüenza que debí recorrer al entrar en aquella corte fue algo duro, pero no fue nada comparado con el de salida. Evité mirar a todos, en especial a la familia de mi ex esposa y a Chuck. Al cruzarme con el siguiente prisionero acusado de homicidio, volví a escuchar la risa de Chuck.

—Si fuera tú, al salir de la cárcel le cortaría la garganta... —me dijo el hombre esposado inclinándose hacia mí.

Tomé su consejo muy seriamente, y matar a Chuck se convertiría en una prioridad para mí en un futuro no muy distante.

Una vez más, fui conducido de regreso a la que sería mi casa por los siguientes nueve meses.

·

Llevaba alrededor de dos meses en la cárcel cuando comenzaron a llegar las cartas. Poco después, comenzaron también las visitas. Jim Kimbrough, Gerald Deaton, Don Nusbaum, el pastor de una prisión (cuyo nombre no recuerdo), Dwayne Jaynes y algunos cristianos más me visitaron. Con el tiempo comencé a rechazar todas las visitas, ya que me hacían recordar demasiado el mundo exterior. Pensar en la vida allá afuera y en lo que me estaba perdiendo hacía que el tiempo se detuviera. Vivía hora a hora, día a día, y no quería que nada hiciera mi estadía aún más difícil.

Tras cuatro meses de rellenar solicitudes legales, me convertí en un prisionero de confianza y me trasladaron al segundo piso (las solicitudes internas de la prisión se presentan para pedir transferencias, ayudas administrativas o legales o cualquier demanda de atención personal). Las reglas de la zona de prisioneros de confianza eran menos estrictas, y los reclusos tenían mayor libertad. Teníamos acceso a los juegos de mesa, la televisión y las duchas casi cada vez que queríamos. Las luces se apagaban a medianoche. La vida aquí era mucho más fácil, ya que todos los presos se habían ganado la confianza y estaban allí sólo por delitos menores. Era muy diferente al piso de los asesinos donde había vivido los cuatro meses anteriores. Todos estos muchachos estaban en prisión por poco tiempo y tenían la libertad al alcance de la mano.

Me asignaron la lavandería, donde iba cada día a doblar uniformes, separar las ropas de hombre y de mujer y participar del equipo que distribuía sábanas y ropa a los prisioneros. Cada día llevábamos ropa y sábanas a uno o dos pisos. Mis deberes consistían en dar sábanas azules a los Bloods y rojas a los Crips. Los Bloods y los Crips son pandillas callejeras que tienen colores asociados a sus respectivos grupos: los Bloods usan el rojo y los Crips el azul. Darles colores de la pandilla rival era entonces la peor de las faltas de respeto para ellos. En su mundo, era como cometer un crimen capital. Hoy estoy seguro de que si me hubiera quedado en la cárcel por más tiempo habría terminado muerto, porque ambas pandillas me odiaban. Cada vez que entraba en su zona, me llovían los insultos.

Una vez Slim, un guardia blanco del que me había hecho amigo, estaba de servicio mientras entregábamos las sábanas. El protocolo consistía en que debía dejar las sábanas frente a la puerta de la celda y alejarme contra una pared, mientras el guardia abría la celda y le pasaba las sábanas al prisionero. Aquella vez no obedecí.

Un Crip más o menos de mi tamaño me insultaba y actuaba como un hombre rudo detrás de la puerta cerrada de su celda. Yo dejé en el suelo la sábana roja de siempre junto con sus ropas. Él me gritaba desde el otro lado de la puerta. Slim no estaba prestando atención (o sólo se regodeaba observando) y me dio la espalda. Cuando se abrió la puerta, corrí al interior de la celda y golpeé al Crip solitario. Fue algo excitante. Físicamente era una pelea pareja, aunque él habría terminado por vencerme si Slim no hubiera estado allí, ya que era más joven que yo y tenía una mayor resistencia.

Esta anécdota representa la locura en que se había convertido mi vida a las órdenes de Satán: un tipo blanco de treinta y tantos años ansioso de pelearse con un pandillero negro adolescente en la prisión del condado sólo por el gusto de la adrenalina. No temía al dolor físico, ya que por mi experiencia sabía que el verdadero poder reside en lo espiritual. Pero cuando se toca fondo como me sucedió a mí, uno deja de preocuparse por casi todo. El hecho de que no me preocupara de mi propia seguridad mostraba más mi falta de respeto por mi persona que mi osadía.

Slim había pedido apoyo cuando comenzó la pelea en previsión de que la situación se le fuera de las manos, y un guardia llamado Crawley llegó para ayudarlo. Después de que Crawley consiguiera separarnos, me sacó de aquella zona y me llevó de regreso a mi celda. Crawley era un guardia negro y musculoso con quien terminé por trabar amistad.

—Vamos, cincuenta, tienes que venir conmigo —me dijo Crawley—. ¿En qué estabas pensando?

—Ya sabes, era algo que tenía que hacer —respondí jadeando.

Crawley negó con la cabeza, incrédulo:

— ¿Sabes?, tengo que lidiar con todo tipo de gente aquí: tipos que han caído muy bajo, tipos que están cayendo, y verdaderos criminales. He visto de todo, pero tú me asustas de verdad. No termino de entenderlo, pero hay algo en ti que me eriza la piel. Yo sé leer a los hombres, Mike. Puedo ver a alguien a los ojos y saber qué tipo de persona es. Puedo decir si está loco, si es un perverso, alguien malvado o un asesino. Pero contigo es diferente. Hay algo en tus ojos, algo de lo que no estoy seguro. Algo oscuro, muchacho.

—¿Eso quiere decir que no tendremos una cita aquí adentro? —respondí.

—Oh, cállate. Mete tu loco culo dentro de tu celda y cálmate.

—¿Loco, eh? ¿Eso es lo que soy, Crawley? ¿Un loco? —Me senté dentro de mi celda mientras Crawley lanzaba una mirada sobre su hombro para ver qué sucedía detrás nuestro. Después continuó:

—Loco quizá no sea la palabra, pero es una locura que da miedo. Como dije, hay algo en ti a lo que no estoy acostumbrado.

—¿El conocimiento puede volver loco a alguien, Crawley? —Crawley me miraba con curiosidad—. Lo que quiero decir es: si alguien conoce cosas que la mayoría de la gente no, ¿esa persona parecería un loco?

Giró su cabeza hacia un lado y miró a la distancia por un momento.

—Déjame que lo piense —dijo, y se dirigió a la puerta.

—Oye, Crawley...

—¿Qué, cincuenta?

—A fin de cuentas, lo que pensamos es una decisión nuestra, ¿no crees? Lo que elegimos para llenarnos la cabeza es un juicio personal.

— Sí, creo que tienes razón —asintió.

—La mayoría de la gente no desea el verdadero conocimiento, porque una vez que lo obtienes, estás obligado a hacer algo con él. Eres considerado responsable. ¿No es eso lo que creen ustedes los cristianos?

—¿Cómo supiste que era creyente, cincuenta?

—Por tus ojos. La misma razón por la que a ti te asustan los míos. Los ojos cuentan la historia… son la ventana del alma, ¿verdad? Podemos engañarnos a nosotros mismos todo lo que queramos, pero hay dos fuerzas en acción en este mundo, sólo dos. Poseer el conocimiento de una de esas fuerzas es tener verdadero poder.

—Yo sé de dónde viene mi poder, cincuenta, ¿y tú?

—Yo sé que poseo verdaderos conocimientos sobre cosas que no pertenecen a este mundo. Y el poder… bueno, va llegando.

—Tranquilízate, hombre, o te explotará la cabeza. En ocho meses y algo estarás fuera de aquí. Espero que no regreses nunca, no como el resto de estos estúpidos —Crawley lanzó una mirada alrededor de la celda—. ¿No tienes nada para leer aquí? —negué con la cabeza—. ¿Puedo traerte el Nuevo Testamento? La cárcel los distribuye gratis.

—Claro, lo revisaré. Ya que estás, puedes traerme también un refresco y una papas fritas grandes —sonreí.

—Rezaré por ti, cincuenta, pero mantente lejos de los problemas. A la gente de aquí no le gustan los juegos. Son despiadados, y nunca están solos. Son como una manada de animales.

—Puedo cuidarme solo, hombre.

—Eso es lo que tú crees. Igual es peligroso para ti aquí dentro. Por lo que tengo entendido, no estás cerca de ganar ningún concurso de popularidad, sobre todo entre los pandilleros —me miró esperando confirmación, y yo asentí. Luego continuó—: Te encuentras con algo de energía queriendo salir y terminas metiéndote en problemas. Siempre sucede algo a tu alrededor, y eso no es bueno. Necesitas entrar en el mundo de Dios, hombre. Es innegable. Pórtate bien. Son ocho meses, cincuenta, sólo ocho meses…

Una hora después escuché abrirse la puerta de mi celda. Era Crawley. Me miró a los ojos y en silencio me entregó un libro de bolsillo de solapas marrones. En la portada estaba escrito «Nuevo Testamento». Sostuve el libro en mis manos, mirándolo. No tenía mucho que decir, y estaba sorprendido de que Crawley hubiera regresado tan pronto.

Sin decir palabra, salió y cerró de nuevo mi celda. Dejé el libro sobre el fregadero-baño de acero inoxidable y me senté en el catre. Me quedé allí alrededor de una hora, preguntándome qué hacer con aquel pequeño libro. Tras mucho reflexionar decidí lo que para mí tenía más sentido: memorizar lo más que pudiera de las escrituras, para luego deformarlo y manipularlo en contra de los predicadores de la prisión. Había muchos de ellos en los doce pisos de la prisión, tipos que utilizaban a Dios para fingir ser cristianos frente a los guardias, los otros presos y los jueces, buscando ser liberados. Fue así que memoricé las escrituras y acudí cada día a perturbar los esfuerzos de los «mini pastores». Tras memorizarlas, utilizaba las páginas para hacer cigarrillos que vendía a los otros presos. Estas pequeñas biblias estaban a disposición de quien las quisiera por intermedio de los guardias. También podían encontrarse nuevos testamentos repartidos en las mesas de cada zona y en los basureros de todo el edificio, arrojados allí por prisioneros sin esperanza.

No sólo profanaba las escrituras y retorcía las mentes de los cristianos, sino que también me gustaba provocar a los ateos profesos y a los musulmanes de la prisión. No costaba mucho hacerlos enfadar. Mi juego favorito con ellos era durante la noche. Luego de que apagaran las luces, cuando todo el mundo trataba de dormir o estaba en los teléfonos hablando con sus primos en los diferentes pisos, yo me ponía a silbar la canción «Amazing Grace» tras la puerta de mi celda. Silbaba una versión estilo blues una y otra vez hasta que me hartaba de los insultos y las amenazas de muerte lanzadas contra mí, el silbador. Por supuesto, nadie sabía quién era el que silbaba. Nunca consiguieron descubrirme.

Otro incidente ocurrió en el décimo piso, en la zona de máxima seguridad. Aquí se encontraban los criminales más peligrosos, capaces de herir o matar a un preso de confianza o guardia de seguridad si se les presentaba la oportunidad, por lo que no se abrían las puertas de las celdas. Este método también impedía a los presos de confianza contrabandear con alguno de los prisioneros de esa zona. Las únicas celdas a las que se podía entrar eran las que estaban vacías, mientras el prisionero estaba en la corte o en enfermería.

Llegué a conocer bien a los tipos de este piso. Tom, en la 1015c había asesinado a una familia de cuatro en Tennessee y a otra de tres en Oklahoma. Esperaba para ser juzgado aquí, y en Tennessee ya había sido sentenciado a muerte. En su puerta había un letrero que decía: «No abrir la puerta sin al menos cuatro guardias y un *camisa blanca* presentes». *Camisa blanca* era el término utilizado para designar a un sargento o un oficial de rango. Slim era el guardia presente, y no era del tipo que busca pelea.

Me acerqué a la puerta de Tom y nos saludamos como de costumbre. Era un tipo enorme. No me di cuenta cuando descubrió a uno de los presos de confianza robar en una de las celdas vacías y esconder el botín en el carro de la ropa sucia. Robar a un preso en su ausencia era la peor de las faltas de respeto. Para mi sorpresa, la puerta de Tom se abrió sin problemas (debe haber usado una palanca). Cuando la puerta se abrió, me quedé helado.

—Mike, eres un buen hombre. Entra en mi celda y no te metas en líos —me dijo Tom.

—Sí, señor —respondí, y me hubiera puesto firme y hecho el saludo militar de haber tenido tiempo. El respeto que me había ganado de Tom en los meses anteriores me salvó la vida.

Tom estaba sobre Slim antes de que éste pudiera pedir ayuda. Le pidió que le entregara el radiotransmisor y le dijo que si era listo se me uniría dentro de su celda. Slim estaba encantado de obedecer. Tom se acercó al resto del equipo de lavandería y les propinó una de las más terribles palizas que haya visto. Los destrozó sin piedad. Los envió a todos a la enfermería, e incluso creo que uno de ellos murió. Cuando terminó, Tom regresó a su celda resollando, nos pidió a Slim y a mí que saliéramos y cerró la puerta. El salvajismo con el que golpeó al resto de los presos de confianza fue tan memorable como la amabilidad con la que nos trató a Slim y a mí. Había un código de conducta. El honor entre ladrones era algo real. Era un mundo extraño, incluso para un satanista.

Estar en el equipo de distribución tiene sus beneficios. Le llevaba provisiones a quienes no tenían el privilegio de acceder al economato de la prisión y vendía pantimedias, que conseguía en la lavandería, a los *gays* bajo custodia. El cupo era de tres bienes (chocolates, fideos *ramen*, barras de dulce, etcétera) por pareja. No pasó mucho tiempo hasta que tuve una verdadera tienda en mi celda. Vendía las cosas a precio de dos por tres a los presos que estaban hambrientos y a la espera de dinero con que llenar sus cuentas. En otras palabras, les daba dos productos a crédito y ellos conseguían a alguien en el exterior que pusiera a cambio dinero en mi cuenta, o me pagaban con tres productos cuando podían permitírselo.

Si alguien quería dos productos, tomaba sus órdenes cuando distribuía la ropa y los entregaba en mi siguiente subida (yo estaba en el piso más bajo de la prisión). También vendía *snipes* (cigarrillos ilegales fabricados con el tabaco de los cigarrillos que tiraban los guardias). Con un cigarrillo normal se hacen cuatro *snipes*. El papel que utilizaba venía de las páginas del Nuevo Testamento que me había dado Crawley. Por la noche arrancaba una página, colocaba el tabaco, liaba los cigarrillos y los vendía en los diferentes pisos durante la distribución de la lavandería. Piénsenlo bien un segundo: arrancaba las páginas de la palabra sagrada de Dios para hacer cigarrillos que luego vendía a los criminales.

•

Mientras desarrollaba por las noches mi incipiente industria de «cigarrillos sagrados», mi mente divagaba por los eventos de mi pasado. Veía mi relación familiar rota, la disfuncionalidad y mi extraña infancia, en particular mi experiencia de casiahogo en la playa. Y a mis hermanos, que no veía ni como amigos ni como familia, sino como compañeros de habitación que compartían conmigo la misma vida miserable. Las brasas en mi interior quemaban cada vez más a medida que arrancaba páginas de la Biblia, comprendiendo al final que mi ira apuntaba a un Dios que, de ser real, me había abandonado por completo. Y aquel libro ridículo, ofrecido por un agente de seguridad de buen corazón, estaba supuestamente destinado a aliviar mis pesares, a aligerar mi carga. ¿Cómo podía aquel libro acceder al dolor que llevaba dentro? ¿Cómo su autor, fuera quien fuese, podía saber por lo que había pasado y el equipaje que llevaba conmigo? ¿Cómo mi vida podía ser así mientras un Dios amoroso gobernaba el universo?

Con las mandíbulas apretadas, seguí arrancando páginas, encontraba una gran satisfacción en saber que aquellas palabras nunca volverían a ser leídas por un ser humano, que se evaporarían en el aire para satisfacer la adicción de algún ser humano disfuncional. La palabra divina convertida en humo.

¿Esto significa que su palabra es puro humo?, me pregunté con ironía. Lo estaba poniendo en evidencia como un mentiroso, o así creía. Era mi venganza, mi represalia. Allí estaba yo, solo en mi celda, haciendo cigarrillos, profanando su palabra… alzando con enojo mi puño ante un Dios que no conocía.

capítulo 6

Adentrándose en el satanismo

Que nadie se engañe. Si alguno de ustedes se cree sabio según las normas de esta
época, hágase ignorante para así llegar a ser
sabio. Porque a los ojos de Dios la sabiduría
de este mundo es locura. Como está escrito:
Él atrapa a los sabios en su propia astucia; y
también dice: el Señor conoce los pensamientos de los sabios y sabe que son absurdos

1 Corintios 3, 18-20

EL DÍA DE MI LIBERACIÓN me vino a buscar a la cárcel del condado de Oklahoma mi hermano Dennis y me llevó a buscar mi coche, una camioneta que llevaba once meses guardada. Pasé el resto de la noche en el autolavado limpiando la camioneta por dentro y por fuera. Ésta sería mi nueva casa.

Durante los meses siguientes viví en aquella camioneta en varios estacionamientos de los alrededores de Oklahoma. Las noches eran largas y solitarias, pero era un hombre libre, al menos físicamente. Mentalmente, ahora que estaba fuera de la cárcel, no dejaba de pensar en el día que salí de la corte mientras escuchaba la risa de Chuck. Escuchaba el comentario del preso junto a mí: «Si fuera tú, al salir de la cárcel le cortaría la garganta, hombre». Soñaba con silenciar para siempre la risa humillante de Chuck.

Una vez más, como si estuviese escondido tras la verja de madera como años atrás, tuve que apartar de mi mente la idea de lastimar a Chuck. Pensaba en mis tres hijos, que eran todo para mí. Los placeres simples de la vida cotidiana que exceden los límites de una celda sin ventanas de dos metros por tres eran suficientes para desbaratar cualquier plan que pudiera devolverme «dentro». Pronto los proyectos para lastimar a Chuck se convirtieron en parte del pasado.

Podía ver el sol y respirar el aire fresco por primera vez en diez meses. A diferencia de cuando estaba en la celda, era capaz de dormir profundamente: el peligro inmediato no era algo con lo que tuviera ya que convivir las veinticuatro horas del día. Al fin podía dormir con los dos ojos cerrados.

Volví a entrar en contacto con mis hijos y comencé a buscar trabajo de carpintero. Necesitaba un ingreso, un lugar para vivir y cierta apariencia de normalidad.

Don Nusbaum, el amigo cristiano que caritativamente había depositado dinero en mi cuenta mientras estaba en la cárcel, me buscó una vez que fui liberado. Ya habíamos trabajado juntos en algunos proyectos. Él acababa de obtener un contrato para el que necesitaba ayuda y me pidió encontrarnos en el lugar de la obra. Hambriento y ya casi sin gasolina, salté sobre aquella oportunidad.

Don recorrió conmigo la casa mientras me explicaba lo que debía hacerse. Acepté el trabajo y comencé de inmediato. Don tenía poco tiempo para terminar el trabajo, porque la mujer que iba a mudarse estaba en medio de un divorcio y quería que todo estuviera terminado antes de ocupar la casa.

Al día siguiente conocí a Maggie Rich, la propietaria, mientras trabajaba en la cocina. Cuando pienso en los encuentros positivos que Dios puso en mi camino, éste demostró ser importantísimo. Maggie y yo conectamos enseguida. Caminé con ella por la casa, hablándole de mi experiencia y ofreciéndole ideas para proceder de forma más eficiente. Ella parecía contenta.

Maggie se fue interesando más en los trabajos a medida que se acercaba la fecha de su mudanza. Pasaba cada vez más tiempo en la casa tomando decisiones sobre decoración, y nos fuimos volviendo más cercanos y conversábamos sobre la vida. Ella acababa de separarse, y yo de salir de la cárcel. Éramos dos personas heridas intentando recuperarse de sus reveses. Nuestra amistad inicial floreció en un romance, que a su vez terminó en una relación que duró doce años.

Por desgracia, esta relación estaba basada en una mentira. Al principio de nuestra amistad, dejé que Maggie pensara que yo era cristiano y jugué ese rol para convencerla. Yo sabía que ella era cristiana confesa y que se apoyaba mucho en su fe ahora que se estaba separando de su esposo y se preparaba para un divorcio. Yo escuchaba música cristiana, daba la impresión de ser alguien feliz y optimista y proyectaba la imagen de un seguidor de Cristo.

Durante mis muchas horas pasadas entre cristianos y en las iglesias con el fin de causar estragos, aprendí mucho sobre cómo actuar. Desde mi perspectiva, la mayoría de los cristianos con los que trataba sólo estaban actuando. Simplemente aparentaban seguir la corriente pero en realidad llevaban una vida secreta. Yo no quería vivir ese tipo de vida más allá de engañar a los cristianos para que confiaran en mí y así poder desviarlos de su camino. En mi mente, obtenían lo que merecían: división, falta de poder espiritual y ausencia de paz verdadera. Mientras más sufrieran, mejor. En su propia jerga, cosechaban lo que habían sembrado.

A esa altura yo no había aceptado a Cristo en lo más mínimo, pero al mirar atrás, entiendo que mi amistad con Maggie representó un cambio positivo para mí. Claro, no dejaba de engañar a una mujer para obtener algo de ella: Satán me había convertido en un experto. Sin embargo esta vez estaba en la búsqueda, me sentía apesadumbrado, y lo que en verdad quería de esta nueva amistad era compañía. Yo era alguien indeciso e inconstante en todo lo que hacía, como se dice en Santiago 1, 8, pero mis razones estaban cambiando.

Albergaba esperanzas de encontrar estabilidad, un terreno firme, una verdadera amistad. Y Maggie Rich, siendo quien era, tomó mi mano.

●

Maggie era decoradora de interiores. Un día pasó por la obra y me pidió que la acompañara a tomar medidas en una propiedad residencial por la que presentaría una oferta. La gigantesca y antigua casa se encontraba en una parte de la ciudad a la que no se sentía cómoda yendo sola. Incluso llevamos con nosotros a Ralph, su Golden Retriever, para sentirnos más seguros.

Por supuesto, aquella vieja casa de piedra llevaba mucho tiempo abandonada. Mientras recorríamos el camino de acceso, algo en mí comenzó a reaccionar: tenía la clara sensación de haber estado antes en ese oscuro lugar, cuando menos en espíritu, y mi extrema sensibilidad tan activa en otros tiempos me llevó a encender mi radar.

Maggie me ordenó educadamente que me mantuviera atento y apartado, puesto que sólo me necesitaba para tomar medidas. El administrador estaría allí para responder a todas las preguntas que ella tuviera. Bordeó la casa por el Este, mientras yo la seguía de cerca, hacia la entrada trasera donde debía esperar el administrador. Mientras más nos acercábamos, más sentía que mi espíritu se agitaba.

Un hombre surgió de la nada, y Maggie se sobresaltó ante su súbita aparición. Era delgado y tenía poco más de cuarenta años. Tenía la piel muy pálida, el cabello oscuro y parecía algo desnutrido. Sus mejillas estaban hundidas y era evidente que no había tenido una vida fácil. Todos hemos visto gente así: por lo general tienen la piel más morena, no están rasurados y sus ojos están hundidos… era un vagabundo. Pero éste era un ermitaño. Maggie y yo nos sorprendimos mucho por su aspecto, y eso nos puso en estado de alerta.

Mis sentidos estaban a flor de piel debido a su extraña forma de recibirnos. Sin aviso, pareció lanzarse sobre nosotros. No dijo ni una palabra, y se quedó mirándonos a la espera de que nosotros dijéramos algo.

A pesar de sus instrucciones de mantenerme apartado, me paré entre él y Maggie buscando protegerla. Ralph, su perro, comenzó a gruñir al extraño irguiéndose sobre sus patas traseras.

El hombre y yo notamos nuestros respectivos brazos llenos de cicatrices y nos miramos. Lo que siguió fue como un silencioso desafío satánico. Instintivamente supe que él también había cruzado la línea en algún momento de su vida para experimentar el lado oscuro y lo sobrenatural. La automutilación puede ser síntoma de muchas cosas en el mundo físico, pero cuando está espiritualmente guiada las cicatrices parecen ser siempre iguales, del mismo tamaño y en los mismos lugares del cuerpo. Es difícil explicar cómo sabía eso, pero es un hecho espiritual.

Yo era más grande que él, y también era más poderoso en el universo impuro en el que ambos nos movíamos. Cuando me interpuse entre él y Maggie, le hablé en el idioma que ambos conocíamos tan bien: el enoquiano.

—¡Te arrancaré el corazón y lo devoraré si vuelvo a verte alguna vez! —le dije, aunque no estoy seguro de que lo hubiera hecho. Era el pasado resurgiendo para defender su territorio, un instinto antiguo expresándose en aquel momento a través mío.

Retrocedió, y entramos en la casa. Curiosamente, no volvimos a verlo. Estoy bastante seguro de que las palabras que pronuncié lo hicieron partir.

Maggie y yo recorrimos la estancia y notamos a nuestra derecha una pequeña habitación donde el hombre pálido había estado durmiendo. El lugar estaba abarrotado de cosas y sucio, con cada centímetro de la pared cubierto con versículos de la Biblia escritos con tinta de diferentes colores. La escritura era pequeña, por lo que había cientos de versículos. Supuse que, igual que yo había memorizado las escrituras en la cárcel, aquel hombre lo había hecho en esta pequeña habitación. Para conocer al enemigo es necesario conocer su doctrina, aquello que lo motiva, su teología o su filosofía. Conócelo mejor que él a ti y tendrás una gran posibilidad de capturar su mente y controlarlo.

Había varias biblias en diferentes traducciones e idiomas desperdigadas por el suelo. Las ventanas estaban cubiertas con pintura negra. Una pequeña lámpara negra sobre una antigua mesa de luz roja iluminaba la habitación. Una manta negra destrozada cubría en parte el suelo de madera manchado. Estaba en estado de alerta máxima mientras nos adentrábamos en la casa.

Atravesamos un estrecho pasillo que llevaba a un salón enorme, tan grande que la doble puerta de entrada, de dos metros y medio de alto, se mantenía cerrada por un poste de teléfono calzado entre la parte interior de la puerta y la escalera de tres pisos a su lado. Las anchas escaleras se dividían a izquierda y derecha al llegar al primer piso. Debido a la ausencia de electricidad, debíamos conformarnos con la escasa luz que entraba por las pocas ventanas. El suelo y los muebles estaban cubiertos por una gruesa capa de polvo. La casa llevaba quizá décadas vacía.

Una puerta junto a las escaleras llevaba al sótano. Maggie abrió la puerta.

—No existe suficiente dinero en este mundo para hacerme bajar ahí —dijo. No bajamos. Maggie cerró la puerta.

Subió primero las escaleras, con Ralph y yo siguiéndola de cerca.

En el segundo piso entró en una gran sala de baño y de inmediato notó el mural pintado a mano en la pared. Aquella obra estaba compuesta con colores y formas intrincados, y los rostros apenas estaban delineados. El mural la impresionó lo suficiente como para llamarme a que lo viera. Al entrar en el baño sentí una corriente eléctrica recorrer mi espina dorsal. Reconocí de inmediato el motivo satánico. Maggie me observaba con curiosidad mientras yo estudiaba los dibujos. Noté la atención del artista por los detalles demoníacos, y comencé a explicar la temática y el propósito del autor. Imagino que encontrarse en una casa que parecía salida de una película de Wes Craven y escuchar a su amigo describir las complejidades del arte demoniaco no es algo que haga sentir confortable a una mujer. Maggie me miraba con los ojos muy abiertos, pero consiguió mantener la calma.

El resto de la casa estaba igual de sucia. Llegamos hasta un lugar en el lado Este de la escalera que parecía ser el final de la estancia, sólo para descubrir una nueva escalera que llevaba a un nivel superior.

—Allá vamos —dijo Maggie mirándome. Yo di un paso atrás.

—No gracias, ya tuve suficiente —respondí—. Te espero abajo.

En ese momento los pelos del lomo de Ralph se erizaron y retrocedió junto a mí. Gemía y parecía agitado. Yo supe que algo andaba mal, el perro supo que algo andaba mal, y miramos a Maggie con gran aprehensión mientras subía las escaleras y se perdía de vista. Estoy convencido de que el extraño comportamiento de Ralph estaba directamente relacionado con la presencia espiritual oscura en la propiedad, ya que los animales son por lo general sensibles a lo paranormal y a las actividades espirituales.

Se preguntarán por qué retrocedí en ese momento. ¿Por qué un satanista se sentiría incómodo entre su propia gente? Por decirlo de alguna manera, en aquel entonces yo estaba exhausto, había llegado a un punto en el que lidiar con el lado oscuro en este nivel había perdido su brillo. Mi cuerpo, mi mente y mi espíritu estaban devastados por mi adicción a lo macabro. Pero había más: vi algo en aquella casa. En mi mente apareció una escena que me hizo alejarme de esa habitación. Vi que una pequeña niña rubia era arrastrada por las escaleras, y mi espíritu me dijo que había sido llevada allí con un propósito siniestro. No vi el resultado final, pero supe que estaba allí para un ritual satánico. Esta casa había sido una fortaleza del mal. Algo maligno había ocurrido aquí, y yo necesitaba salir cuanto antes.

Tras un momento escuché a Maggie emitir un grito ahogado. Bajó corriendo las escaleras, con el rostro lívido. Ralph ladró y corrió hacia ella. Yo esperé a que se recuperara.

—¿Te encuentras bien? —le pregunté. Respiraba con dificultad, y asintió sin decir palabra. Ralph olisqueó a su alrededor y comenzó a gemir.

—No quiero tomar medidas —dijo finalmente Maggie tras recuperar el aliento—. De hecho, no quiero tener nada que ver con este proyecto. Vámonos de aquí.

Condujimos en silencio por un rato, con Maggie mirando fijamente hacia la nada hasta que al fin rompió el silencio:

—¿Qué sucede ahí dentro, Mike?

—Estoy seguro que en ese lugar llevaron a cabo asesinatos rituales —dije, midiendo mis palabras—. Sacrificios humanos.

Su expresión horrorizada me hizo estremecer. Seguimos en silencio un rato, y luego pregunté:

—Viste algo, ¿no?

Maggie asintió:

—Cuando llegué al final de las escaleras y entré en la habitación, sentí una enorme presión en el pecho y me quedé sin aire. No podía respirar —noté como apretaba los puños con fuerza mientras me contaba la historia—. Entonces tuve como una visión, y en un destello vi todo el piso en mi mente. También supe que era correcto, sin tomar medidas, sin dibujar, ni hacer diagramas, ni nada. Todo encajaba como si hubiera estado mil veces en esa casa... —desvié la mirada, sabiendo lo que venía a continuación. Maggie pareció concentrarse con fuerza, y luego continuó—: ¿Cómo supiste lo que había pasado? ¿Quiero decir, lo de la niñita? ¿Cómo sabías lo que significaba el mural? ¿Cómo alguien puede saber todo eso? —preguntó con un hilo de voz.

Finalmente, le confesé parte de la verdad:

—Yo solía ser satanista.

Si buscan una forma infalible de dejar en silencio a una mujer durante un largo viaje en coche, díganle que han practicado el satanismo. Funciona siempre.

Condujimos hasta su casa en silencio.

Continué con el trabajo como si no hubiera sucedido nada. Por desgracia, experiencias oscuras como ésa eran parte normal de la triste vida que había elegido, pero el mundo inocente de Maggie acababa de ser sacudido por completo.

·

No volvimos a hablar del asunto durante el mes siguiente que trabajé en la nueva casa de Maggie. Creo que ella intentaba enterrar la experiencia, y yo buscaba parecer lo más «normal» posible. Recordar aquel hecho me habría obligado a revelar más cosas sobre mi extraño pasado. Nuestras conversaciones se instalaron en una zona confortable, y ella pareció relajarse nuevamente cerca de mí.

Uno de los secretos que yo estaba encantado de ocultarle era la vida que llevaba. La rutina funcionaba de la siguiente manera: cada día al partir le decía que regresaba a mi casa, cuando en realidad iba en busca de algún aparcamiento seguro para pasar la noche en mi camioneta. Los edificios de oficinas cerca de su casa eran lugares frecuentes para mí. A veces conseguía pasar toda la noche sin que ningún guardia de seguridad me pidiera que me fuera, pero otras no tenía tanta suerte. En aquellas sofocantes noches de agosto, quedarme dormido era un verdadero milagro. Recuerdo despertarme en un charco de sudor más de una vez, y con frecuencia terminaba por abrir las ventanillas y bañarme en repelente de mosquitos esperando que fuera suficiente para dormir. Tenía un techo bajo el cual pasar la noche, sólo que era el de una camioneta vieja y sucia.

Como buen habitante de la calle, encontré una tienda en cuyo baño podía asearme antes de ir a trabajar. Deprimido como estaba, comía esporádicamente o no comía, y mi vida era una lucha permanente. En una extraña distorsión del sentido común, consideraba que privarme de mis necesidades básicas me otorgaba un control sobre mi carne y me hacía un mejor receptáculo para que el demonio trabajara a través de mí. En mi opinión, en ambos lados de la línea que separaba al bien del mal los líderes se producían mediante el autocontrol.

Comencé un segundo empleo para un amigo que fue lo suficientemente amable para dejarme dormir en la casa en la que debía trabajar, a pocos kilómetros de la casa de Maggie. Mi amistad con ella floreció en una relación amorosa, y aunque ya había terminado con el proyecto de remodelación, comenzamos a vernos con frecuencia fuera del formato original «dueño de casa y contratista». Se me permitió ver a mis hijos los fines de semana y conseguí un empleo estable. La vida se suavizó un poco, en gran medida gracias a Maggie. Tenía una dirección, trabajaba con regularidad, estaba en una relación, y comencé a sentirme mucho mejor respecto de mi vida.

Pero ya saben lo que dicen con respecto a los sentimientos: no confíen en ellos. Las cosas estaban a punto de empeorar seriamente.

•

Maggie era una persona creativa, y se le ocurrió una idea de negocio que me incluía: me propuso que ya que estaba en el negocio de bienes raíces, ella podría comprar casas a bajo coste, yo las refaccionaría, ella se ocuparía de la decoración y finalmente las venderíamos con una buena ganancia. En el mundo de bienes raíces esto se llama «revalorización inmobiliaria».

Su propuesta parecía interesante. Eso me brindaría un cliente fijo y una posibilidad de avanzar. Ella tendría a alguien de confianza para hacer el trabajo y obtendría una buena ganancia en el proceso. También contaba con el crédito necesario. Yo tenía suficiente experiencia para entrar en una casa, estimar los costes y completar el proyecto con poca o ninguna ayuda. Nueve meses después, ampliamos el negocio.

El arreglo con Maggie no duró mucho, puesto que se asoció con alguien con quien yo no me entendía bien. Tras un par de proyectos en casas pequeñas, me separé de la sociedad sin mirar atrás. Mi mente estaba en cosas más grandes. Consumido por ideas de separación de la vida ordinaria, el aislamiento se convirtió pronto en mi mejor amigo.

•

Antes de entrar en la cárcel había trabajado instalando puertas para una compañía maderera local. Tras iniciar nuestro negocio inmobiliario con Maggie, entré en contacto con el propietario de una fábrica de puertas en Canadá para el que comencé a instalar puertas en todo el país.

Instalaba puertas en veinte estados diferentes, trabajaba solo, hasta que desarrollé una red de subcontratistas. Con unas tasas de interés bajísimas, el negocio de la construcción explotó y pasó lo mismo con el mío. Tras cinco años, tenía catorce personas trabajando en mis oficinas centrales y unos quinientos subcontratistas por todo el país. Respondíamos a unos cinco mil pedidos mensuales, y al final del quinto año la empresa presentaba ingresos por tres millones de dólares. Fue un gran salto, con relación a dormir en una camioneta.

Sin embargo, pareciera que tenía una baja tolerancia a la prosperidad. Pasaba muchos meses en la carretera, los viajes comenzaron a cobrarse su peaje y Satán fue reafirmando su presencia maligna en mi vida. Mi existencia es un ejemplo perfecto de la preferencia de Satán por el aislamiento, porque las personas se encuentren desconectadas y sin responsabilidades. Él sabe que los creyentes son más fuertes cuando se congregan. Satán no es tonto, nos ataca allí donde es más fuerte y nosotros somos más vulnerables.

Entonces, al pasar todo el tiempo solo en la carretera, mi depresión terminó por regresar, mi ansiedad aumentó y mis pensamientos se volvieron más y más inestables. Con la depresión y la vida dura y sin control, le brindé al adversario un camino directo a mi mente. Me siento igual de agradecido que sorprendido por no haberme matado a mí ni a nadie durante ese tiempo.

Me encontraba constantemente bombardeado por ideas tan extrañas y malignas que por momentos sacudía la cabeza para alejarlas, y mi mente se convirtió en un depósito de pensamientos satánicos e imágenes demoniacas. Si veía a un hombre asomar en una curva, en mi cabeza se formaba la imagen de su cadáver que yacía bajo mis neumáticos, y me veía obligado a detenerme para no pasarle por encima. Me imaginaba a mí mismo en un campo de tiro, yo disparaba a los desprevenidos clientes mientras se encontraban concentrados en sus propios blancos. Me vi incontables veces caer por escaleras, desplomándome de un barranco, saltando de un edificio alto y otras situaciones similares en las que terminaba gravemente herido o muerto. O podía encontrarme en mi tienda cortando un trozo de madera con la sierra y de repente imaginaba que me cortaba el brazo y manchando los muros y el techo de sangre. Mi mente era una fábrica de pensamientos perversos, inconexos y distantes.

En el camión llevaba siempre conmigo una Glock 9 mm. Tenía muy buena puntería, aunque practicaba muy poco. Acudía al campo de tiro en contadas ocasiones, y daba en el blanco con un margen de apenas cuatro centímetros desde larga distancia. En esas ocasiones llevaba los blancos a casa de Maggie y los pegaba en las ventanas, para que el sol pudiese brillar a través de los agujeros poniendo en evidencia mi nivel de acierto. O quizá lo hacía para mostrar el error que cometería cualquiera que intentara enfrentarme.

•

Maggie y yo nos llevamos en general bien durante ese periodo de mi vida, hasta que ella comenzó a tener nuevas amistades que no me agradaban y los celos hicieron su aparición. Ella pasaba mucho tiempo con Bob, un entrenador personal soltero y profesor de artes marciales. Cuando yo me encontraba fuera de la ciudad, él y Maggie solían verse para comer, vestidos con sus pijamas de kung fu, y entrenar artes marciales un par de veces por semana. Pueden imaginarse cómo reaccionaba yo al ver su rostro iluminarse cuando mencionaba a Bob. Le gustaba enumerar su lista de cualidades: cinturón negro octavo dan, capellán y un perfecto caballero.

Y no terminaba ahí. Maggie solía ir a trabajar con su computadora portátil a una cafetería donde los hombres parecían orbitar a su alrededor. Era la única mujer en un espacio abarrotado de hombres.

—Sólo hablamos de negocios, cariño —solía decirme—. Todos trabajan en bienes raíces.

Yo no estaba convencido.

Una vez, previo a salir de viaje fuera de la ciudad, al despedirme de Maggie me dijo que tenía que hacer algunas cosas. Antes de tomar la autopista, sentí la necesidad de pasar por la cafetería. Cuando entré, Maggie estaba de espaldas a mí, conversando con sus amigos de una mesa vecina.

—Hola —dije. Maggie dio un salto, y en cuanto me senté, el hombre con quien conversaba salió disparado. La miré fijamente por unos segundos. Podía sentir su ansiedad. Finalmente, me incliné sobre la mesa y dije con calma—: Te prometo que mañana no vas a tomar café aquí. Este lugar arderá en llamas hoy en la noche.

•

Me encontraba en algún punto en medio de Indiana cuando Maggie llamó al día siguiente preguntándome dónde estaba. Tenía puesto el altavoz, por lo que supuse que Bob estaba escuchando nuestra conversación. Le contesté, pero no me creyó. Le di un número de teléfono local al que podía llamarme para verificar mi paradero. Así lo hizo, y parecía sorprendida de que no estuviera en la ciudad.

La cafetería se había incendiado la noche anterior, y estaba cerrada cuando fue a tomar un café por la mañana. Yo no había iniciado el fuego, pero había tenido una visión al respecto. Sabía que iba a arder, y sabía por qué: una estafa al seguro por parte del propietario. Satán me había permitido quedarme con el crédito para asustar aún más a Maggie, y me dejó creer que mi espíritu podía conseguir todo lo que quisiera con sus poderes oscuros: lo único que necesitaba era convocar a los espíritus necesarios y esperar confiando en que mis deseos se realizarían.

Atravesaba el país de punta a punta buscando nuevos proyectos, completando trabajos y visitando nuevos clientes. Por lo general pasaba de un estado a otro sin recordar cómo había llegado hasta allí. En mis largos viajes a través de Albuquerque, miraba por la ventanilla el vasto desierto y sentía una subida de tensión en mi espíritu. En la reclusión y el aislamiento sentía crecer una nueva energía a medida que la oscuridad ocupaba mi ser. Puesto que era un recipiente vacío para las fuerzas satánicas, la oscuridad no paraba de entrar en mí. La carretera se convirtió en mi nueva adicción, y mi camino era el de la destrucción.

Apenas regresaba a casa ya estaba ansioso por volver a salir de viaje de negocios, puesto que a cada nuevo viaje me sentía más investido de poder por Satán. Como cualquier adicto, me convertí en un experto en ocultar mis actividades, en un impostor.

Conducía en piloto automático a través del país. La parte dentro de mí que podría haberse maravillado por las bellezas naturales y el brillante trazo de Dios era prisionera de Satán. No recuerdo el trigo que se mecía con el viento de Oklahoma, ni los girasoles de Kansas o los lupinos de Texas. No notaba la enorme anchura del río Mississippi. Las olas del Golfo de México, que lamían la costa blanca como el azúcar, no emitían ningún sonido para mí. Las Montañas Rocallosas eran apenas un obstáculo que cruzar. Nueva Inglaterra era una imagen borrosa. Los enormes pinos del sur eran sólo sombras sobre la carretera. Y estoy seguro de que los cactus del desierto florecieron a mi alrededor, aunque no los vi. Todo lo que podía distinguir era el poder oscuro que crecía dentro de mí.

·

Doors USA, mi empresa, comenzó a tratar con una sociedad de la costa Oeste. La mayoría de los contratos que teníamos por aquel entonces eran al Este de Nuevo México, pero con esta nueva relación comercial recibí un pedido de Utah y no tenía a nadie cerca de allí que pudiera ocuparse. Entonces fui personalmente a encargarme del trabajo.

Mientras circulaba hacia el Oeste por la interestatal 40 y buscaba un lugar donde detenerme a comer algo tras mucho tiempo al volante, derramé accidentalmente el café sobre mi camisa. Me detuve en la carretera 666 (sí, hay una carretera 666 y fue allí donde me detuve) y entré en un supermercado Walmart para comprar un quitamanchas. Buscando entre las góndolas, escuché una voz detrás de mí:

—Satán te quiere de regreso.

Me giré y me encontré con una mujer de largos cabellos negros que pasaba a mi lado. La observé por un momento hasta que se giró y me ofreció una sonrisa pícara. ¿Me quería de regreso? ¡Si nunca me había ido! Todo el mundo odia a los tibios, y supongo que Satán no era la excepción. Tenía que ser más resuelto en mis decisiones.

Tras conducir la mayor parte de la noche con aquel extraño encuentro dándome vueltas en la cabeza, llegué a la mañana siguiente a Salt Lake City, Utah, a la casa de Sue, mi cliente. Me estacioné frente a su casa y la encontré trabajando en su jardín. Me presenté y comencé a estudiar la situación de sus puertas. Era un problema de instalación, por lo que el fabricante estaba libre de culpas. Era responsabilidad del propietario. Pero había recorrido un largo camino para llegar hasta allí y tenía el tiempo y la energía para ocuparme del asunto, así que eso hice.

La reinstalación de las puertas me tomó unas cuatro horas. Durante ese tiempo, Sue se sentó en las escaleras y conversó conmigo. Apreciaba mi gesto, y comprendía que yo hacía esto por pura buena voluntad, para ayudarla.

Sue estaba en la treintena, era divorciada y bastante atractiva. Hablamos de muchas cosas, incluyendo su fe mormona. Conversamos sobre las reglas y la doctrina de los mormones, sobre Joseph Smith, la historia de su religión y su devoción por la familia. Me resultaba muy interesante. Ya había hablado antes con mormones, pero los intercambios solían ser superficiales y breves.

Ella se sentía intrigada por mi energía espiritual, una intensidad que le parecía atractiva. Yo sentí su espíritu lujurioso, y supe que todo lo que tenía que hacer era empujarla hacia el precipicio y Satán se ocuparía del resto. Me invitó a quedarme para la cena.

Continuamos con nuestra conversación durante la cena, donde llevé la charla al terreno sexual. Ella me explicó que estaba prohibido fuera del matrimonio, y que si sucumbía no le estaría permitido entrar al templo. La excluirían del lugar sagrado. Unas horas después, supuse que Sue no iría al lugar sagrado. Cuando estuve listo para partir, ella quiso venir conmigo sin importar a dónde, con tal de que fuera lejos de Utah y de su penosa vida.

Con trabajos por realizar y una novia esperando en casa, llevarla conmigo no era una opción. Me dirigí al Este para completar unos encargos, luego al Sur, a Louisiana y de nuevo al Este hasta Florida. Un par de semanas más tarde, durante el mismo viaje, llamé a Sue. Se puso muy contenta de que la llamara, y me preguntó dónde estaba. Cuando le dije que iba de camino a Florida, me respondió que siempre había querido ir allí. Le ofrecí pagarle un boleto de avión si tenía la posibilidad de conseguir a alguien que cuidara a sus niños. Dijo que sí, y me ocupé del asunto.

Dos días después, estábamos juntos en Florida. Le pregunté cómo se sentía.

—¿Qué? —preguntó con timidez.

—Dormir con el demonio —respondí con mis ojos clavados en los suyos. Observé cómo el color abandonaba su rostro mientras se recostaba contra la almohada preguntándose cómo tomar aquel comentario.

—Sí, claro —dijo finalmente, estudiándome para ver cuál era mi respuesta.

Me levanté de la cama y fui al baño sin decir una sola palabra. Sue y yo no volvimos a hablar del tema. Si piensan que una ETS (enfermedad de transmisión sexual) es algo malo, intenten dormir con alguien que camina con el demonio: con una Enfermedad de Transmisión Satánica.

•

El éxito de mi negocio me permitió relajarme un poco y comenzar a buscar cosas que ocuparan mi tiempo en la carretera, cuando no me encontraba arreglando puertas, acordando nuevos contratos o reunido con clientes.

Ser capaz de bajar el ritmo puede ser algo bueno, pero en el estado en el que me encontraba, el dinero y el tiempo libre eran los gemelos malvados que me permitían alimentar mis adicciones. Y fue así que las luces de neón de los casinos llamaron mi atención.

Dos veces a la semana, dejaba hasta diez mil dólares sobre la mesa de Black jack. A veces ganaba, y ganaba mucho, pero la mayoría de las ganancias terminaban en la misma mesa o en una máquina tragamonedas, y el ciclo continuaba. Amaba la adrenalina, necesitaba la acción y podía jugar sin parar toda la noche siguiendo una racha, sin estar en contacto con nada más que mis propios deseos de más acción y más estímulos. Era un esclavo de mis impulsos, incapacitado para encontrar la paz.

Al mirar atrás, creo que la adicción al juego fue uno de los regalos que heredé de mis padres. Mis hermanos y yo recordamos muy bien los viajes de casi mil kilómetros que hacíamos desde nuestra California natal hasta Las Vegas cada dos semanas. Cinco niños de menos de quince años durmiendo en una camioneta sin aislación ni aire acondicionado bajo el calor del desierto el fin de semana. Nosotros esperábamos en medio del calor durante dos días hasta que nuestros padres se quedaban sin tiempo, sin dinero, o sin ambos. Siempre deseábamos que ganaran, para poder comer algo en el viaje de cinco horas de regreso. Si perdían, esperábamos a llegar a casa para comer, y para cuando eso sucedía, ya estábamos demasiado cansados para hacerlo.

Mis padres eran adictos a los casinos, y ése fue un problema con el que debimos lidiar mis hermanos y yo. Nunca me consideré alguien con una personalidad adictiva. Más bien creo que, mientras más me adentraba en el satanismo y el lado oscuro, más adictiva se volvía mi personalidad.

•

Mi vida en las carreteras también pareció despertar nuevamente mi adicción a desviar a los cristianos de su camino. Mientras más lejos me encontraba de casa, más oscura se tornaba la naturaleza de mis actos. Mi mayor entretenimiento solía llegar los miércoles y domingos, cuando iba a alguna iglesia, buscaba una pareja de creyentes débiles (lo que era bastante fácil) e intentaba minar sus creencias. Con los hombres, buscaba manipular las escrituras. Con las mujeres, mi objetivo era seducirlas.

Acudía al servicio luego del momento de la oración, ya que no soportaba estar rodeado de creyentes cuando adoraban a Dios. Escuchaba la prédica y luego me quedaba rondando y conversando con los miembros de la congregación. Me sentaba con un café en la mano hasta que alguien me invitaba a beber o comer algo. Intentaba encontrarme mano a mano con alguno, y le preguntaba lo que pensaban de las escrituras o de la palabra de Dios. Era sorprendente lo poco que conocían del Dios que decían servir aquellos que iban a la iglesia.

Estas conversaciones me permitían tantear el terreno y medir la profundidad de la fe de los creyentes, que por lo general era absolutamente superficial. Y así me era posible penetrar sus débiles defensas espirituales. Deformaba el sentido de las Escrituras y plantaba la semilla de la duda en sus mentes. O elegía algún versículo conocido de la Biblia y me lanzaba por el camino del «¿Realmente quiere decir eso?». Los versículos del Nuevo Testamento fluían de mi boca, y a primera vista parecía como un miembro de su familia, como uno más entre los creyentes. Por desgracia para ellos, desconocían mis verdaderos motivos.

•

Estando solo en la carretera, mis actividades siniestras continuaron y con el tiempo fue aumentando mi inestabilidad mental. Devorado por la depresión, la ira y la frustración, juré mi lealtad a Satán y comencé a servirlo exclusivamente. Nunca me tomé con ligereza mis prácticas espirituales.

Mientras más avanzaba por el camino del demonio, mayor determinación ponía en mi servidumbre, dejando de nadar entre dos aguas. Así habla Elías a la gente en 1 Reyes 18, 21: «¿Hasta cuándo van a seguir indecisos? Si el Dios verdadero es el Señor, deben seguirlo; pero si es Baal, síganlo a él». Mi problema era que no sabía bien a quién servir, por lo que cuando las cosas se pusieron difíciles, regresé al camino que conocía: el de Satán.

Cuando viajaba por el país también me divertía comprando y distribuyendo biblias satánicas a víctimas desprevenidas. Dejaba los libros en arbustos dentro y alrededor de las escuelas cristianas, y bajo los bancos de las iglesias. Los dejaba donde podía, con la esperanza de que alguien los encontrara y leyera. Una vez más, sembrar semillas era parte del plan de Satán para mi vida. Quizá una de cada diez personas se sintiera atraída por las actividades de aquellos libros. El poder del lado oscuro se encargaría del resto.

Pasé casi todo el año siguiente en la carretera por mi trabajo. Tenía dos teléfonos celulares, una computadora portátil en mi camión con GPS y conexión inalámbrica a internet y todas las herramientas necesarias para llevar adelante mi negocio desde cualquier lugar. Utilizaba mi tarjeta American Express para los más o menos veinte mil dólares que gastaba por mes en lo que se me ocurriera. Mientras más me pedía mi director financiero que moderara mis gastos, más gastaba. Años después, al fin tendría la oportunidad de decirme «Te lo advertí».

·

Durante aquel tiempo, Maggie leyó varios libros sobre psicología, religión, liberación, guerra espiritual, Dios, el diablo, los demonios y cualquier otro del que pudiera servirse para intentar comprender qué sucedía conmigo. Estaba determinada a conseguirme ayuda, y habló con médicos de todo el mundo. Habló con un doctor en Bangladesh y algunos más en otros países, y la conclusión fue que mi problema era espiritual.

Insistió en que visitara a una psicóloga llamada Ann. Acudí a sesiones con ella durante más de un año, y concluyó que yo tenía TEPT (trastorno por estrés postraumático) provocado por mis experiencias durante la niñez (y la sobredosis que casi me mata), así como una tonelada de problemas espirituales que pesaban sobre mí. Ann me dijo que necesitaba encontrar al Dios que tan desesperadamente estaba buscando. Tanto ella como Maggie sostenían nunca haber visto una búsqueda de la verdad espiritual tan grande como la mía. Yo llamaba a las puertas, pero éstas no se abrían. Pedía, pero no recibía nada. Buscaba sin encontrar.

Desde mi infancia había sufrido desmayos, pérdidas del sentido del tiempo o momentos que desaparecían por completo de mi memoria. Durante mi juventud acudí a médicos que intentaron establecer un diagnóstico, pero no encontraron nada más para decir que los problemas podían deberse a alguno de los accidentes que había sufrido hasta entonces en mi vida: casi muero ahogado a los seis años, la sobredosis a los diecinueve y la caída a los veinte que me llevó al hospital.

Cuando era joven fui a varios psiquiatras. Sus diagnósticos giraban en torno a unos treinta elementos del DSM-IV (la guía de diagnóstico clínico). Mientras más iba, más disfrutaba memorizando las secciones del DSM-IV y desafiando a los médicos. Siempre que alguien pagara por ellos, no me importaba lo que tuvieran que decirme. Para mí era una forma de entretenimiento.

Los episodios de pérdida de conciencia se volvieron más frecuentes cuando me adentré en la práctica del satanismo, y solían suceder después de los rituales. En los eventos satánicos los desmayos eran habituales, sobre todo después de pedidos de ayuda (pedía a los espíritus que me ayudaran en los momentos en los que me sentía físicamente desbordado).

Los desmayos aumentaron en la misma proporción que mis visitas al lado oscuro. Los fines de semana y por las noches iba con frecuencia a la librería Barnes and Noble con Maggie. Le encantaba ir allí a leer, tomar un café y relajarse. Yo me dedicaba a pasear por el local y a hurgar en la sección de New Age. No compraba, sino más bien recorría las páginas de cientos de libros de religión, brujería, satanismo, ocultismo, magia negra, psicología y filosofía. Tenía que leer rápido, ocultar lo que leía tras la portada de alguna revista o ir a leer al baño. Si Maggie me hubiera descubierto con alguno de esos libros o vagando por la sección de New Age, se habría puesto como loca y habría comprendido que estaba más perdido de lo que ella imaginaba.

capítulo 7

Sombras oscuras

En esto puede discernir quien tiene el Espíritu de Dios: todo profeta que reconoce que
Jesucristo ha venido en cuerpo humano, es de
Dios; todo profeta que no reconoce a Jesús, no
es de Dios sino del anticristo. Ustedes han oído
que éste viene; en efecto, ya está en el mundo

1 Juan 4, 2-3

EL OTOÑO COMENZABA A CAMBIAR el color en las hojas de los robles, y entre viaje y viaje comencé las reformas de la casa que compré con Maggie. La construcción tomó casi tres años. Yo vivía allí, mientras Maggie y sus tres hijos vivían en su casa. El plan era que en cuanto la casa estuviera terminada los cuatro vendrían a vivir conmigo.

La casa estaba vacía salvo por los materiales, la madera y las herramientas desperdigadas por todas partes, y el colchón en el que dormía. Todas mis pertenencias, muebles y objetos diversos estaban guardados en el garaje. Yo trabajaba en el nuevo anexo de la casa, pintando, dando textura y alicatando. Un día, a las seis de la tarde, escuché que llamaban a la puerta. Fui a ver quién era pero no había nadie.

Regresé a la habitación y continué revocando las paredes. Tras las cuatro puertas del patio trasero podía ver la belleza del gran terreno: las hojas caían desde los cientos de árboles que poblaban

el paisaje. Cuando el sol comenzó a ponerse, un viento frío entró a
través de una ventana abierta.

Escuché un nuevo ruido proveniente del frente de la casa. De
pronto, distinguí el sonido que hace la alarma cuando se abre una
puerta. Alguien había entrado. Grité avisando dónde estaba a quien
fuera, imaginando que sería Maggie o alguno de mis hijos que pasaban a ver cómo iba la obra. Tras unos minutos sin obtener respuesta,
fui a la parte principal de la casa pero no vi a nadie. Aparentemente
una de las puertas del patio se había abierto con el viento. La cerré
y puse el seguro. Regresé por el pasillo y me puse a trabajar.

Me sentía espiritualmente sensible. Atravesaba por un estado de
gran conciencia y en sintonía con las fuerzas espirituales a mi alrededor, algo así como un conocimiento del reino espiritual. Esto por lo
general se manifestaba mediante un malestar estomacal, como un
nudo. Me invadía una gran pesadez y todos mis sentidos se ponían
alerta. Era algo similar a lo que sentiría una mujer caminando hacia
su coche por una calle oscura en la que instintivamente comprende
que hay alguien, y al girarse ve a un hombre, al que no había notado
antes, acercándose rápido. O cuando un hombre está cazando en
el bosque y de pronto escucha el crujir de una rama aplastada por
alguien que se acerca. Pues esta sensación se amplifica diez veces
cuando sabes que alguien está en una habitación oscura contigo,
pero ese alguien no es de carne y hueso. Ese alguien es un espíritu.

¿Cómo puedo saber esto? Porque lo he vivido al conjurar espíritus durante mis prácticas satánicas. Podía ver cosas que los demás
no. Aunque mucha gente tiene esa misma sensación, no pueden
discernir de qué se trata. Muchos se morirían de miedo frente a
algo que no pueden ver. Muchos han vivido momentos en los que
se sienten asustados en una noche oscura quizá ante un sonido
que no sabían de dónde provenía. Muchos han sentido palpitaciones cuando les cuentan historias de fantasmas… Pues bien, esa es
la sensación a la que me refiero.

Seguí pintando las paredes y los techos. Mientras secaba la segunda mano, me puse a colocar las losas de mármol de la ducha. Organizaba mis tareas alrededor de los momentos de secado, saltando de tarea en tarea para aprovechar con eficiencia cada minuto. Avanzaba con un ritmo metódico y persistente, sin perder el tiempo. Analizaba cada paso y procedía de manera eficaz y productiva. Es así como se debe hacer. Me gustaba estar solo, sin nadie que me molestara. Las horas pasaban con rapidez.

Eran las once y media y me quedaban un par de horas por delante. El saco de dormir en el suelo parecía ser mi peor enemigo. Pensaba que si no tuviera que dormir podría avanzar mucho más rápido. Regresé a la habitación para pintar la última mano. En ese instante sentí una presencia, e instintivamente me giré para mirar afuera… una figura en las sombras cruzaba a través del patio. En el acto supe que me estaban vigilando.

Intenté encontrar a quien fuera que me estuviera observando en los lugares más recónditos del patio. En mi espíritu podía sentir una presencia que intentaba hacerme daño. Era un huésped indeseable, a la vez poderoso y seductor. El peso que sentía en el alma y un gran nerviosismo y agitación me decían que ya había pasado antes por esto, cuando el mal sobrenatural comenzaba a serme familiar. No encontré nada en los alrededores, y regresé a la casa para seguir trabajando. El aire de la noche era frío, y la chimenea estaba encendida para calentar la habitación y ayudar a secar más rápido la pintura de las paredes. Cerré todas las puertas con llave, y aunque quería seguir trabajando, estaba muy cansado. Me senté en el suelo y terminé por derrumbarme sobre el saco de dormir.

Estar ocupado todo el tiempo me permitía ignorar el mundo exterior. Desde hacía casi veinte años que estaba acostumbrado a dormir cuatro horas por noche, e incluso esas horas interrumpían mis proyectos. Al terminar cada día de trabajo, caía exhausto a la una de la mañana y me despertaba al día siguiente entre las cuatro

y media y las cinco para comenzar de nuevo. El día no tenía suficientes horas para completar las tareas que me había propuesto. No
tenía tiempo para contemplar otra cosa que no fuera mi trabajo y el
proyecto, que se habían convertido en mi mayor propósito. Trabajaba sin pausa y lleno de ansiedad día tras día. El trabajo físico era una
forma de liberar la ansiedad. También era una forma de no enfrentar
la gran montaña frente a mí. La montaña de la que hablo era el fin
de mi negocio, mis problemas financieros, el naufragio de mi relación con Maggie y las relaciones tensas con todas las personas que
conocía. Trabajar sin pausa era mi forma de rodear hasta el infinito
la montaña en lugar de escalarla y conquistar su cima.

•

Para romper con la monotonía de los trabajos dentro de la casa, al
día siguiente concentré mis esfuerzos en el patio, apilando hojas y
limpiando. Mientras trabajaba, se me acercó un hombre cuarentón
acompañado de un niño pequeño y un muchacho. Se presentó como
uno de mis nuevos vecinos. Doug me dijo que pasaba por allí cada
día, y disfrutaba viendo los avances que yo estaba consiguiendo en
la casa y en el vecindario. Me dijo que era cristiano, y me preguntó
si yo lo era. Le dije que no. También mencionó la cantidad de horas
que yo trabajaba y me dijo que cada vez que él y Jill, su esposa, pasaban por ahí, yo estaba trabajando. Con gran audacia, me preguntó
de qué creía estar escapando. También hizo una afirmación que yo
no quería considerar:
    —Aparentemente, fue más difícil enfrentar al gigante como hizo
David con Goliath que salir corriendo, como hicieron todos los demás.
    Le respondí que me gustaba trabajar, y que nunca había temido
a los gigantes… me unía a ellos, abrazaba mis temores. Me preguntó
si tenía familia, y para terminar la conversación le dije que debía

volver al trabajo. Sabía que le quedaban preguntas sin responder, pero yo tenía un programa que cumplir y no estaba de humor para compartir con él mi vida privada.

Cada día, Doug pasaba frente a la casa. Si yo estaba fuera, me saludaba y seguía caminando con sus hijos. Tras tres semanas alejado de las carreteras, llegó el momento de hacer un nuevo viaje de negocios. Partí de Oklahoma en dirección a Missouri, Texas, Louisiana, Mississippi y después hacia el Este, Norte y Oeste de nuevo hasta regresar a casa una semana después. Cuando me encontraba al Norte de Joplin, en Missouri, mi camión comenzó a tener problemas de motor. Me detuve para ver qué estaba pasando. Evidentemente, necesitaría un mecánico: por lo visto, varios de los inyectores habían dejado de funcionar, por lo que el motor perdía potencia y funcionaba mal.

Desde hacía varios meses que estaba en contacto con una amiga de siempre de Maggie llamada Cathy. Nos habíamos intercambiado los datos cuando los conocí a ella y a Mark, su esposo, en una gran fiesta de cumpleaños de un amigo de Maggie. Cuando hablábamos por teléfono, nuestro principal tema de conversación era Dios. Cathy se definía como cristiana, aunque yo sentía que no era cierto: sus actitudes me decían algo distinto. Conversábamos sobre creencias espirituales y sobre doctrina, y parecíamos tener una conexión espiritual que nos hacía sentir cercanos aunque nos conociéramos desde hacía poco. Salvo la primera vez que nos vimos las caras, sólo hablábamos por teléfono, en general una vez por semana. Cathy y Mark tenían problemas matrimoniales desde hacía años. Seguían conviviendo en la misma casa, pero llevaban vidas separadas.

Estaba al teléfono con Cathy cuando tuve que detener el camión. Mientras hablábamos, me invadió una sensación de pesadez y pérdida de control. Estábamos conversando sobre preocupaciones espirituales profundas. Sentí como si algo o alguien intentara apoderarse de mi cuerpo. El teléfono marcó que tenía otra llamada, y cuando respondí era Maggie. Le expliqué mis sentimientos de oscuridad espiritual, y ella me respondió que puesto que estaba cerca de la ciudad de Cathy, lo mejor era que llevara el camión hasta allí, fuera a su casa e intentara relajarme: todo iría bien. No creo que Cathy hubiera mencionado a Maggie nuestras conversaciones telefónicas, y yo tampoco lo mencioné.

Maggie me dijo que podía sentir mi agitación y la molestia en mi voz. Desde que le había hablado de mi pasado, comenzó a sentir cuándo estaba más sensible espiritualmente, los pequeños detalles que a veces crecían hasta convertirse, según me dijo que pensaba, en una verdadera posesión. Generalmente comenzaba conmigo agitándome ante la cosa más trivial, luego me temblaban las manos y finalmente explotaba toda mi ira. Me dijo que mis pupilas se dilataban como las de una serpiente, y el blanco de mis ojos se inyectaba de sangre. Sonnae Albert, la servidora de Dios que mencioné antes, también dijo haber visto lo mismo. Muchos sostienen haber presenciado esta anomalía mientras ocurría.

Yo seguía metido en el satanismo, y aunque tenía momentos de claridad, Satán sabía encontrar su camino en mí para que llevara a cabo sus misiones, dejándome luego recobrar cierta forma de normalidad. Un alto nivel de conciencia se apoderaba de mi espíritu y perdía el conocimiento a nivel mental, a veces incluso físico, como si mi mente se hubiera vuelto de pronto más clara al separarse de mi cuerpo, como una erupción de espíritus que me controlaban. Creo que los desmayos eran algo similar a un disyuntor interno que dirigía toda mi energía hacia un único propósito para un óptimo resultado: control espiritual para un propósito espiritual.

Terminé conduciendo hacia el Sur, en dirección a la casa de Cathy. Me había hecho un profundo corte de diez centímetros en el brazo izquierdo, por lo que me detuve en una tienda cercana para comprar vendajes con los que cerrar la herida. Encontré un mecánico que se ocupara de mi camión a unos kilómetros de la casa de Cathy. Lo dejé ahí y le pedí a Cathy que fuera a buscarme. No estaba trabajando, y en cuanto entramos en su casa seguimos con nuestra conversación sobre temas espirituales. Yo le hablaba del maligno, y de lo entrelazado que me encontraba con él a través de los años.

Sus hijos estaban en la escuela y su esposo en el trabajo. Mientras conversábamos sobre el mal en mi pasado y mi presente, Cathy mencionó que cuando no se sentía segura de su fe acudía a sus amigos cristianos, y que quizá ellos pudieran ofrecerme algún consuelo a mí también. Me preguntó si me interesaría conocerlos.

Los invitó entonces a que fueran a conversar y rezar juntos. No los recuerdo, ni recuerdo tampoco qué sucedió. Por lo general, cuando me encuentro ante un escenario de liberación, o cuando participo en una batalla espiritual, me disuelvo en mi carne, entro en mi espíritu y pierdo todo recuerdo del hecho.

Pasó el tiempo. Cuando se fueron ya era de noche, y yo miré la televisión mientras los niños jugaban y hacían sus tareas. Cathy les dio de cenar, se ocupó un poco de la casa y siguió con las actividades familiares normales hasta la hora de irse a la cama. Mark llegó a la casa y conversamos un rato hasta que fue a acostarse.

Me quedé dormido en el sofá del salón. Alrededor de las tres de la mañana, me desperté cuando alguien acomodaba una manta sobre mi cuerpo. Abrí los ojos y me encontré con Cathy vestida con lencería blanca y una mirada seductora. Su mano estaba bajo la manta, acariciándome. Se acostó conmigo en el sofá y dormimos juntos, con su esposo a pocos metros de allí. En aquel entonces me importaba muy poco que su esposo sólo estuviera separado de nosotros por una puerta. Tampoco parecía molestarle a Cathy.

Unos treinta minutos después, me levanté para ir al baño y cuando regresé la encontré hablando en voz baja al teléfono, con una sonrisa dibujada en el rostro.

Me pareció extraño que hablara por teléfono a esas horas, y le pregunté quién era. Me dijo que era Maggie, y que le estaba contando lo que acababa de pasar. Tenía una mirada maligna y sonreía de tanto en tanto. Cuando le pregunté qué diablos estaba haciendo, me dijo que quería que Maggie lo supiera. Cathy estaba definitivamente intentado afirmar algo, y creo que no sólo había planeado todo, sino que también tenía problemas inconclusos con Maggie.

Me enojé mucho con Cathy a causa de su comportamiento. A las seis de la mañana salí a dar un paseo. No tenía a dónde ir, ya que mi camión estaba en el taller, y estaba a pie. Debo haber caminado varios kilómetros hasta que noté que un coche me seguía. Cathy se detuvo a mi lado y me pidió que subiera al coche y regresáramos a la casa. Volvimos a su casa, donde me quedé unos días más hasta que mi camión estuvo reparado. Tuvimos varias sesiones más durante aquellos días. Cuando las reparaciones del camión terminaron, me llevó a buscarlo.

•

Cuando llegué a casa, una semana más tarde, no esperaba el recibimiento que tuve. Maggie me dio la bienvenida y no se dijo más. Tanto ella como yo continuamos aquel día y el resto de la semana de la forma más normal que pudimos frente a lo que había sucedido entre su ahora ex amiga y yo. Ésa fue otra de sus relaciones en la que yo entré y terminé destruyendo. Durante los años que pasamos juntos, muchas de las relaciones entre Maggie y sus amigos o familia sufrieron las consecuencias de la oscuridad de mi vida. Satán hacía todo lo posible para utilizarme en la destrucción de todas las vidas que yo tocaba.

Al día siguiente de mi regreso, conduje los cincuenta kilómetros que me separaban de la casa en Oak Creek para seguir trabajando. Al entrar en el camino de la casa, observé los seis cuervos muertos alineados frente a la puerta de entrada. Era algún tipo de mensaje, y me pregunté quién podría haberlo hecho. También me pregunté por qué. Tiré los pájaros a la basura y entré en la casa. En cuanto estuve dentro, sentí la imperiosa necesidad de contactar con mi guía espiritual.

Recorrí la casa para cerciorarme de que todo estuviera en orden y que no hubiera visitas físicas o espirituales indeseables. Encendí las luces y el compresor de aire, y preparé todo para una tarde y noche de trabajo. Ya tenía una verdadera cama en la habitación de la TV en la que ocasionalmente descansaba. Fue al primer lugar a donde me dirigí. Cuando entré en la habitación, me recosté en la cama y me concentré en mis reflexiones. Finalmente me levanté y salí.

Mientras más me adentraba en el reino de los espíritus, más conseguía estar concentrado y focalizado. El mundo natural desapareció y dejó su lugar al mundo espiritual. Sombras oscuras (espíritus malignos) invadieron la habitación y la casa, tocando todo lo que estaba a la vista. Saltaban de un lugar a otro con prisa, como cumpliendo con una misión que llevara mucho tiempo retrasada. Como yo ya me encontraba consumido por la oscuridad, pasaban a través de mí mientras se abocaban a cumplir la misión que les había sido encomendada. Su movimiento era constante, inquebrantable y sin interrupción.

Mientras las fuerzas oscuras continuaban su invasión, no notaban a aquél que las había traído: yo. Se encontraban libres de desatar lo que llevaban dentro, pura oscuridad y maldad. Como un perro marcando su territorio, reclamaban aquel espacio como propio. Llegaban a todas partes, ningún punto quedó sin tocar. Las habitaciones se llenaron de desesperanza y una sensación de pérdida: un completo vacío de amor, afecto y luz.

Una puerta se abrió de repente y alguien entró en la casa. Pude sentir el espíritu de mi hija Kristin. La sentí quedarse sin aliento. Escuché sus plegarias y su voz llamándome. Yo no estaba allí, y no podía reaccionar a su intento de traerme de regreso a un lugar de libre albedrío y pensamiento racional. Mientras más se quedaba allí, más me sentía cerca de la muerte. La falta de luz y de amor pronto forzaron a mi niña a salir de la casa. Se fue, y cuando poco después mi espíritu regresó a mi cuerpo, me puse de pie y examiné la habitación.

Había un pentagrama dibujado con un marcador de fibra sobre el suelo de cemento, y velas votivas encendidas en cada una de sus puntas. El centro de la estrella tenía manchas de gotas de sangre seca, y un cuchillo estaba colocado con cuidado por fuera del círculo que la rodeaba. Gruesas gotas de sangre iban también desde el improvisado altar hasta la cama donde me encontraba. Las sábanas azules todavía estaban humedecidas por la sangre que corría desde los cortes en mi cuerpo.

Me levanté de la cama lentamente y avancé con dificultad hasta el comedor. Recorrí la casa a tumbos. Eran las nueve de la noche, y salí al patio trasero a tomar un poco de aire. Me senté apoyado contra una pared de ladrillos e intenté organizar mis pensamientos. Me sentía débil, y me costaba mantener erguida la cabeza. Los brazos me colgaban a los costados del tronco, como si llevaran unos pesos atados. Cuando me puse de pie, hice acopio de todas mis fuerzas para llegar hasta mi camión y partir.

Dormí en el camión en el aparcamiento de un centro comercial cercano. Me desperté a la mañana siguiente con un gran dolor en las heridas que me había infligido unas horas antes. Mientras miraba los cortes en mi brazo y las manchas de sangre de mi camiseta que indicaban otros cortes en mi estómago, pensé con frialdad en los trabajos de remodelación que había planeado para aquel día y me limpié con calma.

Regresé a la casa para seguir trabajando y limpié el lugar del ritual. El día era como cualquier otro, cargado de trabajo físico duro en un intento por evitar la cercanía de los demás. Las horas del día estaban cargadas de trabajo, y las de la noche cargadas de horror. Por lo general me despertaba en medio de la noche bañado en sudor. Me despertaba en estado de alerta tras imaginar cantos estridentes, ruidos de pisadas en el suelo o la presencia de alguien lo suficientemente cerca como para sentir su respiración en mi rostro. Cada día que pasaba se incrementaba el conflicto entre el mundo natural y el reino de los espíritus. Los tiempos en los que las noches eran para los espíritus y los días para lo natural ya eran cosa del pasado. El costado espiritual de mi vida estaba tomando el control y ahora me dominaba las veinticuatro horas del día.

El resultado era una existencia caótica, falta de sueño y de descanso y pérdida de lucidez y comprensión mental. Aparentemente, estaba perdiendo la cabeza por etapas. Mi corazón y mi mente se deslizaban cada vez más chamuscados y separados hacia un lugar sin retorno en relación a la eterna cuestión de la vida y la muerte.

Sonó el teléfono. Era mi hija Kristin.

—Papá, no sé ni qué decir, pero no me voy a olvidar nunca de lo que vi ayer —dijo a toda velocidad—. ¿En qué estás realmente metido? ¡Yo no puedo ayudarte, papá, pero Dios sí! Le hablé a Dios de ti. No pienso renunciar, voy a encontrar ayuda. Papá, rezo por ti todos los días. Creo que Dios va a liberarte del infierno en el que estás metido. ¿Necesitas un doctor, papá?... He visto la sangre.

—No, estoy bien Kristin, no necesito ningún doctor. No recuerdo mucho de lo que pasó ayer. Es cierto, las cosas se están poniendo feas... pronto terminará, te lo prometo.

—Papá, mejor que dejes eso, ¡y ya mismo! —espetó—. ¡Voy a hablar con mi pastor, o con quien sea, pero no voy a dejar que Satán te lleve! ¡Esto ya ha ido demasiado lejos! ¡Vete de una vez, Satán! ¡Deja a mi papá tranquilo!

Colgó con fuerza el teléfono sin darme tiempo a responder. No intenté llamarla de nuevo, sino que regresé al trabajo. Una respuesta irracional a la vida irracional que llevaba.

El día pasó rápido entre tanto trabajo, y la noche comenzó a caer. Tenía un viaje planificado para el día siguiente. Esa noche vendría mi amigo David para ayudarme a pintar el salón y el recibidor. Me concentraría entonces en preparar los suelos de concreto para poder instalar el piso de madera al regresar del viaje.

Hacia el final del largo día, David finalmente apareció. Comenzó a pintar el recibidor mientras yo terminaba con el suelo del estudio. Maggie me llamó para preguntarme si pasaría por su casa antes de partir de viaje. Miré la hora, eran casi las nueve, y le dije a David que iría a ver a Maggie y los niños. Le dije que volvería por la mañana antes de irme, y le pedí que cerrara todas las puertas cuando terminara.

En casa de Maggie conversamos un poco sobre el avance de las remodelaciones, y después de pasar un rato con los niños todo el mundo se fue a la cama.

Me desperté temprano al día siguiente. Maggie y yo tomamos el café juntos y disfrutamos conversando en el desayuno. Nos despedimos y me fui a la casa a buscar el remolque y las herramientas que necesitaba para el viaje.

Llegué a la casa de Oak Creek hacia las ocho de la mañana y noté que la puerta del garaje estaba abierta. Imaginé que David estaría en casa, pero no vi su camión por ninguna parte. La entrada que comunicaba el garaje con la casa también estaba abierta. Entré en la cocina y atravesé el salón en dirección al recibidor donde David había estado trabajando. Noté el rodillo en el suelo manchado de pintura y la escalera que yacía a un lado. Las huellas de sus pisadas estaban marcadas en el piso. Por lo visto había partido aprisa.

La apariencia de la casa me preocupó. Esperaba que David no se hubiera caído y hecho daño. Vistas las puertas abiertas y el desorden en la casa, imaginé que habría pasado algo grave. Inmediatamente llamé a David para ver si estaba bien. No respondió en su teléfono celular. Llamé a su casa y me invadió un gran alivio al escuchar su voz del otro lado de la línea.

David me dijo que había decidido continuar con el trabajo por la mañana. Había escuchado ruidos extraños a fuera y salió a investigar.

Al regresar a la casa, tuvo una rara sensación. Se subió de nuevo en la escalera, y cuando estaba pintando las esquinas del techo en el comedor escuchó a alguien caminar por el pasillo. De hecho, sonaba como si varias personas caminaran en su dirección. También escuchó voces acompañando las pisadas, unas voces profundas que cantaban en un lenguaje desconocido.

David dijo que se asustó tanto que dejó caer el pincel y saltó de la escalera. Ésta cayó al suelo y derramó la pintura sobre la que él marchó sin darse cuenta mientras corría hacia la puerta. Saltó en su camión y se alejó a toda prisa en dirección de su casa. Al llegar allí le contó todo a su esposa y rezaron juntos. Nunca más volvió a mencionarme aquella noche en mi casa. Se convirtió en un recuerdo vago, sin tiempo ni lugar.

Limpié la pintura del suelo, junté mis herramientas, limpié el remolque y cargué todo lo necesario para el viaje. Una hora más tarde ya tenía todo preparado. Dejé la casa para un viaje corto a Kansas City, donde debía buscar unas partes en la fábrica de puertas de un cliente. El viaje sólo debía durar tres días, luego de los cuales regresaría para terminar los trabajos de la casa y mudarme al fin.

Después del viaje, terminé de instalar los pisos de madera en Oak Creek y finalicé el resto de los detalles necesarios para la mudanza. Me tomó diez días. Las dos semanas siguientes Maggie y yo organizamos la mudanza a nuestra nueva y remodelada casa. Llenamos pronto la casa con las posesiones de nuestras casas anteriores. A sus tres hijos les gustaba su nuevo hogar, con el enorme patio y el aumento del espacio en general. Todo parecía en orden. Una casa de cien metros cuadrados en medio de un hermoso terreno que nos brindaba a ambos un buen espacio. Ella tenía lugar para su oficina donde trabajar sus diseños de interior y un lugar tranquilo donde descansar. Nuestros lugares de trabajo tenían entradas diferentes, y yo comencé a utilizar más la oficina de mi casa que la de mi empresa. Era un lugar más tranquilo y relajado.

También había construido un cobertizo contra el muro sur de mi oficina para trabajar en mis motocicletas, un par de viejas Harley con las que disfrutaba jugar. El cobertizo tenía ventanas, un sistema de calefacción y aire acondicionado que lo hacía agradable todo el año. Solía pasar mucho tiempo allí trabajando en mis proyectos mecánicos y mis pasatiempos.

Las cuestiones de la vida cotidiana, como las relaciones, el trabajo, ganarse la vida, la casa y su mantenimiento, los niños y la rutina me mantenían ocupado las veinticuatro horas del día. No me tomaba tiempo para descansar, divertirme, hacer deporte, actividades saludables o cualquier cosa positiva que pudiera brindar salud a mi mente, mis emociones o mi cuerpo. En toda mi vida jamás lo había hecho. Trabajaba todo el tiempo para evitar pensar en el sentido de mi vida. Tenía miedo de descubrir que no había ninguno. Mi trabajo era narcótico, la droga que había elegido, y era una forma legítima y moral de escapar al olvido. Una parte de mí aún deseaba vivir una vida social aceptable, y sin importar cuánto trabajara, imaginaba que nadie me juzgaría como una mala persona por mi adicción al trabajo.

•

En el 2003 Maggie y yo llevábamos seis años juntos y vivíamos en la casa de Oak Creek desde hacía dos. La rutina cotidiana y nuestras ocupadas agendas llenaban nuestros días. Maggie continuaba con sus estudios. Los elementos de disputa aumentaron en nuestra relación y nuestras vidas, y Maggie comenzó a cuestionar mi salud mental a causa de toda la basura espiritual que había presenciado. Me insistió para que volviera a buscar ayuda profesional. Incluso me dijo que ella pagaría por las sesiones. Intenté convencerla de que todavía me encontraba con mi amigo Bob Sanders, y que creía que ésa era toda la ayuda que necesitaba. Ella respondió que necesitaba mucho más tiempo «en sesiones» del que pasaba con él.

Me enviaron con una psicóloga, la doctora Kelly Winters. Acudí a su consulta una vez por semana durante el siguiente año. No confiaba ni en el sistema de salud mental ni en la persona que visitaba.

Tras seis meses visitando a la doctora Winters comencé a apreciarla como persona, y utilizaba nuestras sesiones más para conversar que para otra cosa. Me diagnosticó sin embargo un TEPT (trastorno por estrés postraumático), me explicó en qué consistía y las formas de manejar las situaciones que podían hacer surgir los síntomas. Estos no se manifestaban por lo general al menos que me encontrase en una situación que yo percibiera como dañina o en la que me sintiera frente a un peligro inminente.

Los síntomas iban desde una gran ansiedad a la violencia física. Por lo general, exhibía una variedad de comportamientos indeseables ante las situaciones estresantes. Las más intensas eran las visitas a doctores y dentistas. Las discusiones o disputas argumentales también provocaban la aparición de síntomas. El peor escenario sería antes y después de una situación quirúrgica en la que se me aplicara anestesia. Y mi mayor miedo era quedarme dormido, o quizá drogado antes de una cirugía, o incapacitado para caminar, con gente de pie rodeándome. Había tenido dos cirugías de rodilla y un par más en la nariz (para corregir los daños de habérmela roto varias veces), durante el periodo que me colocó en una situación traumática. Mirando atrás, siempre se trataba de una posición sobre la que no tenía ningún control, por lo general un espacio en el que me encontraba boca abajo. Había algo respecto a estar tumbado con alguien sobre mí que siempre fue un gran problema.

La conclusión de la doctora Winters fue que tenía verdaderos problemas espirituales. Algunas de las cosas que le había contado estaban fuera de sus capacidades profesionales o su educación formal, y ella no se sentía confortable opinando al respecto. La doctora

Winters no era una creyente profesa: aunque se sentía muy intrigada por lo que yo sabía y por mi historia, no podía guiarme hacia
el tipo de ayuda que yo necesitaba. Simplemente no contaba con
los recursos espirituales necesarios.

Yo seguí escapándome, ya fuese a través del trabajo, de las actividades cotidianas, de los negocios o de alguna forma de entretenimiento. Maggie me decía con frecuencia que nunca había conocido
a nadie tan dominado por sus problemas y batallas espirituales.
Siguió buscándome ayuda con fervor, tanto dentro como fuera de
los Estados Unidos, intentando encontrar a alguien que le brindara
alguna pista sobre cómo aliviar mi carga. El enemigo me tenía asido
con tal firmeza que parecía que nunca podría escapar de sus garras.

Yo disfrutaba de mis conflictos con los cristianos y del poder que
había obtenido del lado oscuro. Era precisamente ese poder la verdadera adicción de la que no conseguía desprenderme. Era la cuerda
que me mantenía atado.

•

Cuando me encontraba en casa y lejos de las carreteras, solía recorrer a diario las tiendas de materiales para la casa controlando mis
diversos proyectos. En un Home Depot siempre me encontraba a
un hombre que trabajaba allí. De hecho, lo buscaba. Nunca hablé
verdaderamente con él, pero lo seguía por la tienda mientras trabajaba. No estaba seguro de por qué lo hacía, pero quería algo que él
poseía. Lo rodeaba una gran presencia espiritual, opuesta a la que
me rodeaba a mí. Se llamaba Chris Beall. Yo intentaba acercarme
a él lo más que podía mientras trabajaba. Iba de pasillo en pasillo
mientras él ayudaba a los clientes o trabajaba en el inventario. Me
sentía muy intrigado por el aura espiritual que lo rodeaba. Chris
nunca supo mis motivos ni por qué estaba siempre cerca de él en

la tienda. Sin embargo, de vez en cuando me preguntaba si necesitaba ayuda para encontrar algo.

Yo no comprendía que era un momento muy difícil en la vida de Chris. Estaba enfrentando problemas personales. A partir de lo que vi y de mi perspectiva espiritual, él poseía una gran integridad y honor. La luz espiritual a su alrededor era una de las más magníficas y poderosas que había visto jamás. Me preguntaba si algún escudo protector lo envolvía. Aquel hombre me intrigaba mucho. Lo seguí por la tienda alrededor de un año, sin interferir en su trabajo pero buscando aprender de él a partir de la observación. Estaba en un constante estado de aprendizaje, sin importar el sujeto. Absorbía todo lo que podía y lo analizaba todo a mi alrededor. Era extremadamente sensible tanto al mundo espiritual como al físico, y a veces eso me dejaba exhausto.

•

Tres meses después, una mañana estaba tirado en la cama. Al abrir los ojos recordé lo larga que me había parecido la noche. Me dolía la mandíbula a fuerza de hacer rechinar los dientes. Me levanté, me preparé un café. El día comenzaba con un estado de confusión y somnolencia. Me sentía aislado, violentamente ansioso e inquieto, las convulsiones estomacales me incomodaban sobremanera. Tenía palpitaciones esporádicas en el pecho, y los músculos del cuerpo me dolían. Mi mente ahondaba en el reino espiritual en busca de una respuesta sobre qué o quién me estaba provocando tales sensaciones.

Unas horas más tarde Maggie estaba maquillándose y arreglándose el peinado, preparándose para comenzar el día mientras conversábamos sobre nuestros planes y lo que debíamos hacer. Yo estaba vistiéndome en la habitación mientras le hablaba. No recuerdo específicamente el tema, pero era una discusión acalorada, probablemente sobre Dios, mis deficiencias o algo que fallaba entre nosotros. No sólo me sentía cansado, sino que estaba particularmente sensible a nivel espiritual, lo que empeoraba mucho las cosas. Cuando me sentía así era muy vulnerable a las influencias espirituales que controlaban mi vida. En lo que respecta a la carne, no tenía control alguno: era el resultado de un espíritu en oposición a mi cuerpo.

La conversación siguió subiendo de tono. Advertí a Maggie que se estaba metiendo en terreno pantanoso. Comencé a alejarme, y me preguntó por qué tenía la mirada vacía. El pánico me invadió cuando me acerqué a donde estaba sentada. Sentía mis ojos húmedos e inyectados de sangre.

—¿Por qué diablos me miras así? —le grité mientras sentía cómo se me nublaba la vista.

—Mike, necesitas controlarte. Te estás enfureciendo —me dijo con calma mientras aplicaba delineador en sus ojos sin apartar la vista del espejo.

—Estoy harto de tu actitud de sabelotodo y tu petulancia. ¡te crees tan lista!

—¡Lo suficiente como para alejarme de ti!

—Muy lista, diría yo. Doce años y sigues aquí conmigo —respondí y seguí avanzando hacia ella.

—Déjame en paz —insistió—. Ésta es una batalla que no puedes ganar, y lo sabes. Tengo amigos que saben todo de ti en caso de que me suceda algo. Tienes que irte de esta casa.

Al acercarme a Maggie, mi ira fue en aumento. Con el puño cerrado, la golpeé en el lado derecho de la cabeza, tirándola al piso. Se puso a llorar.

—¡Mírame ahora como me miraste antes! —grité—. ¡Mírame!

—Mike, basta, por favor —me dijo alzando la vista, con los ojos llenos de lágrimas—. ¡Me estás haciendo daño!

Le atrapé la mano derecha y apreté con fuerza. La fuerza le rompió un dedo y le provocó un daño permanente en el nervio. Entonces la atrapé por el cuello con la mano izquierda y la alcé de la posición arrodillada en la que se encontraba. Cuando la tuve frente a mi rostro comencé a gritarle ferozmente. Las cosas que quería hacerle eran indescriptibles.

Mirándola a los ojos, pensaba en matarla. Mientras la sostenía por la garganta con la mano izquierda, busqué bajo mi camisa con la mano derecha. Aquella mañana había guardado bajo la cintura de mi pantalón de mezclilla el revólver Glock 26 9 mm. Acariciaba la empuñadura imaginando que Maggie yacía en el suelo en un charco de sangre. Ella no sabía nada del arma que llevaba encima, ni imaginaba el peligro en que se encontraba. De haberlo hecho, nunca me habría provocado con aquel tono condescendiente.

La cabeza me daba vueltas con pensamientos encontrados, en medio de una batalla entre mi mente racional y los espíritus demoniacos en mi interior. *¿Qué sucede? Estoy lastimando a la madre de los niños que amo. Para, Mike... ¡Vamos, se lo merece! Mira lo patética que es. Lo siento Maggie, pero tengo que hacerlo... ¡Mike, detente, déjala ir! ¡Ahora!... Mike, si la dejas ir te matará... ¡Mike, en nombre de Dios, basta! ¡Déjala!... Puedes hacerlo, hiciste un pacto... Ya está, Mike, déjala...*

Volví en mí y observé el rostro aterrado de Maggie: todo su cuerpo temblaba y las lágrimas corrían por sus mejillas. Recordé aquella gata negra que había matado. Sanibel tenía la misma mirada. Pero yo no había soltado a Sanibel.

Al soltar finalmente a Maggie, mi mano derecha también soltó la empuñadura del revólver. Lo volví a esconder bajo la camisa. Quedé inmóvil observando el terror en el rostro de Maggie, que comenzó a llorar con más fuerza mientras aferraba su mano rota.

Retrocedí unos pasos, me giré y abandoné la casa sin emoción alguna por la puerta de la habitación que daba al patio. Comencé a caminar, adormecido e indiferente. Caminé sin sentir el mundo exterior durante más de diez kilómetros. No recuerdo un sólo pensamiento o emoción.

En ese momento me sentía capaz de cualquier acto maligno. Tenía miedo de mí, miedo de lastimar a cualquiera que pasara cerca. Seguí caminando lejos de la casa.

No recuerdo cuánto caminé. El día siguió su curso y llegó la noche. Sigue siendo un misterio para mí cómo Maggie me permitió volver a entrar en la casa, pero así fue. Ella pasó la noche en la habitación de invitados.

Aquella noche tuve sueños violentos. Me desperté varias veces pegado a las sábanas empapadas de sudor. En mi sueño, me encontraba frente a un ser muy grande. La criatura estaba desilusionada conmigo. Me arrojaba a un profundo y oscuro hueco, y en mi caída yo golpeaba contra pilas de carbón y madera. A mi alrededor todo eran llamas. Nadie podía escuchar mis gritos y mis súplicas de ayuda. Me rodeaba una oscuridad total, a excepción de las llamas, que iluminaban un vacío que se extendía por generaciones. No había nada ni nadie allí, era un completo vacío en el tiempo y el espacio. No había ni contacto, ni amor, ni afecto. Estaba rodeado de puro miedo.

Desperté sobre una plataforma de madera en el patio trasero. Había estado trabajando en el techo, reparando un agujero en el gablete por el que entraban las ardillas. *¿Lo de ayer en la noche fue un sueño o una premonición? ¿Tuve el sueño anoche y lo viví hoy? ¿Tuve un sueño o fue una visión tras haber caído? ¿Fue la visión la que provocó mi caída?* Me dolía el costado y el hombro, y el dolor en la base de mi espalda era tal que pensé que me la había roto. Tenía una fuerte contusión detrás de la cabeza. Recordaba la sensación de ser empujado del techo y la caída de cinco metros. Me puse de pie con dificultad, ocultando el dolor con los mecanismos de defensa que había perfeccionado desde mi infancia. Estaba completamente entumecido.

Entré en la casa, me quité la camisa y me miré en el espejo. Tenía la espalda hinchada y varios moretones que iban desde el lado izquierdo de la cintura hasta el omóplato derecho. Era como si alguien me hubiera golpeado con un tronco. Justicia poética, supongo. Volví a ponerme la camisa y salí de la casa. Recorrí una y otra vez los alrededores de la casa para observar la escalera que había utilizado para subir al techo. Al mirar el techo, comenzaron a temblarme las manos y me invadieron las náuseas. Caminé hacia la escalera, me aferré a ella y subí al techo para terminar el trabajo que había comenzado. El clima estaba a punto de cambiar, y se acercaba una tormenta de verano. El dolor de la caída era casi insoportable, pero era como un boxeador al que han golpeado tanto que ya no sabe cuándo rendirse, así que seguí adelante.

Tenía que terminar los trabajos que había programado para aquel día en la casa. Al día siguiente saldría de viaje de negocios y necesitaba cubrir los agujeros antes de que llegara la tormenta. Me iría de viaje con David Barnes, un nuevo empleado. Íriamos a Kansas, Nuevo México, Texas y luego regresaríamos.

capítulo 8

La batalla se intensifica

La noche está muy avanzada y ya se acerca el
día. Por eso, dejemos a un lado las obras de la
oscuridad y pongámonos la armadura de la luz

Romanos 13, 12

EN CUANTO DAVID BARNES Y YO salimos de la oficina, comencé a preguntarme por qué lo había traído. Unas veces nos llevábamos bien, pero otras era como si quisiéramos matarnos el uno al otro. Él se quedó mirando por la ventanilla del acompañante durante mucho tiempo. Me intrigaba: me agrada la gente reflexiva, pero... ¿en qué estaría pensando?

A medida que pasaba el tiempo me debatía entre mis emociones y comencé a sentirme cada vez más agitado y furioso. Intentaba no mostrar mis sentimientos, y por lo general era bastante eficaz para ocultar mi oscuridad interior. Mi padre espiritual era el padre de la mentira, y confiaba ciegamente en su guía y protección. El padre espiritual de David era el Padre de la luz, y él se apoyaba en su Dios para que lo guiara y protegiera. Era extraño imaginar a dos hombres adultos en la cabina de un camión con dos guías distintos a los que se entregaban en busca de orientación y sentido. Mientras más avanzábamos, más pequeño parecía volverse el espacio.

Teníamos intenciones similares: volcarnos a nuestro dios, influenciar al otro y ver a dónde nos llevaba el día. Ambos éramos pacientes, muy reflexivos y determinados.

Las batallas internas y espirituales continuaron durante los tres días que pasamos en carretera, aunque nada sucedió realmente hasta aquel incidente en una gasolinera en la que nos detuvimos a cargar combustible.

Unos días antes del viaje, mi hija Kristin me regaló una medalla y me pidió que la llevara conmigo todo el tiempo. Era de metal, y tres veces más grande que una moneda. De un lado estaba la cruz cristiana, y del otro una plegaria grabada en la que pedía a Dios que bendijera a su padre terreno y lo acompañara siempre. Yo la llevaba a todas partes por razones sentimentales. Incluso aunque no conociera a su Dios, la llevaba conmigo porque me hacía pensar en ella. La tenía siempre en mi bolsillo izquierdo, junto con las monedas, y con frecuencia la sacaba para mirarla.

Nos detuvimos frente a un surtidor y comencé a cargar gasolina. David y yo decidimos entrar en la tienda a comprar unas Coca Colas. Elegimos lo que queríamos y fuimos a la caja a pagar. El lugar tenía varias cajas registradoras y en ese momento estaba lleno de gente, una docena más o menos. Me acerqué a una caja donde atendía un muchacho recién entrado en la veintena. Al caminar hacia allí, comencé a perderme en el espíritu, es decir, a volverme altamente sensible al costado espiritual y menos a mi existencia física. Las cuestiones y pensamientos del espíritu fueron llenando mi cabeza, y mi sexto sentido se aceleró. Al interactuar con él, mis defensas y mi conciencia espiritual estaban al máximo. Me saludó de forma normal, pero parecía algo perturbado.

Saqué las monedas del bolsillo de mi pantalón para pagar la Coca Cola y una caja de donas de chocolate. Al mirar con más atención al muchacho, noté las cicatrices en sus brazos. Él me miró el brazo izquierdo y vio las cicatrices y la medalla que llevaba en la mano, con la cara de la plegaria hacia arriba y la de la cruz abajo. Todo se detuvo en ese momento, mientras yo me adentraba más y más en el espíritu. Todos en la tienda, incluyendo David, parecían moverse en cámara lenta. Hablaban de manera pronunciada, muy lentamente, con la voz distorsionada pero comprensible. Lancé una mirada a mi alrededor con el modo de defensa activado y me convencí de que nadie allí podría hacerme daño.

Me giré hacia el muchacho de la caja. Su voz cambió, era más profunda y áspera.

—¿Qué es esa medalla? —dijo, mirándome con los ojos enrojecidos.

—Ah, es algo de Dios —respondí.

—Satán te quiere de vuelta. Vas a morir —alzó la voz de repente.

Cuando volví la vista a la gente, todos parecían haber escuchado sus palabras. Algunos estaban asustados, otros miraban inquisitivamente. Miré a David.

—¿Qué fue lo que dijo? —me preguntó con los ojos desorbitados.

Yo volví a mirar al muchacho. Nosotros dos éramos los únicos que parecíamos funcionar a velocidad normal; todos los demás hablaban y se movían más despacio. Tomé la medalla y la giré dejando a la vista el lado de la cruz.

—No esta vez. ¡Voy a pasarme al otro lado! —dije con una sonrisa confiada. Aunque en realidad no pensaba hacer tal cosa, sobre todo desde que consideraba que la cristiandad era para las mentes débiles, el muchacho había conseguido enfadarme. En resumidas cuentas: no tenía miedo a la muerte.

Mientras él intentaba clavarme la mirada y conectar nuestros espíritus, abandoné la tienda con David siguiéndome detrás. Él estaba asombrado, aunque conmocionado. Me pidió que le explicara mi conversación con aquel muchacho. Le comenté lo que me había dicho, aunque había escuchado perfectamente y sólo quería asegurarse de que lo que había oído era cierto.

Al acercarnos al camión para partir, se escucharon por el altavoz bajo la marquesina que protegía el surtidor de gasolina los gritos de aquel muchacho:

—¡Me has oído perfectamente!

Estaba seguro que aquella era la voz de Satán saliendo de su boca. Las palabras eran como veneno, ásperas y viperinas. Al partir, David estaba completamente perplejo y se puso a buscar su teléfono. El incidente había terminado. Nos alejamos.

Atravesábamos Nuevo México cuando David comenzó a rezar para sus adentros, lo que me puso nervioso. Yo estaba conduciendo, y empecé otra vez a perderme en el espíritu. Ya no notaba que tenía a David a mi lado. Sin pensar, agarré una navaja de bolsillo con la mano derecha y me corté el brazo izquierdo sin dejar de conducir. Sentía la necesidad de traer algo de apoyo del reino espiritual. Era algo común cuando por alguna razón necesitaba ayuda. No era tanto un grito carnal como un grito espiritual, y no me importaba quién estaba a mi alrededor ni lo hacía para provocar algún efecto o llamar la atención. De hecho, mientras más me adentraba en el satanismo con el paso de los años, más indiferente me sentía ante las cuestiones externas y más atento estaba a los aspectos espirituales de mi vida.

No estoy seguro de lo que pasó después, pero la navaja había desaparecido y fui obligado a detenerme en una pequeña gasolinera. David estaba al teléfono fuera del camión. Todo me parecía aún un poco borroso cuando entró de nuevo en el camión y continuamos nuestro camino. Supe entonces que había llamado a un conocido de su iglesia para que rezara con él. Esta persona había conocido varias experiencias similares durante su ministerio. David deseaba regresar a su casa y alejarse de los extraños eventos que debió presenciar durante el viaje. Pero finalmente decidió seguir a mi lado con ayuda de las plegarias de sus amigos y continuar aquel viaje delirante hasta el final.

El viaje continuó por un par de días más, y finalmente regresamos sin que ocurriera ningún otro acontecimiento espiritual, al menos no que yo sepa.

•

Al día siguiente de regresar estaba en mi oficina frente al escritorio. Escuchaba sonidos de naturaleza demoniaca provenientes del despacho de David, gemidos, gritos de ayuda y conversaciones, como si una docena de personas estuvieran allí hablando todas a la vez. Me asomé para mirar dentro de su despacho. David trabajaba en silencio en su escritorio y no notó que lo observaba. A medida que el día avanzaba, yo me iba sintiendo más enojado e incómodo. No recuerdo las razones, pero pensaba en David y en nuestro viaje mientras meditaba una nueva idea: sentía que él me había estado faltando al respeto a mis espaldas frente a los demás empleados, los contratistas y mi novia.

Yo siempre conversaba para mis adentros con el adversario, y no comprendí que todo lo que pesaba en mi corazón pronto terminaría por salir. Me acerqué a la oficina de David, donde había varios empleados conversando de pie.

—¡Me tienes de vuelta, Satán! —grité bastante fuerte, sin darme cuenta que había gritado y que muchos podrían escucharme. Me había dicho lo mismo para mis adentros durante años cuando estaba a punto de enfrentarme a los cristianos o de seguir las órdenes del demonio, pero esta vez se me había escapado. Clavé la mirada en David, sentado frente a su escritorio, y le grité blasfemias, lo amenacé, y finalmente lo despedí.

Mi nerviosismo siguió en aumento a lo largo del día. Aunque sólo había pasado un día desde nuestro regreso, tomé la decisión de volver a partir. Necesitaba irme. Debía estar solo y recuperar energías, cosa que aparentemente conseguía cuando estaba en la carretera. Partiría temprano a la mañana siguiente.

Al dejar la oficina fui a casa a buscar mi Harley para dar un paseo por la interestatal. Supongo que conducir una enorme motocicleta a 160 km/h es una forma de aclararse la mente, pero ni siquiera eso funcionó. Tras dar una vuelta de treinta kilómetros regresé a casa y cambié la moto por la cama. Había tenido suficiente por un día.

A las ocho de la mañana salí de mi casa de Oklahoma y comencé lo que sería otro viaje corto. Iría hacia el Este a Memphis, Tennessee y luego de regreso. En total no me tomaría más de tres días.

Antes de salir de la ciudad decidí detenerme en una librería Barnes and Noble a tomar un café. Mientras esperaba que me trajeran mi orden, me acerqué a la sección de New Age. Al echar una mirada me encontré con cuatro copias de la *Biblia satánica* sobre un estante. Pasé por la caja con los libros y pagué. Solía comprar estos libros para luego distribuirlos por donde se me ocurriera. Tomé mi café y me fui de la tienda.

Era miércoles, y yo me dirigía en dirección Este por la interestatal 40 hacia Little Rock, Arkansas, donde pasaría la noche. Llegué a Little Rock a las seis de la tarde y me detuve a cargar gasolina. Mientras llenaba el tanque sentía la cabeza inundada de ideas: *Mira ese enorme campanario. Es una iglesia grande... me pregunto qué fe profesan. ¿Será otro de esos grupos de creyentes que llevan brazaletes de «Qué haría Jesús»? Les voy a decir lo que haría Jesús: ¡Vomitaría! Aquel campanario es un símbolo externo de fe dirigido al mundo exterior, y sin embargo estoy seguro que dentro de esa iglesia hay otra pandilla más de cristianos tibios. ¿Qué es un cristiano, después de todo? Esa palabra no significa nada.*

Pocos minutos después me detuve en el aparcamiento de la enorme iglesia. Salté del camión, metí las cuatro biblias satánicas en el bolsillo de mi abrigo y me dirigí hacia la puerta de entrada. La gente estaba entrando a la iglesia porque pronto comenzaría el servicio religioso. Varios hombres recibían a todos los que iban entrando. Yo esquivé sus apretones de manos y saludos.

Mi primera parada fue en el último banco, para observar a los que entraban y adivinar el tipo de iglesia en la que me encontraba. Mi objetivo era salir de allí antes de que comenzaran los rezos. Tomé una de las biblias satánicas y la dejé en el banco. Acto seguido me puse de pie, crucé la nave y avancé diez filas en dirección al altar. Había una mujer sentada directamente frente al banco que elegí. Coloqué una biblia debajo de ella y con el pie deslicé la biblia entre sus piernas.

Me levanté y salí antes de que comenzara el servicio. Al salir, uno de los saludadores me preguntó si todo iba bien.

—Todo va perfectamente —respondí.

Caminé hacia mi camión pasando frente a la escuela primaria de la iglesia. Dejé una *Biblia satánica* bajo un banco fuera de una de las clases. Casi llegando al camión, metí otra biblia por la abertura de una ventana de otra clase. Finalmente me alejé conduciendo. Quizá mis acciones parezcan algo infantiles, sobre todo para un hombre de cuarenta y nueve años, pero eran exactamente lo contrario: eran mi tarea. Satán me había encomendado la misión de perturbar iglesias y desviar a los creyentes del camino.

El dios al que servía me garantizaba que las intrigas del lado oscuro siempre han sido atractivas para la humanidad. Sentía a los espíritus oscuros impulsándome a «atacarlos mientras todavía son jóvenes (en sentido físico y espiritual)». La pérdida de la inocencia es el comienzo de la guerra a ojos de Satán. Cuando ya no haya niños inocentes, él reinará.

Entonces, lo que puede parecer una travesura infantil o un divertimento más o menos inocente era en realidad un plan diabólico para perturbar, infundir miedo y crear el caos en las iglesias, con el objetivo final del asesinato espiritual.

•

Seguí conduciendo por la interestatal 40 en dirección Este. Cinco minutos después de dejar la ciudad crucé a un hombre con mochila verde que caminaba lentamente por el costado de la carretera. Al pasar a su lado bajé la velocidad mientras él me miraba inquisitivamente. No era mi costumbre llevar a autoestopistas, pero esta vez detuve mi vehículo unos doscientos metros más adelante y esperé a que se subiera.

—¿A dónde vas? —le pregunté mientras subía. El hombre tenía poco más de treinta años.

—A ninguna parte, en realidad —dijo con educación.

—Soy Mike. ¿Cómo te llamas?

—Mark —de repente sentí cómo una paz me invadía. Se sentó, se abrochó el cinturón y dejó su mochila entre sus pies y el tablero. Luego me preguntó—: ¿A dónde vas?

—A ninguna parte, en realidad —respondí. Y mientras aceleraba de nuevo en la carretera—: ¿Qué llevas en la mochila?

Mark pareció pensar en la respuesta, como si tuviera otra conversación y mi pregunta lo tomara por sorpresa.

—Biblias. Llevo biblias —respondió.

No era la respuesta que esperaba. Hubiera esperado ropa sucia y algunas pertenencias, quizá una historia triste sobre su vida en la calle, su soledad y a lo mejor que me pidiera dinero.

Parecía helado por el frío, pero estaba limpio y extremadamente calmo. También parecía acostumbrado a viajar. Su postura lo señalaba como alguien en control de su vida y lleno de confianza.

—¿Qué llevas en tu portafolio? —me preguntó a su vez.

—Biblias. Llevo biblias —respondí.

Aunque sólo había comprado cuatro *Biblias satánicas* en Barnes & Noble y las había dejado en la iglesia, siempre tenía algunas guardadas en el portafolio que llevaba en el camión.

—¿A dónde vas? —volvió a preguntarme, mirándome a los ojos.

—Escucha, puedo interpretar esa pregunta de muchas formas. ¿Quién quiere saberlo? —dije. El silencio de Mark me invitó a continuar—: Estoy yendo a la costa Este por razones de trabajo —y tras un nuevo silencio pregunté—: ¿Mark, qué sueles hacer para ganarte la vida?

—Viajo y me encanta conocer gente a través de los Estados Unidos. Trato de ayudar a quien puedo —dijo.

—Vaya, seguro que eso da mucho dinero —bromeé.

Pero Mark no se rió. Le lancé una mirada y vi cómo me observaba con ojos amables pero penetrantes.

—Michael... ¿a dónde vas? ¿Puedo rezar por ti? —preguntó con dulzura.

Yo sabía desde el primer momento en que me preguntó a dónde iba que se refería a algo a largo plazo, en sentido espiritual.

—Claro —respondí, aunque me sentí algo incómodo con él rezando a Dios en mi coche.

Rezó por mi salvación y por mis hijos. Rezó pidiendo protección para mí y solicitó a los ángeles que me guiaran. También rezó para que Dios me perdonara y tuviera piedad de mí. Cuando Mark terminó de rezar, me dijo algo que nunca olvidaré:

—Antes de pedirle algo a nuestro Padre que está en los cielos, pídele perdón por tus pecados y entonces sí haz tus pedidos. Michael, necesitas leer el salmo 91 y memorizarlo. Guárdalo en tu corazón. Y recuerda, la sabiduría de este mundo es estupidez para Dios. Conoces a Dios porque Él te conoció primero.

—Muy bien —dije, sorprendido por las palabras de aquel extraño autoestopista— ¿Pero cómo supiste que tenía hijos? —pregunté.

Se mantuvo en silencio unos minutos. Finalmente respondió:

—Lo sé porque Dios lo sabe —se agachó para agarrar su mochila—. Por favor, quisiera bajarme, si es posible.

—¿Estás seguro? Por aquí no hay nada más que campos de cultivo, Mark.

—Sí, por favor.

Detuve el camión para dejarlo a un lado de la carretera. Estaba oscuro y no se veía ninguna casa, edificio u oficinas en kilómetros a la redonda.

—Estaré bien —me tranquilizó—. Dios te bendiga, Michael.

—Me llamo Mike —le recordé.

—A Dios le gusta tu nombre cristiano, Michael —dijo con una sonrisa y cerró la puerta.

Me despedí de Mark con un movimiento de cabeza y continué mi camino. En el momento en que lo dejé atrás sentí un cambio de conciencia dentro del camión. Ya no se sentía tanta paz ni tanta calma. Miré por el espejo retrovisor para observarlo por última vez, pero no lo encontré por ninguna parte.

Conduje en dirección Este hasta Memphis y pasé allí la noche. En el camino pensé mucho en Mark y me pregunté a dónde habría ido al bajarse de mi camión.

Me desperté a la mañana siguiente y terminé los trabajos que había programado para aquel día. Alrededor de la una de la tarde, tras terminar el último trabajo, me dirigí hacia el Oeste, de regreso a casa. Tenía doce horas por delante para pensar en un pastor en particular que últimamente me había rondado mucho por la mente.

capítulo 9

Una misión de asesinato

Ciertamente, la palabra de Dios es viva y
poderosa, y más cortante que cualquier
espada de dos filos. Penetra hasta lo más
profundo del alma y del espíritu, hasta la
médula de los huesos, y juzga los pensamientos y las intenciones del corazón. Ninguna
cosa creada escapa a la vista de Dios. Todo
está al descubierto, expuesto a los ojos de
aquel a quien hemos de rendir cuentas

Hebreos 4, 12-13

DURANTE ALGUNOS DE MIS MOMENTOS más oscuros y mientras viví en Oak Creek Drive, Maggie comenzó a llevar a mi hija Kristin a LifeChurch.tv, una iglesia no confesional cuyo pastor era Craig Groes-chel. LifeChurch era una de las iglesias de más rápido crecimiento en el país, y su ministerio ganaba popularidad e influencia en Oklahoma y más allá. Kristin y Maggie hablaban maravillas de sus experiencias en LifeChurch y de cuánto respetaban al pastor Craig y su ministerio. Amaban sus mensajes, su compromiso imperturbable con Jesucristo y su voluntad de desafiar la cultura reinante y enfrentar aquellos temas que muchos líderes de otras iglesias preferían evitar.

Mientras más se entusiasmaban con Craig y LifeChurch, más nervioso me ponían. A medida que crecía su aprecio por su ministerio y su liderazgo, mi ira ante Craig se fue convirtiendo en resentimiento.

Y finalmente, mi desprecio hacia él y su iglesia se convirtió en la fuente de una obsesión profana, en una fijación que resultaba preocupante incluso para mis niveles habituales. Mi descenso en las artes oscuras se aceleraba a un ritmo cada vez mayor, y el control que Satán ejercía en mi vida era ya muy férreo, tanto que estaba a punto de graduarme espiritualmente. Estaba a punto de encomendárseme una misión especial.

.

Aunque por lo general mi trabajo me mantenía lejos varias semanas al año, una noche me encontraba en mi casa trabajando cuando sentí surgir de los muros de mi habitación unos sonidos extraños que no eran de este mundo. Unos chirridos en los paneles de yeso y unos quejidos guturales captaron mi atención. Intenté ignorarlos atribuyéndolos a los ruidos de la noche y seguí trabajando, hasta que el murmullo de un canto de barítono comenzó a llenar la estancia. Con las manos sudadas y el corazón saltándome en el pecho, mi primer impulso fue salir corriendo, dada la intensidad de la aparición (la más fuerte que había sentido hasta entonces). Los sonidos demoníacos del coro profano me llevaron al salón. Con las piernas apenas sosteniéndome me arrastré hasta allí, donde me asaltó una presencia maligna. Mientras la oscuridad me rodeaba, sentí mi voluntad doblegarse. En ese momento cometí el trágico error de arrodillarme en completo sometimiento a aquella fuerza demoniaca.

De rodillas, sentí una fuerte presencia rodearme y poseerme. Estaba claro que se trataba de un espíritu de muerte. El espíritu me entregó una misión, y su mensaje fue tan claro como las palabras que ustedes leen en este momento: *Mata a Craig Groeschel.* Luego el espíritu satánico me explicó que la misión había sido encomendada a otro hombre, pero que éste había huido de su responsabilidad.

Otros realizan pactos vanos, pero sólo buscan atención y notoriedad. Ahora, yo era el elegido.

La tarea no sería sencilla. Se necesitaba paciencia y un esfuerzo de reflexión para burlar la seguridad de la iglesia y cumplir con la misión que se me había asignado, pero la destrucción de un gran hombre de Dios y su ministerio sería un enorme victoria para el ejército de la oscuridad. Sin mencionar lo que me tocaba a mí: un incremento de mi poder espiritual. El deseo de una mayor fuerza espiritual azuzaba mi carne e incrementaba mi disposición. El miedo que había sentido antes frente a la abrumadora presencia de aquella fuerza maligna desapareció. La sed de poder ahogó cualquier vestigio de temor en mí.

•

Maggie estaba muy emocionada por mi repentino interés en asistir a los servicios de la iglesia con ella y Kristin. Su deseo de ver alguna recuperación espiritual en mí era tan fuerte que la sabía dispuesta a ignorar los vergonzosos ardides que había montado en cada iglesia a la que habíamos acudido en los últimos años. Había sido grosero, problemático y una molestia en general en otras iglesias, al punto que inevitablemente terminábamos siendo invitados a partir y no regresar nunca más. Pero sabía que ella olvidaría todos aquellos trucos infantiles confiando en que su desahuciado novio pudiera conocer la verdadera esperanza. Su preocupación encajaba a la perfección con el plan de Satán, ya que LifeChurch.tv era exactamente donde él me quería para cumplir con mi misión de asesinato.

La primera vez que crucé la puerta de LifeChurch, en otoño del 2005, el edificio todavía estaba sin terminar. El auditorio principal, donde hoy se realizan los servicios religiosos, estaba en construcción, daba la impresión de una iglesia en desarrollo.

Al entrar en el animado vestíbulo de la iglesia me encontré con una multitud de gente reunida entre los dos servicios religiosos, bebiendo café, sonriendo y riéndose. Sentía náuseas al ver a los amigos saludarse amablemente entre sí diciendo «¿Qué tal, hermano?», palmeándose la espalda y dándose la mano. *¿Por qué están aquí? ¿Qué los lleva a actuar de esta manera entre sí?* Como un extranjero en un país extraño, quedé estupefacto ante tal demostración de amor y alegría. Quizá fuera el encuentro más grande al que había asistido, o de alguna forma «veía» más esta vez. No conseguía decidirme mientras observaba la enorme multitud.

Oculté mi repulsión manteniendo una prudente distancia, sin mirar a nadie a los ojos y limitando mi interacción con los demás. Las únicas señales que había dado sobre mi misión y mis razones para visitar aquella iglesia habían sido unos correos enviados a mi hija y otras personas expresando mi desagrado respecto a Craig. Sin embargo, en aquel momento estaba volando bajo el radar, era un agente secreto con la misión profana de asesinar a un enemigo de la oscuridad. Y mi objetivo era completar la misión que me había sido encomendada.

No me aventuré dentro del santuario ni siquiera cuando el nuevo auditorio estuvo terminado. No sólo me sentía espiritualmente fuera de lugar, sino que estaba física y espiritualmente incómodo cuando me encontraba cerca.

Cada semana repetía el mismo ejercicio: me armaba de una 9 mm y dos cargadores que ocultaba bajo mi camisa y ajustaba a mi espalda con la pretina de mis pantalones. Me sentaba en el vestíbulo, bebía café, comía donas y observaba la seguridad del lugar. Estudié sus movimientos, me familiaricé con sus rutinas e intenté encontrar sus puntos débiles. La vulnerabilidad de la mayoría de las iglesias es bastante sorprendente. Algunas emplean voluntarios y posiblemente agentes de seguridad, la mayoría de los cuales se adormecían en su tranquila rutina cada domingo. Pero LifeChurch era diferente, lo que complicaba mi tarea. La seguridad de LifeChurch había aumentado a raíz de amenazas recientes, y presumía de un personal bien organizado y coordinado dirigido por un hombre muy capaz llamado John Ziegler.

Asesinar a una figura notoria era un gran desafío, pero las influencias espirituales de mi vida me apuraban a ello. *Puedes hacerlo... eres más fuerte que los otros... serás recompensado...* Ésta y otras voces demoníacas resonaban en mi cabeza mientras el plan iba tomando forma. No me importaba si mataba al pastor en privado o a la vista de todos, lo único importante era el resultado.

Los agentes de seguridad estaban siempre en el mismo lugar, en los mismos asientos, domingo tras domingo. Podía sentir su aburrimiento y sus pensamientos: *Ojalá estuviera en casa junto a mi familia. Odio trabajar los domingos.* Con el paso de las semanas, parecían irse debilitando y volviéndose indolentes. Yo, entretanto, me hacía más fuerte y mi determinación aumentaba.

Tras un año de paciente observación, el día de cumplir mi misión se acercaba rápidamente. Mientras en el interior de LifeChurch reinaba una atmósfera de santidad, camaradería, devoción y plegarias, en el exterior se removían fuerzas ominosas y oscuras. Las fuerzas de Satán se reunían en furiosa anticipación y júbilo respecto de lo que pronto sucedería: vidas desgarradas, un ministerio destruido y miles de personas cuyo futuro espiritual se vería afectado negativamente. El inframundo estaba vivo y se removía en una risa maligna en anticipación de tanto dolor y sufrimiento. Vi a los ángeles caídos sonriendo perversamente, frotándose las manos sin parar, deseando el dolor que sobrevendría. Su presencia oscura me empujaba, me urgía y me guiaba como una multitud sedienta de sangre en un coliseo romano pidiendo a gritos la sangre de un cristiano.

A medida que el día se acercaba yo me sentía más inquieto e impaciente. Pero mi señor era el padre del engaño, y me había entrenado bien. Me concentré en disimular cualquier ansiedad o nerviosismo que pudiera delatarme. Ocultaba todo lo que se revolvía en mi interior: la ira creciente, el deseo de una mayor grandeza en el inframundo, el impulso por desatar una ola de sufrimiento en la vida de todos los que consideraban a esta iglesia su casa. Nadie conocía este plan perverso, aunque Maggie, mi hija y algunos otros comenzaron a sentir las advertencias del Espíritu santo preparándolos para la batalla espiritual que se libraba en mi vida. Creo que sintieron los riesgos y comenzaron a intervenir.

Cada domingo por la mañana Kristin me repetía:

—¿Por qué no vienes a sentarte con nosotros durante el servicio religioso, papá? No necesitas quedarte allí a fuera—. Y cada domingo yo rechazaba su invitación y me sentaba a fuera, sin participar del servicio.

Maggie también estaba preocupada. Me decía:

—Mike, hay algunas personas en esta iglesia que quisieran poder conocerte mejor. ¿Por qué no comenzamos a participar en algún grupo? Creo que nos ayudaría—. Pero yo permanecía inalterable.

•

Finalmente el día llegó. Aquel domingo sentí una oleada de poder demoniaco y supe que era el momento de llevar a cabo la misión que Satán me había encomendado. Era el día para arrebatar la vida de Craig Groeschel. También era el día en el que me preparaba para morir.

Me levanté de la cama a las ocho. Como cualquier otro domingo por la mañana, Maggie ya se había levantado, se preparaba para salir y estaba maquillándose.

—¿Dormiste bien? —me preguntó.

—Descansé lo suficiente —respondí mientras me dirigía a la ducha—. ¡Hoy va a ser un gran día!

—Me alegro.

Tomé una ducha inusualmente larga y me entretuve bajo el chorro de agua caliente que masajeaba mi piel. Pensaba en cómo burlar la seguridad para matar a Craig. Era fácil: esperaría al final del servicio y me escondería en la parte éste del edificio, cerca de la puerta de salida que él utilizaba para llegar a su coche. Cuando saliera, esperaría a que se alejara unos metros de la puerta y allí le dispararía. Los agentes de seguridad por lo general se colocaban frente a él y no miraban atrás.

Los había observado muchas veces desde mi coche. Miraban hacia delante y hacia los lados, pero nunca atrás. ¿Por qué? Porque no tenían necesidad. Simplemente estaban allí, y pensarían que no había forma de que alguien pudiera deslizarse a sus espaldas. Sin embargo, la esquina noreste del edificio estaba a unos diez metros de distancia, y allí no había centinela. El gran generador que estaba allí ocultaría cualquier sonido extraño que viniese desde la esquina, como por ejemplo mis pasos.

Seguía meditando el plan mientras salí de la ducha y entré en el vestidor para prepararme. Pensé en cada paso que daría para estar absolutamente preparado. Durante el tiempo que me tomó vestirme, repetí la escena en mi cabeza unas diez veces. Mientras, tomé el revólver del cajón de la ropa interior y lo coloqué bajo los pantalones que tenía en el estante. También tomé un cargador extra y lo puse junto al arma. La «bala mágica» que pensaba usar contra Craig era la primera del cargador que ya estaba puesto.

Después de vestirme salí a darles de comer a las carpas del estanque y mirar por última vez el patio trasero en el que había trabajado tan duro los últimos años. Regresé a la casa, donde escuché a Maggie decir que llegábamos tarde y necesitábamos apurarnos. Lancé una última mirada a la casa que probablemente no volvería a ver y la seguí mientras salíamos de la casa para ir a la iglesia.

No hablamos entre nosotros, porque Maggie estaba al teléfono con uno de sus hijos y yo me sentía adormecido en anticipación de los eventos que tendrían lugar en unas horas.

•

Llegué a la iglesia sabiendo que sólo le quedaba una hora de vida a Craig, y probablemente a mí también. Ocupé mi lugar de siempre en el vestíbulo y Maggie entró a la iglesia.

Pero durante la espera de mi oportunidad para burlar la seguridad y meter una bala en la cabeza del pastor, ocurrió algo. Mientras observaba el mensaje de Craig a través del circuito cerrado de televisión, escuchaba la lectura de la palabra del Señor y las canciones llegaban a mis oídos, una idea me golpeó la cabeza como un rayo. Lo que protegía a esta iglesia no era una red de seguridad, con sus pistolas y sus cámaras de vigilancia. Era la palabra de Dios enunciada y alabada por sus seguidores. Ésas eran las verdaderas armas que protegían a la iglesia y su pastor. Las palabras no se perdían en el vacío de la nada, y mi espíritu no era indiferente a ellas. Por alguna razón, comencé a escuchar el mensaje. Me puse a mirar la televisión. El mensaje religioso comenzó a penetrar en mi corazón perverso, y Satán y sus lacayos estaban indefensos ante él. No existía defensa posible contra el poder de Dios que se proyectaba en mi vida. El bastión que Satán había construido con tanto éxito alrededor de mi corazón y que había bloqueado las plegarias de tantos devotos estaba siendo destruido, y la luz divina comenzó a transformarme.

Mientras me encontraba petrificado en el vestíbulo de la iglesia, un acomodador cuyo nombre no recuerdo se me acercó para saludarme. En mi estado de trance, le conté la historia de mi pasado solitario y oscuro. Surgió de mí como un río descontrolado. Mi plan para poner un arma en la cabeza de Craig y tomar su vida, al igual que los detalles de mis rituales satánicos, sólo fueron algunas de las horribles historias que brotaron de mi boca.

Tras varios minutos, alcé los ojos y vi al acomodador, de pie a mi lado e incapaz de emitir una sola palabra, con los ojos abiertos como platos mirándome con horror y sorpresa. Sin comprender la magnitud de lo que acababa de hacer, percibí a Maggie que salía del santuario. Me despedí rápidamente del acomodador y subí al coche con ella. Nos alejamos. No le conté nada de mi conversación, principalmente porque no recordaba qué había dicho.

Mientras me encontraba en la iglesia revelando el plan de Satán a un extraño, las fuerzas satánicas que se encontraban fuera y me guiaban se enfurecieron. No sólo había fracasado en mi misión, sino que había cruzado la línea. Había confraternizado con el enemigo. Había realizado un pacto de sangre con el príncipe de las tinieblas y ahora era mi sangre la que él exigía a causa de mi desobediencia. Me había colocado en una posición peligrosa y estaba al borde de la muerte. La muerte física para el traidor era parte del pacto de sangre que había realizado; era parte inherente de este tipo de contratos espirituales. Ahora despertaba en cierta forma frente a la gravedad de la decisión que había tomado doce años atrás. Pero ya no importaba mucho. No en el estado en que me encontraba, en el que la desesperanza y el desconsuelo se apropiaban de mi alma.

No puedo imaginar cómo sonaron mis extrañas divagaciones en boca del acomodador mientras él las contaba, pero debe haber hecho un buen trabajo porque, como supe más tarde, mi fotografía fue expuesta en las salas de personal de todas las dependencias de LifeChurch de la ciudad. El cartel decía: «Si ve a este hombre, llame a seguridad. Llame a la policía». Para la iglesia yo era un criminal buscado.

Intenté seguir normalmente con mi vida la semana siguiente, pero las cosas se complicaron. Todo lo que podía salir mal, salió mal. Mi negocio comenzó a tambalear. Maggie y yo vivíamos vidas sostenidas esencialmente por los negocios y los lazos financieros. La depresión se apoderó de mí. Los días avanzaban despacio, y cada momento era consumido por cascadas de pensamientos negativos.

Desconociendo los carteles de «se busca» en las paredes de la iglesia, la semana siguiente acepté acompañar a Maggie a la iglesia. Pero ahora, con mis defensas sacudidas, nuevos pensamientos y preguntas llenaban mi cabeza, con visiones de la muerte y una vida después de la muerte imposibles de imaginar. Los haces de luz penetraban en mi corazón, y mi mente absorbía suficientes verdades como para comenzar a dudar de la oscuridad que me esclavizaba.

¿Qué estoy buscando realmente? ¿Puedo ser alcanzado? ¿Acaso Dios se preocupa por mí? ¿Realmente Dios es amor? ¿Es posible, realmente posible, que Dios no sea a la vez bueno y malo? ¿Puede ser que haya sido creado para algo más que para vivir en dolor y sufrimiento? Recordaba cómo al final de cada servicio Craig siempre decía que ninguno de nosotros era lo suficientemente bueno, que ninguno era merecedor, que ninguno había llegado demasiado lejos. ¡Pero yo había llegado tan lejos!

Con estas ideas batallando entre sí, caminé hacia las puertas de la iglesia. Maggie se dirigió al santuario y yo fui en busca de un café y un lugar tranquilo. Con el café en la mano, me senté contra el marco de una ventana en el ala oeste del vestíbulo. Alcé la vista y vi un cartel que rezaba: «Al entrar a este lugar acepta que se revisen sus objetos personales. Estando aquí usted podría ser fotografiado». Yo me concentraba en cada elemento que llamara mi atención. Las cosas siempre habían estado allí, pero sentía como si observara los detalles físicos del edificio por primera vez. Con anterioridad siempre me había focalizado en el ambiente espiritual de la iglesia y sus asistentes. Ahora, me concentraba con toda mi atención en los objetos simples y tangibles que me rodeaban. De pronto, me di cuenta que había venido desarmado.

Miré el cielo a través de la ventana. Las nubes pasaban sobre mi cabeza mientras observaba a la distancia, intentando calmar mi gran ansiedad y desesperanza. Mientras mi mente intentaba divagar con las nubes, un ayudante de sheriff, armado, apoyó una mano en mi hombro.

—¿Es usted Michael Leehan?

—Sí —respondí.

—Necesito que me acompañe. —Me llevó hasta las oficinas, donde nos esperaban otros agentes y algunos miembros del personal de la iglesia, incluido el pastor Chris Spradlin. Toda la atención estaba sobre mí.

—¿Mike, llevas algún arma contigo? —me preguntó el jefe de seguridad John Zeigler.

Permanecí sorprendentemente calmado durante aquella confrontación. Miré a John y pensé *es un tipo grande, pero su tamaño no me intimida*. Luego de tantos años atrapado espiritualmente, el dolor físico no significaba nada para mí. Confiaba más en mis capacidades espirituales que en las físicas en una situación como aquella.

Al observar la habitación sentí la debilidad, la confusión y la pesadez en varios rostros. Vi la falta de comprensión respecto a los dones espirituales. Con mi don de conocimiento espiritual, yo podía predecir eventos y experiencias que ocurrirían a lo largo del próximo año. Veía los aspectos vulnerables y las oportunidades para trastornos futuros. Sin embargo, también percibía una fe pura que me resultaba cautivadora. Percibí una mínima parte de las vidas de muchos de los hombres presentes, y me sentí arrastrado por el amor que desprendían.

—No, no tengo armas —respondí a John con un tono neutro.

Los hombres se sentaron a mi alrededor y Christian puso una silla frente a mí. Era prisionero y bajo su custodia. Me sentía atrapado y vulnerable. En tan sólo un instante, había pasado de ser alguien que actuaba sin dudar basándose en una conciencia superior alimentada por el mal, a alguien incómodo e inhibido por una fuerza exterior. Más adelante comprendí que esa fuerza era el amor.

—¿Para qué viniste hoy a LiveChurch, Mike? —preguntó Chris.

Ante su interrogatorio, no pude controlar mis pensamientos, empecé a canalizar y mi mente quedó finalmente en blanco.

Canalizar significa hablar con guías espirituales, comunicarme con los muertos... y estar en otra parte. Los médiums y los psíquicos utilizan esta técnica, igual que algunos satanistas. Requiere una intensa concentración y control, y por lo general lleva a una experiencia extracorporal. Yo la utilizaba para conseguir información sobre las personas que debía confrontar y así tener alguna ventaja o poder huir de la sobrecarga cristiana cuando me rodeaban demasiados hombres de fe. Siempre podía sentir su pesadez.

Volví a hacerme presente y finalmente respondí:

—No estoy aquí para lo que piensan.

Chris miró a los otros hombres y luego a mí:

—¿Entonces a qué viniste? Por lo que entiendo, es para lastimar a un miembro de la iglesia.

Lo miré fijamente. Estoy seguro de que el señor Spradlin y los demás no comprendían la amenaza que había constituido para la iglesia y sus miembros en el último año hasta mi catarsis de la semana anterior frente al acomodador.

Aunque hasta el momento había estado casi todo el tiempo canalizando, ya me encontraba totalmente presente. Imagino por las miradas de varios de los presentes que se preguntaban qué diablos me pasaba. Por lo general, durante una sesión de canalización miraba hacia delante con la vista perdida y me encontraba en un estado de semiconciencia, según dijeron quienes me han visto. Imagino que es eso lo que verían, dada la expresión de sus rostros cuando «regresé». Me sentía físicamente muy débil.

—Ya terminé con todo eso —respondí al señor Spradlin—. Creo que estoy buscando liberarme de la vida que he llevado durante tanto tiempo. Creo que estoy buscando a Dios. Sólo que no estoy seguro de qué hacer a continuación. Necesito algo de tiempo... y de espacio.

—No lo sé, amigo —me dijo Chris con ojos contemplativos—. Necesito un momento para pensar en todo esto y hablar con el personal de la iglesia para ver qué haremos. Y por sobre todo, tenemos que buscar la voluntad de Dios en todo esto —tomó una hoja de papel—. Déjame un número en el que podamos encontrarte, y te llamaré luego de que nos reunamos esta semana para conversarlo. Ahora necesito que abandones el recinto.

Asentí y le di mi número de teléfono.

—No tendrán que preocuparse más. Si estoy buscando a su Dios, es porque no estaré vivo mucho tiempo.

Los hombres me acompañaron afuera y hasta mi coche. Mientras esperaba a Maggie, analicé todos mis puntos débiles durante la reunión. Me sentía desamparado y perdido, sobre todo cuando comprendí las descarnadas diferencias espirituales entre las personas de aquella habitación y yo. Sin duda tenían algo que yo no, y por primera vez en mi vida sentía una verdadera curiosidad al respecto. Me pregunté si Chris me llamaría alguna vez. Me pregunté qué vendría a continuación.

También me pregunté si estaría vivo al día siguiente. El mundo espiritual y el dios a quienes servía no se tomaban con ligereza ser abandonados por sus seguidores. Una vez hecho el pacto de sangre, las posibilidades de sobrevivir fuera de ese pacto eran escasas. Muchas almas perdidas que servían al inframundo y a Satán, como es el caso de Judas después de traicionar a Jesucristo, terminaron suicidándose. Pocos salían de allí con vida.

Finalmente terminó el servicio religioso y la gente salió del edificio de la iglesia.

—¿Disfrutaste el servicio? —preguntó Maggie, sin saber de mi reunión con la gente de seguridad.

—Sí, claro. El café estaba excelente. —Su buen humor evidenciaba el total desconocimiento que tenía sobre lo que acababa de suceder.

—Perfecto. ¿Listo para irnos?

—Sí.

Conduje a casa en silencio. Maggie hablaba al teléfono con un amigo y mi mente estaba consumida por lo que había ocurrido. Me sorprendía que me hubieran permitido partir y que la iglesia no hubiera hecho que me arrestaran. *Si supieran de verdad la amenaza que representé durante tanto tiempo habrían llamado a la policía,* pensé. *¿Nos estarán siguiendo? ¿Y si Maggie es parte de todo esto y yo no lo sé? ¿Tendrá Kristin algo que ver con que me hayan atrapado, aunque no haya venido hoy al servicio? Apuesto a que nunca más regresaré ahí.*

Los pensamientos continuaron hasta llegar a casa.

•

El lunes pasó, y cuando estaba a fuera limpiando el jardín se me acercaron un par de Testigos de Jehová.

—¿Qué tal, chicos? —saludé con educación. Me sonrieron y conversamos un rato sobre Dios y las escrituras. Finalmente uno de ellos inclinó la cabeza:

—Usted sí que sabe mucho sobre la Biblia. Debe ser un creyente.

Negué con la cabeza:

—No, estuve venerando a Satán mucho tiempo. Aprendí las escrituras en el proceso.

Pensé que se asustarían al mencionar el satanismo, pero en cambio desperté su curiosidad al punto que regresaban cada vez que iban al barrio. Para mí eran como cualquier otra persona en mi vida, intentando convencerme de unirme a su Dios. Si lo conseguían, sería otra muesca en su cinturón, una historia que compartir con sus amigos.

Luego de que se fueron los Testigos, continué mi trabajo con un creciente sentimiento de vacío. El sonido del teléfono me arrancó de mis pensamientos.

—Aquí Mike —respondí.

—Mike, soy Chris Spradlin, de LifeChurch.

—Ah, sí, Chris —intenté sonar calmado. No podía creer que me llamara tan pronto, aunque asumí que me diría que no se me permitiría volver a poner un pie dentro de LifeChurch.

—Escucha Mike, tuve la oportunidad de conversar con algunos de los directores y quiero que sepas que eres bienvenido a LifeChurch cuando quieras. Pero con una condición: tendrás que mandarle un mensaje a John Ziegler el domingo por la mañana para informarle a qué servicio piensas ir. John te estará observando.

—Bueno —conseguí decir. Me quedé estupefacto.

—Ah, y Mike... —continuó Chris en un tono amable— si entras en el santuario, deberás sentarte siempre en el mismo lugar y comportarte de una manera aceptable ante Dios. Es todo lo que pedimos.

—Está bien, Chris... gracias.

—Y si me necesitas para algo, no dudes en pedírmelo. Dios te bendiga, Mike.

La cabeza me daba vueltas. *¿Acaso Chris había dicho que podía regresar a la iglesia?* No había ninguna presión, ni reuniones obligatorias, ni se me exigía una entrega radical. Sólo las simples y razonables órdenes de sentarme y actuar correctamente.

No podía creerlo. La iglesia me recibía de nuevo, pero sabía que cada vez que entrara muchos ojos estarían posados en mí... y con justa razón.

Durante el otoño de 2006, Maggie y yo comenzamos a asistir a un Grupo de Vida los miércoles por la noche en casa de Kristie Warren. Los Grupos de Vida son agrupaciones de estudio de la Biblia que se reúnen una vez por semana para leer y relacionarse. La primera noche que asistí había tres mujeres presentes: Kristie Warren (la anfitriona), Beth Andersen y Christine Feinberg, las tres solteras y atractivas. El profesor de la Biblia era Jim VanDerwiele, el único casado del grupo. Cuando entré en casa de Kristie por primera vez sentí una presencia espiritual, y estoy seguro de que los demás también la sintieron. Más tarde me dijeron que las tres mujeres habían comenzado a rezar por mí de inmediato cuando conté algunas partes de mi vida durante las presentaciones y en las charlas. Todo brotaba de mí sin control... otra vez.

Sentí en Kristie una verdadera empatía hacia la gente. Era independiente, amable y bondadosa. Me encantó que fuera tan tolerante y complaciente. Durante la noche supe que era una mujer de negocios y que poseía su propia compañía de copiadoras y servicios informáticos. También era una excelente carpintera. Tenía más herramientas de carpintería que yo, lo que me pareció fascinante. Me cayó bien de inmediato.

Nuestro profesor, Jim, era muy incisivo, y puedo afirmar —por haber conversado con él— que era muy firme en su fe y llevaba mucho tiempo enseñando. Su forma directa de enseñanza y la delicadeza con la que analizaba las preguntas del grupo tenía un efecto calmante en mí. Aunque Jim iba a una iglesia bastante conservadora, creía en las bendiciones del Espíritu santo y estaba dispuesto a escuchar mis experiencias espirituales pasadas y presentes, aunque con cierta precaución. LifeChurch alentaba a que los Grupos de Vida fueran esencialmente comunitarios, por lo que la gente de otras iglesias o creencias era bienvenida.

Al reflexionar sobre mis experiencias de vida, mi educación y mi camino espiritual, entiendo que mientras más aprendo más me doy cuenta de lo que no sé. Es una verdad que nos hace humildes, y la humildad espiritual fue algo que reconocí inmediatamente en Jim. Creía que su sabiduría y su experiencia me harían ver con mayor claridad mi vida. Beth, por su parte, era lo que yo consideraba una cristiana típica o promedio. Parecía dedicada a su fe, pero yo podía ver su pesadez, su lucha contra los deseos mundanos, como imagino que sucede con todos los cristianos jóvenes o solteros. Parecía sentirse entre dos aguas, por así decir. Con un pie pesado e inmóvil en el mundo, también acudía con regularidad a la iglesia.

Como verán, mi don del discernimiento me permitía ser muy destructivo en ambientes como aquel, ya que si bien tenía la habilidad de «leer» a la gente y entender sus conflictos, no me encontraba bajo la dirección del Espíritu santo… más bien todo lo contrario. En el pasado, Beth hubiera sido mi primer objetivo a manipular, pero en este momento yo buscaba con cautela liberarme de la oscuridad, por lo que no le presté demasiada atención. Era sinónimo de problemas.

Christine Feinberg era muy atractiva, pero no fue su aspecto lo que llamó mi atención. Su espíritu alegre consiguió intrigarme. Cuando me miró noté cómo se ponía a rezar para sus adentros. Le sostuve la mirada, midiéndola. Me concentré en sus ojos azules y vi una gran fuerza en ella, pero también algo de dolor que no conseguí identificar. Quise meterme en su cabeza, pero extrañamente no lo conseguí. Una cosa que recuerdo de cuando la conocí fue que supe en mi espíritu que era sólo el comienzo de nuestra relación. Sentí que algún día seríamos muy cercanos.

•

Pasaron las semanas y yo continué con mis visitas a la iglesia, pero me sentí más incómodo, desgarrado y descontento que nunca. La batalla estaba en su apogeo. Me aislé del mundo y comencé el siempre peligroso viraje hacia el aislamiento y la oscuridad. Se estaba preparando el escenario de mi desaparición, y aunque las cosas no habían sido tan malas por un tiempo, comenzaba a sentirlo con fuerza. Craig y la iglesia comenzaron a apagarse. Mis hijos comenzaron a apagarse. Todo y todos en mi vida perdieron el color a medida que el conflicto crecía en mi interior. *¿Qué está sucediendo? ¿Por qué perdí el control? ¿En qué creo realmente?* Las preguntas bombardeaban mi mente.

En los últimos tres meses, la visita de los domingos a la iglesia se había convertido en una costumbre para mí, y de hecho me sentía atraído hacia algunas de las personas que encontré allí. Envidiaba la paz que los rodeaba. Sus espíritus alegres que en otro momento habría enfrentado ahora llamaban mi atención. El entusiasmo que sentían por la vida —como iluminados por una fuerza invisible— seguía siendo un misterio para mí, pero también me intrigaba. Contrastaba enormemente con el peso que cargaba, avanzando penosamente por la vida, temeroso, quebrado y vencido. La luz que emitían me hizo pensar que quizá fuera posible otro camino... incluso para mí.

Un domingo, mientras recorría el vestíbulo cabizbajo y sumido en mis pensamientos, al alzar la vista me topé con Chris Spradlin de pie frente a mí.

—Ey, amigo, ¿qué tal? —me dijo con una gran sonrisa—. Me alegro de verte.

—Me alegro de estar aquí, Chris —mi respuesta fue sincera, pero la desesperanza estaba escrita en mi rostro.

—¿Hay algo que pueda hacer por ti? —Chris sabía que yo estaba sufriendo. Parecía preocupado.

—Creo que voy a morir pronto —dije abatido, negando con la cabeza—. No creo que entiendas lo que está sucediendo o de dónde vengo. Esta batalla me está consumiendo, no veo ninguna salida.

—Hay una camino, Mike —Chris dio un paso adelante y apoyó una mano en mi hombro—. La paz existe. Jesucristo es la respuesta

—al mirar a Chris vi la sinceridad de su expresión, la compasión en sus ojos. Deseaba sentir la paz que él sentía.

—No sé cómo lo voy a lograr, pero todavía no puedo dar ese paso.

No me di cuenta que Maggie estaba detrás de mí y escuchó preocupada parte de nuestra conversación:

—¿Mike, hasta dónde piensas hundirte? —dijo—. Estás al límite. Llevas una vida entera de desconcierto. ¿Cuánto más puede aguantar una persona? Entrégate a Jesucristo y Él te liberará de todo eso. ¡Despierta! ¡Escucha a Chris! Llevas tanto tiempo engañado por Satán que no puedes reconocer la verdad cuando la tienes enfrente. Satán te está matando. Elige a Cristo y vive.

Volví en sí y me di cuenta que había estado canalizando y que sólo había oído una parte de lo que Maggie y Chris decían.

—Necesito ayuda —dije, mirando a Chris.

—Amigo, nunca antes he visto algo así —reconoció—, pero voy a rezar con los miembros esta semana y veremos quién puede serte de más ayuda. Jesucristo te sacará de ésta, Mike.

Pronto otras personas que esperaban para hablar con él comenzaron a llamar su atención.

—Gracias por tus palabras, Chris —le dije.

Maggie y yo nos dimos media vuelta y nos alejamos de la iglesia. Condujimos hasta casa casi sin hablar. Yo me sentía agotado, y Maggie estaba exasperada. Pasé el resto del día durmiendo la siesta o mirando viejas películas del oeste en la televisión de la habitación. Maggie y sus hijos salieron juntos y no regresaron hasta la noche. Cuando llegaron, Maggie se metió en su oficina y trabajó un rato mientras los niños iban a sus habitaciones a hacer sus tareas y acostarse. Para cuando ella regresó a la casa y entró en la habitación, yo ya estaba durmiendo.

•

El lunes por la mañana me quedé dando vueltas por la casa, y cuando los niños se fueron a la escuela y Maggie a su trabajo me quedé preparando algunas cosas del negocio. Luego di un gran paseo por los caminos aledaños a la casa. Caminé durante horas y regresé a tiempo para ocuparme de cortar el césped, arrancar malas hierbas y realizar algunas tareas fuera.

El día transcurrió como cualquier otro, en medio de una marea de soledad y desesperanza. Pero así había sido mi vida desde que tenía memoria, siempre me he sentido solo. Y ahora que había abierto la puerta a la persecución espiritual y el tormento del maestro del dolor y el sufrimiento en persona, *¿cómo saldría de ésta?, ¿cómo podría deshacerme de esta tremenda opresión?, ¿alguna vez conseguiría la paz?, ¿podría vivir?*

Aquella noche me encontré a mí mismo en el patio trasero viendo a las carpas nadar en el estanque, que había construido unos años antes. Nadaban siempre dibujando ochos, hacia dentro y hacia fuera, girando y girando en un ciclo sin fin que terminaría sólo con su muerte. Ya fuera que las atrapara un halcón volando sobre ellas, o un mapache, o que simplemente envejecieran y murieran, su final era inevitable. *¿Por qué estaban aquí?, ¿para qué fueron creadas?, ¿qué me intrigaba tanto de sus vidas?*

El sonido del teléfono me arrancó de mi contemplación. Era Chris Spradlin.

Chris me dijo que conocía a un grupo de personas que podrían ayudarme, un Grupo de Vida llamado Los Hombres de Damasco. Me dio el número del líder del grupo, Darius McGlory, y me contó que ya había hablado con Darius y que él esperaba mi llamada. Me insistió en que lo contactara y que le hiciera saber cuándo lo hubiera hecho.

Pasaron varias semanas y mi vida continuaba en una espiral descendente. En un impulso, una tarde tomé el teléfono y marqué el número de Darius. Cuando contestó le dije quién era y él me confirmó que

Chris lo había llamado para contarle qué pasaba. Me aseguró que Dios estaba trabajando, y me invitó a asistir al grupo de hombres que se reunía los lunes por la noche en un restaurante del centro de Oklahoma. Acepté.

Un lunes di varias vueltas a la manzana antes de juntar el coraje de detenerme. Llevaba tres lunes seguidos haciendo lo mismo, sin tener el valor de salir del coche.

Al acercarme al restaurante, mi mente se llenó de pensamientos negativos sobre lo que estaba a punto de experimentar con el grupo de hombres de Damasco. Entré en el restaurante, y tras anunciarme el camarero me guió a una gran sala de reuniones detrás de la zona de las mesas. Había unos treinta hombres. Sentí cada par de ojos posarse sobre mí al entrar. Erosionado, gastado, apaleado y exhausto, era un muerto viviente. Darius se me acercó.

—¿Mike? —asentí—. ¿Qué sucede con tu vida?, ¿qué ocurre contigo?

Me ofreció la mano pero no la tomé. Odiaba el contacto. Odiaba a los hombres afectuosos y emocionalmente abiertos. No era mi estilo. Rechacé su saludo y di vueltas como un animal enjaulado hasta que finalmente me senté. Tenía un nudo en el estómago y me sentía barrido por oleadas de ansiedad. La carga pesada y sofocante que tantas veces sentía en el santuario de LifeChurch volvía a instalarse en mí.

Cuando encontré el coraje para sentarme y comenzar a compartir mi historia con Darius se acercó otro hombre, Frank Stotts, decidido a unirse a la conversación. Ambos escucharon con atención mi sórdida historia, y finalmente Darius dijo:

—Mike, aquí eres bienvenido sin importar lo que hayas hecho en el pasado. La elección es tuya, pero espero que regreses.

Asentí, relajándome un poco.

—Mike, ¿podemos rezar por ti? —preguntó entonces Frank.

—Sí, mientras nadie me toque.

Frank rezó durante lo que pareció una hora. Entonces me puse de pie y dejé el restaurante.

capítulo 10

Cerca del fin

Elías se presentó ante el pueblo y dijo:
—¿Hasta cuándo van a seguir indecisos?
Si el Dios verdadero es el Señor, deben
seguirlo; pero si es Baal, síganlo a él

1 Reyes 18, 21

D OS DÍAS MÁS TARDE, me encontraba en Virginia visitando a unos clientes de camino a Washington DC, la escala más al Norte de mi viaje de negocios. Después iría hacia el Sudoeste y finalmente al Oeste hasta regresar a casa dos semanas más tarde. Durante el camino debía visitar a cincuenta clientes. Todos tenían problemas con las puertas que habían comprado a alguno de los revendedores. Haría una parada de alrededor de una hora en la casa de cada uno de ellos encargándome de los clásicos problemas de reparación.

El viernes ya estaba en Washington DC para visitar a un cliente llamado Bill Bunch. Debía instalarle una nueva puerta en remplazo de la puerta defectuosa que había comprado. Quedamos en que lo llamaría dos horas antes de nuestra cita. Cuando llamé, me dio la bienvenida al lugar. Noté que remataba las frases diciendo «¡Aleluya!» y pensé: *Oh, no, otro cristiano. Aquí vamos de nuevo... será interesante.* Bill me explicó que iba con retraso, y que esperaba que yo estuviera todavía en su casa para cuando llegara porque quería conocerme.

Llegué a su casa, conocí a su esposa y a varios de sus hijos y me puse de inmediato a trabajar. Tenía prisa por terminar el trabajo antes de que Bill llegara. Podía imaginar al tipo dándome un sermón, y no tenía ganas. No aquella noche, estaba cansado. Pero mientras más me apuraba, cometía más errores. Por lo general un trabajo como aquél me tomaba tres o cuatro horas, aunque ya llevaba cinco y todavía tenía mucho por hacer. Estaba a punto de instalar la cerradura cuando detrás de mí alguien gritó «¡Aleluya!». Me giré y era Bill.

Bill era muy grande. Estaba allí de pie, sonriéndome.

—¡Alabado sea Dios, la puerta se ve genial! —dijo.

Le agradecí y le dije que pronto estaría terminada. Me preguntó si era cristiano y contesté que no. Habló con sus hijos durante la hora que me tomó terminar todo. Cada cinco minutos se paraba detrás de mí y hablaba de Dios. Al fin estuve listo para partir.

Me invitó a quedarme a cenar con su familia. Yo tenía hambre, así que acepté. Nos sentamos en una mesa en la que cabían veinte personas. Bill, su esposa y sus siete hijos se sentaron y se tomaron de las manos alrededor de la mesa. Bill comenzó a rezar de una manera que nunca antes había visto, con una gran pasión. Rezó por mí y por todos los presentes. Luego bendijo la comida y cenamos. La cena estuvo llena de conversaciones sobre las tareas escolares de los niños, las actividades familiares venideras y Dios. Al cabo de treinta minutos, habíamos terminado. Me puse de pie de un salto, les agradecí y me dirigí a la puerta.

Mientras me despedía, Bill se me acercó y me dijo que su familia tenía una costumbre de la que quería que participara: rezaban por todo aquél que entraba en su casa.

—Gracias, estaría bien —le dije, yéndome.

—No, quiero decir ahora.

Me giré sin convicción y quedé de pie en el recibidor mientras su esposa y seis de sus hijos caminaban hacia mí.

Clara, su hija pequeña que tenía unos siete años, se me acercó y apoyó la mano en mi hombro mientras rezaba. Su esposa llevaba a una niña de tres años en brazos. La niñita estiró el brazo y apoyó su mano en mi corazón. Mientras rezaba, sus labios se movían como si fuera mucho mayor. Toda la familia rezó durante un largo tiempo. Me sentía muy débil.

Caminé hasta mi camión sintiéndome algo mareado y Bill apareció de pronto, asustándome. Me dijo que se dirigía a un retiro de hombres y me invitó a acompañarlos. Era en las colinas del Sur de Virginia, en un viejo hospital de la época de la Guerra Civil que ahora era un centro católico de retiros. Me contó que pertenecía a la Iglesia Carismática Católica Ecuménica. Me pregunté qué sería eso. Sabía que no me gustaban los católicos porque era la religión en la que me había criado, y recordaba muchas malas experiencias. Las partes «ecuménica» y «carismática» sólo me parecían extrañas. Esos términos me hacían pensar en cristianos obtusos incapaces de salir de su burbuja espiritual, de los que usaban collares con cruces, brazaletes de «¿Qué haría Jesús?» y camisetas con imágenes de Cristo para ahuyentar sus mayores temores: Satán, y el verdadero poder del conocimiento del que se esconden.

Bill me dio un mapa con la localización del retiro y me dijo que si pasaba cerca sería bienvenido como su invitado. Mi mente divagaba y pensé: *Puesto que ya intercambiamos nuestros teléfonos para fijar un encuentro y arreglar su puerta, me llamará. Lo sé, va a llamarme con más de sus «¡Aleluya! ¡Aleluya!». ¿Qué tiene este tipo con los «¡Aleluya!»?*

Siguió hablando y me explicó que no era frecuente invitar a alguien que no estuviera inscrito porque el cupo era limitado. Apareció entonces su hija Clara que, escuchando una parte de la conversación, me dijo que debería ir. Comenzaba a sentirme a gusto cerca de esa niña. Me recordaba a Kristin, mi hija pequeña, a su edad: delgada, con pecas, lindísima, cariñosa y atrevida. Esa evangelista en miniatura era toda pureza e inocencia. Sentía pasión por su Dios, y de alguna forma eso me llegaba.

Pasé la noche en el hotel tras dos reparaciones más en la misma zona. A la mañana siguiente, ingresé las siguientes destinaciones en el GPS y conduje hacia el Sur. El sábado sólo tenía dos reparaciones fáciles en el Sudoeste de Virginia. Tras conducir un par de horas llegué a mi primera parada e hice mi trabajo. El segundo lugar estaba a sólo cinco kilómetros, y tras detenerme a comer algo, llamé al cliente, fui hasta allí, y arreglé la puerta en apenas unos minutos. Eran sólo las diez de la mañana y ya había terminado con los trabajos de aquel día.

Me detuve en el estacionamiento de un supermercado para ingresar el resto de mis destinos y hacer algunos llamados a clientes para fijar los encuentros. Los clientes de la zona no estaban en casa o no estaban dispuestos a que los visitara al día siguiente, un domingo. Me entretuve entonces con el papeleo y ordené el camión durante aproximadamente una hora. Cuando salí del camión para estirarme y comprar algunas cosas en el supermercado, se me cayó un trozo de papel que voló a unos metros de mí. Era la dirección del centro de retiros que me había dado Bill. Junto a la dirección había escrito que le encantaría que lo visitara.

Descubrí que estaba a sólo diez kilómetros de donde se reunían.

Yo estaba en un momento de mi vida en el que buscaba con cada vez más intensidad algo que sentía que me faltaba: quizá cuestiones espirituales, tal vez un conocimiento que no tenía. Sabía que me faltaba algo. Sabía que estaba harto de la vida que vivía, del odio, los pensamientos negativos, la incapacidad de amar, la insensibilidad y la falta de objetivos. Pero además de mi adicción a la sangre y al poder, me paralizaba la incertidumbre respecto a lo que sucedería si abandonaba el satanismo tras practicarlo durante veinte años.

Sentía una inmensa batalla en mi interior y no tenía la energía para combatir sin ayuda. Nunca había experimentado el verdadero poder fuera de las artes oscuras, y separarme de eso iba a ser insoportablemente difícil. ¿Quién se atrevería a salir al ruedo y ayudarme? Nunca había visto tal poder en el lado de la luz, o entre los miles de cristianos que había conocido. La mayoría de los creyentes parecen vivir bajo el yugo del miedo.

Tenía tiempo, pero no quería enfrentar la inevitable batalla que tendría lugar si acudía al retiro. Normalmente, si me encontraba rodeado de ese tipo de hombres o de cristianos en general durante un largo periodo, me volvía muy inestable y la guerra estallaba en mi espíritu. Aunque yo deseaba tener su paz y su alegría, la guerra en mí y a mi alrededor se hacía tan extenuante que después necesitaba dormir un día entero o más para recuperarme. Estaría obligado a dormir, y todavía estaba muy lejos de casa y tenía mucho trabajo pendiente antes de poder permitírmelo. Simplemente, no tenía tiempo. No podía ni imaginar las puertas espirituales que se abrirían. Ya tenía demasiado trabajo como para además añadir un conflicto espiritual al enfrentarme a las consecuencias de fraternizar con el otro lado.

Conduje hacia el Oeste desde el estacionamiento, en dirección al centro de retiro. No me tomó demasiado encontrarlo entre las colinas de Virginia. Conduje hasta donde Bill me dijo que estaría y di un par de vueltas alrededor. Estaba demasiado nervioso para entrar, así que me alejé cinco kilómetros hasta el estacionamiento de una iglesia vacía y me quedé allí, mirando por la ventanilla. De repente sonó el teléfono: era el número de Bill. Cuando respondí, Clara Bunch me preguntó si pensaba ir al retiro. Le dije que estaba por ahí, pero que me sentía algo incómodo y que no estaba seguro de tener tiempo.

—Sólo vaya, señor Leehan —insistió Clara—. Todo el mundo lo está esperando y papá acaba de llamarme para ver si sabía algo de usted. Tiene muchas ganas de que vaya. —Le dije que no me sentía muy seguro y de nuevo insistió—: ¡Sólo vaya!

Di media vuelta y regresé al centro. Esta vez me estacioné en un descampado detrás del edificio, pero me quedé mirando por la ventanilla, sintiéndome paralizado y solo.

A mi alrededor había seis grandes edificios, todos iguales. Tenían unos sesenta metros de largo, diez de ancho y dos pisos. Todos estaban revestidos en cedro de veinte centímetros pintado de blanco y tenían techos de tejas color verde oscuro. Las ventanas de ambos pisos estaban alineadas y separadas tres metros entre sí. Eran las estructuras que se usaban como dormitorios para los que acudían al retiro.

Uno de los edificios había funcionado como hospital durante la Guerra Civil. Era similar a los otros, aunque unos seis metros más ancho. Ahora albergaba la cocina principal, varias salas de reuniones y zonas de encuentro con vestíbulos de ventanas inmensas, y era también un excelente lugar para sentarse y mirar afuera, observar las hermosas laderas de las montañas, las hojas color de otoño y los animales que pasaban por allí. La zona de retiro estaba en medio de las colinas del Sur de Virginia, rodeada al Oeste y al Sur por la Cordillera Azul. Podía escuchar el sonido de los vehículos que descendían despacio por los caminos bordeados de piedra alejándose del centro de retiro.

Sin salir de mi coche, concentrado en una colina cercana, comencé a canalizar. Perdí todo sentido de la realidad. Veía la guerra en mi espíritu, y batallas por todas partes a mi alrededor. Era testigo de las luchas entre espíritus sobrenaturales. Sus cuerpos eran indefinidos, como imágenes oscuras y luminosas. Sabía lo que esto significaba. La violencia iba en aumento.

En ese momento me sorprendió un fuerte ruido. Bill estaba golpeando la puerta y mirándome a través de la ventanilla del conductor, intentando saber si me encontraba bien. Abrí la puerta y lo saludé.

Bajé del camión sintiéndome algo mareado y lo seguí hasta un pequeño edificio donde los rezos y la ceremonia religiosa habían comenzado. Estaban presentes unos cincuenta hombres. Entré con

Bill, siguiéndolo como un cordero. Aunque estaba muy nervioso no dejé de seguirlo hasta que encontramos un lugar entre otros hombres.

Desde que recuerdo, y posiblemente desde mi infancia, tengo una visión recurrente en ciertos momentos de mi vida. Me veo a mí mismo en la base de cuero de una resortera. Las tiras están tensadas al máximo. Tengo los ojos cerrados. El lugar de donde voy a ser expulsado es muy caótico, y me siento solo y nervioso. Puedo ser lanzado en cualquier momento a través del marco de la resortera. Una vez que haya pasado por ahí estaré a salvo, en dirección a alguna misión desconocida.

No tenía idea de cómo hacer para que se soltara la tensión que me mantenía en la resortera. Sentía como si siempre me hubiera encontrado en esa posición. Estar en esa resortera me era algo familiar, casi como estar en casa. Pero sabía que si cruzaba el espacio del marco, me liberaría de lo que me tenía atado desde hacía tanto tiempo.

Al ver a aquellos hombres rezar y alabar a Dios, mi cabeza no paraba de funcionar. *¿Hay alguna forma de salir o estoy atrapado para siempre en este lugar oscuro? ¿Por qué llevo esta vida oscura? ¿Cómo terminé aquí? ¿Puedo resistirme y que me dejen ir? ¿Puedo luchar? ¿Alguien podrá ayudarme a escapar de esta vida maligna? ¿Alguien tiene la fuerza para luchar en mi lugar? ¿Alguien sabe cómo ayudarme?*

Miré a Bill. Cantaba y aplaudía con una gran sonrisa en el rostro mientras otros dos hombres guiaban la oración y tocaban sus guitarras acústicas. Me lanzó una mirada y gritó: «¡Aleluya!». Pensé en irme, pero me quedé donde estaba y cerré los ojos.

A medida que pasaba el tiempo me iba sintiendo más cómodo. Sentía curiosidad por saber cómo me liberaría de la batalla que arreciaba en mi interior: era la primera vez que me sentía aliviado dentro de una iglesia. Entonces me di cuenta: *Un momento, estoy rezando y alabando a Dios, y por primera vez me siento bien y no estoy ni nervioso ni ansioso ni enojado. ¿Qué está pasando?, ¿por qué aquí?,*

¿por qué ahora? Sentí como si me quitaran un peso de los hombros. Las ideas se me aclararon. Era como si pudiera respirar mejor; sentía el pecho más ligero.

Pero la oscuridad no iba a soltarme tan fácil. En cuestión de minutos, tuve la necesidad imperiosa de irme. Me sentía ansioso y desgarrado por dentro. El estómago se me contrajo en un poderoso espasmo. Crucé la puerta para salir y me apoyé contra el edificio intentando dominar los incontables pensamientos que me agobiaban. Me preguntaba si alguna vez podría ser como aquellos hombres, si alguna vez de verdad saldría disparado de la resortera y viviría al fin sin miedo. Deseaba lo que ellos poseían, pero no sabía cómo obtenerlo.

Sin importar cuánto quisiera liberarme, el pasado me pesaba, había demasiada maldad y demasiado dolor para simplemente dejarlos atrás y ser como ellos. La confianza que les transmitía era sólo un mecanismo de defensa para desviar sus posibles intentos de indagar en mi vida y saber quién era realmente. Nadie entendía dónde había estado y dónde me encontraba.

No confiaba en nadie, y aun menos en su Dios. Siempre había llevado la guardia alta. Siempre sospechaba de los verdaderos motivos de los demás. La paranoia era una constante. Es cierto, de vez en cuando había algún descanso, pero no era más que un animal acorralado buscando una ruta de escape.

Tras el servicio religioso, me metí en mi camión.

Exhausto por la batalla espiritual, me quedé en el camión con música sonando de fondo. Me invitaron a dormir en una de las habitaciones con otros hombres, pero me negué. Mi camión era un lugar cálido y seguro para mí. Allí adentro, yo tenía el control.

A la mañana siguiente me desperté y miré por la ventanilla. Había olvidado dónde estaba. El rocío cubría todo el pasto, y una niebla baja cubría los flancos de las montañas. Los árboles se mecían suavemente con el viento del Este que acariciaba la región. El aire frío me golpeó cuando salí de la cabina. El sol todavía estaba bajo en el horizonte, abriéndose camino en la oscuridad.

Me dirigí a uno de los edificios más pequeños a usar el baño. En el aire flotaba el olor del tocino cociéndose. Los hombres caminaban para hacer ejercicio y conversar tras una larga noche de sueño. Algunos leían los periódicos en los pequeños porches de las habitaciones donde dormían. Muchos me saludaron al pasar. El lugar era pacífico. Comenzaba a sentirme cómodo, ya no sentía la presión de la noche anterior. Aunque había sido una noche tranquilizadora en más de un sentido, también había sido conflictiva: me sentía desgarrado entre dos mundos totalmente diferentes.

Al salir del baño exterior, uno de los amigos de Bill se detuvo para saludarme y me dijo que estaba contento de que estuviera allí con ellos. Poco después, uno de los cocineros asomó la cabeza por la puerta de la cocina y nos invitó a ser parte del primer grupo del desayuno. Bob y yo entramos juntos al comedor y desayunamos. Tuvimos una conversación ligera sobre la vida, las relaciones y el fútbol universitario.

Después del desayuno, decidí regresar a la carretera para continuar con mi trabajo. Preferí no quedarme al servicio religioso. Aunque era un lugar pacífico, también dejaba al descubierto dónde se encontraba entonces mi vida espiritual: entre dos mundos. Me sentía dividido entre dos extremos y no sabía hacia cuál dirigirme. No quería quedar atrapado en la red oscura de Satán, pero tampoco me sentía capaz de llevar una vida acorde con la verdadera fe cristiana. Caminaba apenas estable sobre una cuerda muy floja y no dejaba de balancearme. No conseguía mantener el equilibrio. Sabía que me faltaba algo, pero no sabía qué. Estaba atrapado en esa cuerda floja espiritual, sobre una gran audiencia de testigos y sin una red que pudiera detener mi caída.

A media mañana, ya lejos del centro de retiro, me encontraba en marcha otra vez. Tomé dirección Sur y seguí con mi apretada agenda. Había tomado nuevos encargos mientras estaba en la carretera y tenía unos sesenta trabajos a lo largo del camino de regreso a Oklahoma. Tardaría un par de semanas en llegar.

Al cabo de tres días ya me había detenido en Pennsylvania y el Norte de Maryland, y completado los sesenta trabajos camino a Ohio. El tiempo tras el volante me dejó varios momentos para reflexionar sobre el tiempo pasado el anterior fin de semana y la vida que había llevado durante los últimos veinte años. La paz momentánea que me invadió en el retiro se fue apagando poco a poco. Volví a sentirme igual que siempre, y me hundí en mis pensamientos, en mi estilo de vida conocido y en los espíritus oscuros que me eran tan familiares. No estaba seguro del porqué, pero no me sentí «castigado» por colaborar con «el otro lado». No me sucedió nada más allá de dejar pasar lo que había sucedido el fin de semana como una simple casualidad.

A medida que los recuerdos del fin de semana y de aquellos hombres se fueron difuminando, lo hizo también la chispa de esperanza que por un momento había sentido: podía tener una vida normal. Pero no, yo era diferente, y ya había elegido mi camino.

•

Era miércoles por la noche, y una vez más me sentí impulsado a cumplir con mi histórica misión de perturbar algún servicio religioso de una iglesia y distribuir biblias satánicas. Era como si otra fuerza tomara el volante de mi camión. Sentado en la cabina, miré por la ventanilla para descubrir que me encontraba en el estacionamiento de una iglesia baptista de medio tamaño (era uno de mis grupos favoritos para molestar).

Llevaba tres biblias satánicas conmigo. Me las guardé bajo la sudadera y salí del camión. Las personas se dirigían a la iglesia para el comienzo del servicio religioso. Varios me miraron y me saludaron. Yo no había dormido mucho en los últimos días y estaba sin afeitar. No tenía buena pinta. Me dirigí a las puertas de la iglesia y me detuve antes de entrar. Miré a través de la puerta y vi muchas caras sonrientes. Escuché a la congregación cantar una canción sobre una «sólida cruz». No me gustaba esa canción.

Junté todas mis fuerzas y conseguí resistir ante mi misión de distribuir las biblias satánicas. Bajé las escaleras de la iglesia y regresé a mi camión.

Me senté en la cabina y de inmediato me atacó un fuerte dolor de cabeza. Comencé a sudar y me sentía muy ansioso. Arranqué el motor, y sin mover el vehículo cerré los ojos y me puse a pensar en los hombres que conocí en el retiro unos días atrás. Pensé en su forma de comportarse, en su amabilidad, su gentileza y su amor. Mientras más pensaba, más intensa se volvía la batalla en mi interior. Luché contra mis impulsos probablemente por primera vez en mi vida. Al bajar la vista noté que tenía un pequeño corte en mi muñeca derecha y que estaba sangrando.

Con la sangre brotando de mi muñeca, salí del camión con las biblias en la mano. Algunas de sus páginas estaban manchadas con gotas de mi sangre. Saqué un cigarrillo del bolso de mi camisa y lo encendí en mi camino hacia la parte trasera de la iglesia. Me senté, oculto a la vista de los demás, en el estacionamiento trasero del edificio. Lanzando una mirada a la noche, saqué el encendedor de mi bolsillo y prendí fuego a la esquina de una de las biblias. Coloqué el resto de las biblias sobre la que había encendido y me fui caminando.

Al regresar de nuevo al camión me sentía físicamente enfermo. Sudaba a mares. Me quité la camisa y la arrojé al suelo, y el aire helado enfrió mi cuerpo y penetró en mi piel. Me senté junto al camión, incliné la cabeza hacia atrás y miré el cielo estrellado, intentando recobrar la compostura. Vomité violentamente dos veces. Tomé mi camisa, me limpié la boca con ella, arranqué el camión y me fui de allí.

Conduje un par de horas por el Norte de Ohio y me detuve en una parada de camiones. La noche era muy hostil para permitirme dormir. Intenté descansar, pero no podía conciliar el sueño, plagado de pesadillas y sudores fríos. Con el paso de las horas me fui sintiendo incómodo. Una vez más me había revelado contra mis instintos, y ahora estaba pagando un alto precio.

Salí del camión a las tres de la mañana y me dirigí a una hamburguesería Denny's cercana. La temperatura rondaba los cero grados, y yo iba con un pantalón de mezclilla y sólo una camiseta para protegerme del frío. No sentía nada, e insistí a la camarera para que me dejara sentar en la terraza. Me senté a tomar un café en las horas previas al amanecer. Miraba el cielo oscuro deseando con todas mis fuerzas que mi vida pudiera cambiar. Me sentía físicamente cansado y emocionalmente exhausto.

Seguí trabajando en Ohio por los siguientes tres días. El resto del viaje fue más apagado que el inicio o que cualquier otro viaje que haya hecho. Estaba más bajo control, y menos propenso a crear el caos en algún lado. Es difícil de explicar, pero sentí algo que nunca había tenido.

Al día siguiente de mi regreso, estaba en la oficina, asolado por mis pensamientos. Mi negocio estaba patas arriba. Mi relación con Maggie había terminado. Todavía vivíamos juntos, pero sólo por cuestiones financieras. Aquel día fue todo un desafío: tuve que despedir a dos empleados por falta de trabajo, los números de la compañía estaban en rojo mes a mes, y todo indicaba que en pocas semanas el negocio debería cerrar definitivamente sus puertas. En ese momento entró una llamada del hombre a quien alquilaba el edificio de oficinas, exigiendo que le pagara de inmediato. Llevábamos un retraso de dos meses en la renta. Terminé mi conversación con el propietario y me fui a casa.

Cuando llegué, Maggie estaba en su escritorio al teléfono con un amigo. Asomé la cabeza para saludar y ella devolvió el gesto. Fui hasta el patio trasero a barrer unas hojas y hacer otras tareas. Mi cuerpo estaba en el patio haciendo labores físicas, pero mi mente estaba muy lejos de allí.

Recordaba los momentos familiares en esta casa: los momentos divertidos, los malignos y los intermedios. Eran muchos recuerdos, llevábamos seis años viviendo allí. Sentí en mi interior que llevaba mucho tiempo danzando en la cornisa. Había estado bailando, y ahora era tiempo de pagar al violinista.

Hundido en mis pensamientos y con el espíritu desgarrado, me sentía aplastado y enfermo a causa de la preocupación. Mis niveles de ansiedad eran elevados. No sabía cómo hacer para continuar un día más. No veía ninguna esperanza de solución frente a los problemas que se me acumulaban. El demonio mismo estaba en mi vida diciéndome «es la hora». No era una voz como la que había oído cuando estaba en la ambulancia, aquella estaba llena de paz. Ésta, en cambio, me era muy familiar. Era un tono conocido, grave y seductor. Era capaz de inspirar miedo, verdadero terror. Sentí que mi señor estaba conmigo, que no tenía escapatoria. La desesperanza invadió mi espíritu.

Maggie colgó el teléfono y se me acercó con una pregunta que debió haber hecho mucho antes, una pregunta que dividía el reino espiritual. Despedía un aura de resolución y finalidad. Quizá incluso ya sabía lo que yo iba a responder, y había preparado sus actos ante mi eventual respuesta.

—Mike, necesito preguntarte algo. Quiero que lo pienses bien antes de responder. Pero primero quiero decirte que siempre te quise. Me preocupo por ti, sólo quiero que lo sepas. Necesitas pensar bien antes de responder.

—Oh, no —dije—. No importa lo que responda, ya sé que mi vida está a punto de cambiar.

Simplemente me miró. Sabía que ella estaba sufriendo mucho. Llevaba una pesada carga espiritual.

—¿Jesucristo es tu Señor? —preguntó por fin—. ¿Puedes profesar su nombre y afirmar que Él es tu salvador?

Sabía lo que debía responder para tranquilizarla. Sabía lo que tenía que decir. Sabía también que las consecuencias de mi respuesta afectarían por completo mi existencia. Mi mente pasó por cada uno de los posibles escenarios a partir de cada una de mis posibles respuestas. Rápidamente pensé en cómo podría manipular la situación, cómo evitar el asunto sin ser obligado a mostrar el pozo sin fondo de mis pensamientos y mi vida. Llevábamos doce años juntos… ¿Por qué tenía que preguntar esto ahora?

Recorrí todas las posibilidades antes de responder. Pero de mi boca surgió la única respuesta de la que era capaz:

—No.

La honestidad de mi respuesta me sorprendió incluso a mí. Su pregunta cargaba con el peso de la palabra. La respuesta divide pueblos, crea guerras, y en muchos casos, lleva a la muerte. Mi respuesta era verdadera. ¿Por qué no elegí mentir? No estoy seguro. Mi Padre era el padre de las mentiras, pero ya no estaba en mi corazón, y era un alivio no tener que esconderlo más.

Su respuesta fue cándida:

—Los niños y yo vamos a mudarnos —dijo.

Maggie ya había encontrado una casa de su agrado. Yo la había acompañado a ver casas en las últimas semanas. Sabía que debíamos mudarnos porque estábamos atrasados con los pagos de la casa, aunque por entonces pensaba que nos mudaríamos juntos. Pero ella tenía otras ideas. No importaba cómo terminara todo. Simplemente le dije que la ayudaría con gusto en su mudanza y la de los niños.

•

Durante el mes siguiente, ayudé a Maggie a preparar la casa que había comprado. Era una casa bonita, en un barrio agradable de la ciudad. Necesitaba bastante trabajo para estar lista para mudarse. Había que pintar y hacer la instalación eléctrica antes de traer los muebles. También se necesitaban arreglos básicos de carpintería, e instalé un sistema de seguridad y vigilancia. Instalé la red de computadoras de la casa y puertas nuevas.

Nos tomó una semana mudar las pertenencias de Maggie y los niños. Todos los muebles, cuadros, accesorios y signos de vida se fueron de la casa en la que habíamos vivido juntos. Estaba solo. En la que había sido nuestra habitación, sólo quedaba un colchón en el piso. La casa estaba carente de vida y amor, fría y vacía: era una enorme pérdida física y emocional. El recubrimiento espiritual que había perdurado gracias a las plegarias y la presencia de Maggie ya no estaba. La propiedad era totalmente vulnerable a las fuerzas invisibles que esperaban para surgir de sus cimientos.

Con cada día que permanecía allí, la batalla espiritual se intensificaba. Las noches estaban llenas de terror y carentes de sueño. Los días, repletos de desilusión y trabajo duro. No sólo estaba a punto de ser embargado, también había sido obligado a dejar mis oficinas por falta de dinero con que pagar la renta. Mi mundo se derrumbaba a mi alrededor. Durante tres semanas estuve vaciando el depósito y las oficinas y guardando todo en unas unidades de almacenamiento. Lo que quedaba en la casa y la oficina no merecía ser movido, pero era todo lo que me quedaba. A esa altura no me importaba mucho, puesto que me estaba preparando para el final de mi vida.

Una noche me sentía tan cansado que no sabía cuánto más podría resistir frente a la presión a la que me enfrentaba en mi vida. Eran las once, y decidí apagar las luces y recostarme. Unos veinte minutos más tarde escuché un ruido en la cocina. Sonaba como si alguien estuviera tosiendo. Entonces oí varias voces conversando. No podía distinguir lo que decían, porque hablaban en susurros. Me quedé inmóvil en la oscuridad intentando determinar quiénes eran y por qué estaban en la casa. Supuse que sería Maggie o uno de los chicos comprobando que todo estuviera bien.

Inmóvil sobre el colchón, sentía un gran peso sobre mi cuerpo, como si una persona de gran tamaño estuviera sentada encima de mí. Apenas podía respirar, y cada bocanada era un suplicio. Apenas y podía mover mi mano derecha, y sólo podía dirigir la mirada en dirección a mis pies. Tomé el teléfono y comencé a escribir un mensaje de texto a la última persona con quien había hablado: Chris Spradlin, el pastor de LifeChurch de Oklahoma. Le escribí diciendo que necesitaba ayuda en mi casa, y fue todo lo que pude poner antes de que la presión sobre mi cuerpo se hiciera insoportable. Me respondió diciendo que llegaría en treinta minutos. Sería la media hora más larga de mi vida.

Justo cuando pensaba que no podía ser peor, así fue. Escuché las pisadas de varias personas acercándose por el largo pasillo. Cada paso era deliberadamente lento. El suelo de madera crujía bajo su peso, y sonaba como si un batallón de soldados marchara hacia el dormitorio. No podía moverme. Los ruidos se intensificaron con cantos graves que acompañaban a los pasos. Nunca antes había tenido tanto miedo. Los cantos en el salón se hacían más fuertes a medida que los pasos se acercaban a la habitación.

Inmovilizado como estaba, no podía mirar a mi alrededor. La presión sobre mí todavía se sentía, pero era más leve y me permitía respirar. Oí los pasos, en la madera, apagarse en cuanto pasaron a la alfombra de la habitación. Poco a poco avanzaban hacia el colchón, en el punto más alejado del dormitorio. Se acercaban con un ritmo sostenido. Tenía los ojos completamente abiertos cuando escuché los cantos detenerse. No podía mirar detrás de mí, pero sentí un suave golpe en el colchón sobre mi cabeza. Me quedé sin aliento e incapaz de respirar.

Lo único que interrumpía al silencio era el ruido de la madera quemándose en la chimenea. Las llamas bailaban violentamente, y una ráfaga de viento entró en la habitación. Con el rabillo del ojo pude distinguir a dos mapaches que observaban la escena desde el otro lado de la puerta que daba al patio. Un aire frío se abrió camino por mi boca, expandiendo mi pecho al entrar en mí. Era tan frío que me dejó una quemazón en la boca, la garganta y los pulmones. Llevaba días sin comer, y el estómago comenzó a hacerme ruidos. Tenía mucho frío. De pronto, escuché un fuerte golpe en la puerta, y sentí cómo la oscuridad abandonaba mi cuerpo, retrocediendo.

El peso se aligeró lo suficiente como para ponerme de pie. Salí a tropezones del dormitorio y conseguí llegar a la puerta de entrada. Allí estaban Chris Spradlin y Chris Beall (pastores de la iglesia), John Zeigler (oficial de policía y jefe de seguridad de la iglesia) y otro hombre al que no me presentaron. Supongo que estaría allí para brindar apoyo espiritual y rezar junto a ellos. Su presencia fue una gran satisfacción para mis ojos. Estaba exhausto, no tenía más fuerzas para luchar, y me sentía vacío por dentro.

—Entren —les dije.

—¿Qué sucede, Mike? —preguntó Chris Spradlin, el primero en entrar—. ¡Estás hecho un desastre!

Caminamos en silencio desde la entrada hasta la habitación principal. Debían sentirse muy extraños allí. Yo era incapaz de decir una sola palabra, ocupado como estaba en organizar mis ideas.

—Gracias por venir —dije.

Me senté en el suelo con la espalda apoyada en la pared, John Zeigler se apoyó en otra pared y Chris Spradlin y Chris Beall se sentaron junto a mí. El otro hombre quedó de pie junto a Zeigler.

—¿Qué ocurre, Mike? —preguntó Chris Spradlin tras un largo suspiro.

—No sé si puedo seguir así. Algunas de las cosas que acaban de suceder son increíbles.

—Mike, hombre, toda tu historia es increíble... —dijo Spradlin. Cuando alcé la mirada, vi a Chris Beall con los ojos cerrados y las palmas cerca del rostro, como si estuviera rezando.

—Te entiendo, pero es como si todo se estuviera amplificando —respondí.

—Bueno, ¿entonces qué fue lo que pasó? ¡Háblame!

—Escuché unos cantos que venían del salón y sonidos de pasos. Las pisadas se detuvieron cuando llegaron hasta el colchón en el que yo estaba acostado. Luego sentí un aire frío que entraba en mis pulmones. No podía moverme, sentía algo muy pesado sobre mí que me lo impedía. Quise cerrar los ojos y tampoco podía. No podía respirar, y fue entonces que ustedes llamaron a la puerta.

—Mike, nunca sentí algo tan pesado como lo que siento en esta casa —me dijo Chris Beall.

Zeigler y el otro hombre miraron con aprobación.

—Hombre, tenemos que rezar —propuso Chris Spradlin. Y después de rezar, me preguntó—: ¿Qué piensas hacer?

—No estoy seguro, pero toma —dije, alcanzándole la bala 9 mm que originariamente había destinado a Craig Groeschel.

Como el plan había fallado, estaba pensando usarla en mí. Con las manos temblorosas le entregué la que había bautizado como «la bala mágica», aquella sobre la que había hecho una marca meses antes de ponerla en el cargador de la pistola el día que pretendía asesinar a Craig.

—Así que es ésta, ¿eh? —dijo Chris Spradlin sosteniéndola en su mano y estudiándola de cerca.

—Sí —respondí, mirándolo a los ojos y asintiendo con la cabeza. Tras un momento de silencio en la habitación, Chris Beall intervino:

—Mike, me preocupa que te quedes aquí. Nunca sentí tanta pesadez y opresión como en este lugar, es absolutamente insoportable. Creo que deberías salir de aquí y nunca regresar. ¿Tienes algún lugar dónde dormir esta noche?

—Sí —respondí.

Chris Spradlin me miró preocupado y finalmente dijo:

—No puedo soportarlo más. ¿Qué habías dicho sobre que nos fuéramos de aquí?

Salimos todos de la habitación y caminamos por el pasillo hasta el garaje y fuera de la casa. Los cuatro avanzaban lo más rápido posible hacia sus coches. Chris Beall, que caminaba a mi lado, me preguntó:

—¿Tú también te vas, no? ¡Tienes que salir de aquí!

—Chris, si sus coches no taparan la salida del mío, ya me habría ido.

—¿Y tu ropa y tus cosas? —inquirió.

—Regresaré mañana durante el día para llevarme lo poco que me queda.

Mientras Chris Beall entraba en su camioneta, Chris Spradlin se dirigió a mí:

—Mike, sé que Dios lo tiene todo pensado, sólo tienes que aguantar y no rendirte.

—Lo intentaré —dije en un hilo de voz.

Cuando sus coches retrocedieron hasta la calle, yo me subí a mi camión y conduje justo detrás de ellos.

Lo sucedido esa noche me puso en guardia sobre el peligro en que me encontraba. Satán había exagerado su juego, y finalmente yo lo comprendía. Sabía que la oscuridad en la que me encontraba envuelto terminaría por atraparme, pero siempre había creído que contaba con la ventaja de poder manejar a quienes me manipulaban. Estaba equivocado. Satán me había hecho creer que yo era más rápido de mente, más inteligente y más certero que las autoridades y que quienes me rodeaban. Necesitaba ayuda, y la necesitaba cuanto antes.

Al día siguiente busqué lo poco que me quedaba en la casa. Nunca más volví.

capítulo 11

Sin lugar a dónde huir, sin lugar dónde esconderse

> Hoy pongo al cielo y a la tierra por testigos contra ti, de que te he dado a elegir entre la vida y la muerte, entre la bendición y la maldición. Elige, pues, la vida, para que vivan tú y tus descendientes
>
> Deuteronomio 30, 19

ABANDONÉ LA CASA DE OAK CREEK DRIVE y el caos que allí reinaba, y dos días después ya me había mudado a una casa propiedad de Maggie. Los antiguos ocupantes habían comprado otra casa y se habían mudado, por lo que los tiempos eran perfectos para mí. Era un tercio del tamaño de la casa de Oak Creek, pero era un lugar agradable y un techo bajo el cual dormir.

El barrio estaba principalmente habitado por jubilados y estudiantes de la cercana Universidad Central de Oklahoma. Parecía un lugar tranquilo donde vivir.

Mi hija Marisa vivía en su propia casa en un barrio cercano al que podía llegar caminando. Eso me brindaba la oportunidad de pasar tiempo con ella y mis dos nietas.

Creía que al haber dejado atrás la casa de Oak Creek, también desaparecerían las manifestaciones y cosas extrañas, pero la realidad fue que los ruidos nocturnos, las visitas y el terror continuaron.

Una noche estaba en la cama cuando escuché un ruido de conversación en la planta baja. Dejé el calor del lecho para ver si había dejado el televisor encendido en el salón. En las escaleras, comprobé a través de la barandilla que la televisión estaba apagada. Pero los ruidos de voces continuaban, por lo que fui a la habitación de visitas a investigar. Era evidente que las voces venían de allí. Sin embargo, no vi a nadie. Entré un poco más en la habitación, hasta el vestidor. El sonido provenía de allí, del interior.

Al abrir la puerta del vestidor me sorprendió ver a tres figuras descoloridas en uno de los rincones del vestidor, con ropas formales negras y corbatas rojas. En el acto supe que eran espíritus. Era la primera vez que los veía tomar esta forma: siempre se me habían aparecido como sombras parlantes, o simplemente sabía que estaban conmigo porque podía sentir su presencia. Durante los rituales, las sombras entraban en mi cuerpo. Conocía a gente que había visto demonios, y había leído sobre situaciones en las que aparecían, pero nunca se habían comunicado conmigo de esta manera. No necesitaba ver una forma física para saber que existían. Sabía que así era.

—No creo que pueda vernos —dijo uno de ellos.

—Creo que todavía tiene la capacidad —dijo otro.

El tercero sólo miraba y se rascaba la cabeza. *Están sucediendo demasiadas cosas en mi vida*, pensé. *Si me comunico con ellos podría abrir alguna puerta, lo mejor será dejarlo. Estoy harto de todo esto. ¿Por qué son tan atrevidos como para aparecerse así? Están viniendo por mí...*

Fingí que había entrado al vestidor en busca de un abrigo y elegí uno ignorando al trío. Salí del vestidor, cerré la puerta y no me detuve hasta salir de la habitación. Tenía los vellos de la nuca erizados. Salí de la casa en pijamas descalzo y llevando sólo el abrigo. Me sentía agotado.

Conduje sin rumbo por las calles. Me preguntaba qué hacían esos espíritus en mi vestidor. Seguí manejando por la ciudad hasta acomodarme un poco las ideas.

Al regresar a casa un par de horas más tarde, subí directamente a mi habitación y me metí en la cama tibia para dormir. No sucedió nada más aquella noche. Al despertarme, continué con mi día como si nada hubiera sucedido. Verán, era mi forma de manejar ciertas circunstancias de mi vida, incluso una tan extraordinaria. No era una batalla que fuera a librar en ese momento, al menos no en ese preciso momento. Por más extraño que hubiera sido, me habían pasado cosas aún más extrañas, por lo que podía permitirme pasarlo por alto.

En la casa la actividad de los espíritus oscuros continuó en ascenso y siguió manifestándose incluso físicamente. Yo no era el único residente del lugar. El incidente del vestidor no fue el único en el que me encontré con otros habitantes de la casa. Las noches estaban repletas de sonidos: sillas que se movían, las puertas del armario que se abrían y cerraban, corrientes de aire frío que soplaban a través de puertas cerradas que se abrían misteriosamente durante la noche. A veces me levantaba para investigar, pero cuando los eventos extraños se convirtieron en algo frecuente, simplemente comencé a ignorarlos y seguía durmiendo.

En algunas ocasiones me despertaba con un gran peso en el pecho, la cama moviéndose o porque algo me arrancaba de golpe las sábanas y las arrojaba al suelo. De vez en cuando alguna lámpara se encendía y se apagaba, la ducha se activaba sola o una puerta se abría de golpe. Por lo general intentaba ignorar la intrusión, pero cada tanto apagaba la ducha, desconectaba la lámpara o cerraba la puerta y me volvía a dormir. Mientras que en un pasado no muy lejano todo aquello me habría intrigado e invitado a comunicar con ellos, en este momento luchaba contra ese impulso y me decía que, si los ignoraba, se irían a otra parte. Terminé por acostumbrarme a su presencia y sus manifestaciones. También comprendí un par de cosas: no estamos solos en nuestras pequeñas biósferas, y nunca tenemos total privacidad. Algo o alguien siempre está espiando cada una de nuestras experiencias.

Tras años de buscar y experimentar proezas espirituales y cono-cimientos, terminé asumiendo que sólo somos espíritus de paso por esta Tierra. El mundo espiritual era algo real para mí, y a veces mucho más real que el mundo físico en el que vivía. Sabía con segu-ridad que el reino espiritual estaba más vivo y era más enérgico que el mundo en el que había nacido. Me decía que nosotros los huma-nos no somos mucho más que peces en una pecera que alguien (o algo) siempre está observando. Sólo que en nuestro caso, los espíri-tus interactúan más con nosotros de lo que lo hacemos con nues-tros peces dorados. Ellos pueden entrar en nuestro medio y cambiar nuestro camino.

•

A pesar del aumento de actividad demoniaca en mi casa (o quizá por esa razón), mi vida espiritual estaba cambiando. La oscuridad había perdido lustre. Ya no me sentía atraído por las tinieblas, ni deseaba su poder. Buscaba en cambio algo de alivio, con la esperanza de alcan-zar un poco de esa luz espiritual que había podido percibir en otros.

Con el pasar de los meses, se me fue haciendo costumbre acudir a los encuentros de LifeChurch. Era una cuestión de supervivencia. Mientras más inclinado a conocer a Dios me encontraba, más crecía la actividad espiritual en mi casa. Algo debía hacerse.

Comencé a pensar en el suicidio para terminar definitivamente con esa lucha, pero no podía estar seguro de que aquél fuera el fin.

Ése era el pensamiento predominante en mi existencia. Algunos se preguntarán si me asustaba la idea de un infierno, y la respuesta es: no. Había llegado a un punto en que la existencia o no del infierno era irrelevante para mí; no me importaba. Y de todas formas, las descripciones del infierno que había oído eran sólo historias para asustar a los niños. Me asustaba tanto con los tormentos y las visitas espirituales en mi vida real que ya no podía tenerle miedo a un lugar cuya existencia es hipotética.

A principios de noviembre de 2007, el descenso de las temperaturas trajo consigo el aumento en la intensidad de mi guerra interior. Seguía yendo a la iglesia cada domingo y al Grupo de los Hombres de Damasco cada lunes. También participaba de los grupos de lectura de la Biblia de los miércoles en casa de Kristie. Por dentro me sentía perdido, sin esperanza ni dirección, y seguro de poseer la única alma fuera del alcance de Dios. Era un alma desesperada, a la deriva en un mar de pecados imperdonables, perdida, abandonada y sin amor.

Las noches eran horribles, repletas de pesadillas y visiones de muerte. Dormía poco, y la fatiga, apoyada en una depresión crónica producto de un Dios aparentemente inalcanzable, me tenía consumido. Con el paso de las semanas mi depresión se fue profundizando, y llegó a un pico con la llegada de la Navidad. Llevaba tres semanas sin hacer un sólo trabajo de carpintería y por ende sin ingresos, pero después de todo, ¿para qué necesitaba dinero? Estaba cerca del final, y lo sabía. De hecho, decidí que aquella sería mi última Navidad. No podía durar mucho más.

Después de las vacaciones, me senté solo en un rincón oscuro de mi salón y una conexión espiritual me reveló que el 13 de enero sería el día de mi muerte. Al igual que se me había ordenado asesinar a Craig Groeschel, el mismo espíritu se me apareció por la noche y me anunció que debía morir el 13 de enero. Había fracasado en mi misión con Craig. Ahora, me llamaban de regreso para vivir eternamente en la oscuridad.

Tras recibir la nueva orden, todo lo que sentí fue alivio ante el pronto final de la batalla. Fuera bueno, malo o indiferente, me había hecho a la idea de que sin importar lo que me esperara, estaba listo. Ya tenía suficiente de esta penosa existencia, quería que terminara. Temía menos a una existencia en el infierno que a la vida infernal que vivía. No podía soportarlo más.

Tras asumir esto, mi estado de ánimo mejoró. Los días eran más fáciles, y comencé la cuenta regresiva para el 13 de enero. Sólo unos días más y sería libre, y este mundo y sus problemas quedarían en el recuerdo. No le conté a nadie mis planes.

En el mismo momento, mi buen amigo, consejero y mentor Bob Sanders estaba en una residencia para enfermos terminales atacado por el cáncer. Bob llevaba ya un tiempo hospitalizado y combatía contra su enfermedad desde hacía un año. Su influencia sobre mí en los últimos quince años había sido muy positiva. Sufría por él y por su familia, pero no sabía cómo reaccionar ante ellos.

Una noche fuimos con Maggie a visitarlo a la residencia. Su hijo más joven, Brian, también estaba allí, y conversamos con él un rato mientras Bob dormía. A estas alturas de su enfermedad, Bob no pasaba mucho tiempo despierto.

Entré solo en su habitación y me senté a su lado. Dormía, pero de todas formas le hablé. Y si hubiera podido gritar, lo habría hecho. Bob era alguien muy cercano a mí, y no quería que se fuera. Llevaba tanto tiempo controlando mis sentimientos y mis lágrimas que no pude llorar. Tenía el corazón endurecido por mi pasado, y no había llorado una sola vez en cuarenta y cinco años.

—Bob —le dije—, sé que estás dormido, pero quería decirte que he estado yendo a la iglesia. De verdad estoy buscando a Dios. También participo en un par de grupos de estudio de la Biblia, y deseo de todo corazón que Dios entre en mi vida. Aún no lo he encontrado, pero sigo insistiendo...

Seguí hablándole como si estuviera despierto y sentado en una silla frente a mí. Le conté lo mal que había estado, mis errores, y cómo deseaba ser perdonado. Le dije incluso que estaba pensando participar en un próximo retiro cristiano junto a los Hombres de Damasco, pero que tenía una duda: no sabía si sería capaz de mantenerme fuerte durante la inevitable batalla. Le dije que ojalá pudiera morir y terminar con todo esto, y que extrañaba nuestras conversaciones y los cafés que compartíamos. Sentí una punzada de dolor en el pecho al verlo allí tendido. No sabía cómo manejar el dolor. Recordé la muerte de mi papá y su funeral, y también me vinieron a la mente recuerdos de rupturas, del tiempo separado de mis hijos, de soledad y cosas por el estilo. No tenía idea de cómo manejar el dolor emocional, simplemente lo encerraba en un frasco y lo colocaba en el rincón más oscuro de mi mente.

Tras unos minutos de monólogo, me puse de pie para salir de la habitación.

—¿A dónde crees que vas? —Bob nunca abrió los ojos, pero comenzó a hablar y me dejó boquiabierto. Me dijo que no sólo sabía que estaba buscando con fuerza a Dios, sino que también sabía que iba a encontrarlo y a aceptar a Jesucristo como mi salvador. Lo dijo lleno de confianza, como si de verdad lo supiera, como si hubiera hablado con Dios y Él le hubiera confiado que todo iría bien para su amigo Michael. Finalmente, ya en un hilo de voz añadió—: Michael, sé que vas a encontrar al Señor. Sé que estarás bien. Y yo también.

Quise decirle algo, pero volvió a quedarse dormido. Dejé la habitación y, poco tiempo después, Bob murió.

Aunque en aquel entonces todavía era incapaz de dejar salir mis emociones, sabía que iba a extrañar a Bob. Iba a echar de menos nuestros encuentros en alguna mesa de café, donde conversábamos sobre cuestiones de la vida y la salud mental. No entendía del todo su fe y sus discursos sobre el amor y la gracia de Dios, pero sabía que se preocupaba por mí. Era más que un amigo, era el padrino que nunca tuve.

•

Llegó el domingo, y me encontré con Maggie en la iglesia. Seguimos nuestra rutina habitual: ella entró y yo me quedé en el vestíbulo. Craig comenzó su sermón. Ahora todo me era familiar: cuatro canciones, un video, un sermón en directo o grabado, llamadas a misa, otro video, despedida. Todo estaba coreografiado, perfeccionado mediante la prueba y el error. El objetivo era que los presentes que no pudieran ser «salvados» alzaran sus manos y aceptaran a Cristo en sus vidas como primer paso. Yo escuchaba el mensaje a través de las pantallas de televisión, aunque no me comprometía con él. Pero por primera vez mi mano casi se alzó involuntariamente, supongo que en un intento de autoconservación. Una parte de mí estaba lista para rendirse al control de Jesucristo, pero otra se rebelaba y se negaba a someterse.

Después del servicio regresé a mi casa y me quedé dormido. El día siguiente, mi último lunes sobre la Tierra, transcurrió sin sobresaltos, nublado y frío como correspondía. No tuve ni que salir de la cama. Me mantuve al calor del pesado edredón y me sumí en un sueño profundo y oscuro.

Cuando desperté eran las seis de la tarde. Había dormido otro día entero. Tras poner un poco en orden mis ideas, me di cuenta de que no faltaban más de cuarenta minutos para la reunión de los Hombres de Damasco. Pero yo no quería abandonar mi capullo. Llevaba allí tirado dos días, y no iba a levantarme para ir. De todas formas, ¿qué importancia podía tener?

capítulo 12

De la oscuridad a la luz

> Ahora, ponte en pie y escúchame. Me he
> aparecido a ti con el fin de designarte siervo
> y testigo de lo que has visto de mí y de lo que
> te voy a revelar. Te libraré de tu propio pueblo
> y de los gentiles. Te envío a estos para que
> les abras los ojos y se conviertan de las tinie-
> blas a la luz, y del poder de Satán a Dios
>
> Hechos 26, 16-18

UNA VEZ FIJADO EL 13 DE ENERO como día de mi partida, comencé a hacer un balance sobre el caos en que se había convertido mi vida. El negocio que había construido de la nada y en el que me había dejado el alma durante los últimos ocho años ya no existía. Mi relación de doce años con Maggie se había terminado. No había tenido ningún contacto con mi familia biológica (salvo mis hijos) en cuatro años. No tenía empleo y arrastraba problemas legales que agobiarían a cualquier abogado. Estaba quebrado, no tenía objetivos ni esperanzas, y, aparentemente, tampoco una razón para vivir. Había tocado fondo.

Escribí unas cartas de suicidio a mis hijos y otras personas. Estudié el mejor método para quitarme la vida. Una bala en la sien parecía una opción lógica y eficiente, pero luego de pensarlo un poco, la imagen de mis hijos traumatizados de pie frente a mis restos ensangrentados me llevó a reconsiderarla. *Listo*, pensé, *me voy a ahorcar*.

Imagino que la idea de mi cuerpo balanceándose bajo una suave brisa era mejor que la de yacer en un charco de sangre. Decidí entonces terminar mi vida colgando una cuerda con un nudo en la terraza del piso superior.

Regresé a casa luego de un pequeño trabajo de carpintería para una anciana que se congelaba en su hogar porque no había pagado la factura del gas. La temperatura de su casa bajó aún más gracias a la fría y palpable presencia espiritual que me rodeaba.

Por alguna razón, me pareció una buena idea limpiar mi casa antes de ahorcarme, así que me puse a hacerlo. Mientras ordenaba, aspiraba y quitaba el polvo comencé a sentir como si cada célula de mi cuerpo perdiera su fuerza. Me sentí hundido espiritualmente, la mente se me puso en blanco y no tenía energía.

Encontré una cuerda resistente de seis metros en el garaje, la llevé al primer piso y me subí en la cama. Con habilidad hice un nudo en la cuerda, salí a la terraza y me asomé sobre la barandilla, planificando la que sería la última semana de mi vida. Estábamos a seis de enero, y la noche era fría y extrañamente tranquila.

Con espíritu compungido, pensé en lo que había sido mi vida. Vi a un niño pequeño jugando solo en el parque bajo el sol de California. Incluso entonces el niño no comprendía su lugar en el mundo, y se sentía asustado, abandonado e inseguro. Después fue el turno de un hombre que fracasó como esposo y como padre, un hombre que se cerraba a sus emociones y tenía miedo de amar. Un hombre que no tenía amigos íntimos y estaba solo y aislado, temeroso de enfrentar el futuro. Estas visiones me limpiaron como lo hacen las lágrimas. Recordé las palabras de Bob Sanders en su lecho de muerte. *Lo siento, Bob, pero parece que al final no puedo ser salvado.*

Até un cabo de la cuerda a la base de un pilar de un metro de ancho e hice varios nudos para asegurarla. Dejé caer la cuerda por la terraza y comprobé la extensión. Era demasiado larga, caería al suelo antes de romperme el cuello. La desanudé y la volví a atar. Ahora sí, perfecto. El momento se acercaba. Estaba listo para terminar con el dolor, la vergüenza y el sufrimiento. El alivio estaba en camino. Sólo una semana más, y terminaría mi calvario.

·

La noche del 11 de enero, yo estaba en la cocina haciendo *waffles* cuando sonó el teléfono. Era Darius, que llamaba para invitarme a un encuentro del grupo de Hombres de Damasco el fin de semana. Me hablaba con sinceridad, y en otro momento me habría convencido de ir, pero no tenía ninguna intención de pasar mi último fin de semana sobre esta Tierra atrapado en una cabaña con un grupo de enamorados de Dios, sensibles y proclives al contacto.

Las tareas cotidianas, como cocinar o limpiar, eran en cierto sentido relajantes tras mi autoimpuesta sentencia de muerte. Mientras revolvía o frotaba, cualquier miedo persistente se disolvía en una nube de tareas mundanas y ya sin sentido.

Cocinaba cada vez más, pero no comía. Simplemente me mantenía ocupado, y cocinar era una manera de pasar el tiempo. También era el discreto síntoma de un problema serio: quería aislarme, no quería interactuar con los demás. Lo que fuera que me esperara después del 13 de enero tenía que ser mejor que esta falsa vida sin esperanza y repleta de dolor. Quería que se terminara, así que seguí matando el tiempo hasta que pudiera matarme.

Cuando el teléfono sonó, yo estaba limpiando la casa.

—¿Mike, qué haces? —preguntó Maggie.

—Nada especial, estoy limpiando.

—¿No vas a ir al retiro? Era este fin de semana, ¿verdad?

—No, no creo. Tengo otros planes. Tampoco tengo gasolina ni dinero para llenar el tanque. Además, ¿Qué tengo que hacer yo ahí? No tengo nada que ver con esos tipos.

—Mike, escúchame. Es importante. ¡Tienes que ir, creo que este es un fin de semana crucial para ti! —Maggie podía sentir mi espiral descendente y sabía que mi posición era comprometida.

Insistió en que fuera a verla para que habláramos cara a cara, y accedí a pasar sólo un momento. Entonces salí de mi casa dejando la preparación de la comida a la mitad y fuera de la nevera, el horno encendido y la puerta abierta. Era como un zombi, consumido por la depresión.

A mitad de camino hacia casa de Maggie, me quedé sin gasolina. Salí por un camino cercano a la armería de la Guardia Nacional y el camión se detuvo con un último estertor. Sin sentir nada, observé la noche: ni rabia, ni frustración, sólo insensibilidad. Mi voluntad de luchar había desaparecido, me di por vencido. En ese instante sonó mi teléfono. Era Maggie. Le conté lo que había pasado y pronto apareció con una lata de gasolina. Estaba de un sorprendente buen humor, y entregándome la lata me recordó lo positiva que sería para mí la experiencia del retiro. Sonrió y regresó al calor de su coche. La observé a través de su ventanilla mientras cargaba la gasolina en el camión. Mi ánimo se hundió aún más.

Entonces vi que Maggie intentaba decirme algo:

—¡Ve, ve! —decía con énfasis. A pesar de su insistencia, no pensaba ir.

Como si el destino lo hubiera decidido, el camión no arrancó en seguida, y Maggie tuvo más tiempo para seguir diciéndome que fuera. Para cuando por fin lo conseguí, ya me había convencido de conducir los treinta kilómetros en dirección norte que me separaban del lugar del retiro. Acepté en parte para que se callara, pero también por el tanque lleno que me pagaría en la próxima gasolinera. En cuanto el tanque estuvo lleno pasé por mi casa a buscar algunas cosas para el retiro, con Maggie siguiéndome los pasos. Apagó el horno y puso en orden la cocina mientras yo hice mis maletas. Estoy seguro que, tras doce años juntos, Maggie podía sentir la fuerza de mi depresión. Me preguntó un par de veces si pensaba en quitarme la vida, y le respondí que no. Sin embargo, creo que ella sabía que no era cierto.

Una vez en la carretera, tuve que detenerme algunas veces para revisar mi decisión. Ya era tarde, estaba cansado, me dolía la cabeza y la espalda y la idea de estar atrapado todo el fin de semana con un grupo de tipos que lo único que querían era «abrirse» junto a mí cada vez me provocaba más náuseas. Con el domingo 13 de enero a la vuelta de la esquina, pasar el viernes y el sábado con los chicos del coro parecía una pérdida de tiempo. ¿Acaso debía tomarme en serio todo este rollo de camaradería cristiana? ¡Todas estas tonterías de palmearse la espalda y decir «te quiero, hermano» jugaban algún rol en la tragedia de mi vida? Porque si no era una puesta en escena, no entendía de dónde podían salir todas esas emociones, ¿qué puede llevar a hombres grandes a actuar de esa manera?

Pensé en la ironía de mi situación y apenas pude contener una sonrisa burlona. Si alguno de esos tipos descubría una mínima parte de las cosas que yo había hecho, seguramente todos saldrían corriendo al verme. ¿Cómo podrían comprenderme? No conocían la cloaca espiritual en la que llevaba casi toda mi vida nadando. ¿Qué podrían decirle a alguien que hizo un pacto de sangre con el demonio? ¡Que intenten uno de sus «te entiendo, hermano» con eso! Todos estos cristianos empalagosos, bañados en su pureza total e impermeables a las cosas oscuras de este mundo, eran incapaces de ver las horrendas cicatrices que el demonio mismo había dejado en mi cuerpo.

No sabían que había entregado mi alma a Satán y que mi propio día con Satán llegaría ese domingo. Me imaginé diciéndoles *Hola, me llamo Mike, soy satanista y pienso suicidarme pasado mañana*. Así es como se rompe el hielo. Aquellos pensamientos curiosamente me relajaban y me aportaban confianza mientras conducía.

El lugar del retiro estaba rodeado por doscientas sesenta hectáreas de bosque, a pocos kilómetros de una carretera al Este de Guthrie, Oklahoma. Cerca de allí, el camión comenzó a toser como si el tanque estuviera vacío. ¿Sólo treinta kilómetros con setenta y cinco litros de gasolina? Me detuve a un costado de la carretera y me quedé sentado en el camión, sin querer avanzar. Cuando me estaba quedando dormido una voz me sacudió desde la ventanilla del acompañante:

—¡Hola, hombre, que bueno que viniste! —me dijo Darius con una gran sonrisa.

—Ah, hola —respondí, con la cabeza y las manos en el volante. Cerré los ojos y deseé estar en otro lugar, pero cuando volví a abrirlos, Darius seguía allí mirándome, resplandeciente. Creo que comprendió que frente a él había un hombre derrotado y quebrado, y con sabiduría eligió no presionar.

—Escucha, estamos todos dentro, pasando el rato. Puedes entrar cuando estés listo, todo el mundo estará muy contento de verte.

Sus palabras lastimaban mis oídos, pero por supuesto, sus intenciones eran buenas. Me quedé en el camión, aferrado al volante. Respiré profundamente e intenté despejar la neblina de mi cabeza. De alguna manera conseguí decidirme a salir y dirigirme a la cabaña. Un grupo de hombres en vaqueros y zapatos deportivos me recibieron con los clásicos «Hola» y «¿Qué tal?». Estaban todos amontonados cerca de un televisor, mirando una película. El día había sido muy largo, sólo quería meterme en una cama.

—Hola Mike —me dijo el líder del grupo— tienes que acompañarnos a la ciudad. Vamos a ir a la iglesia a jugar a los quemados, gastar un poco de energías y dar una vuelta por ahí. Será divertido.

Lo siguiente que recuerdo es que estaba en una vagoneta con ocho tipos que intentaban hablarme. No tenía nada que decir, así que me quedé sentado e intentando encerrarme tras una pesada puerta.

En el gimnasio de la iglesia me quedé observando a los ocho correr como niños, riendo y jugando. No podía soportar toda esa diversión carente de culpas, me ponía furioso. Lo último que quería era socializar, y su idea de diversión me resultaba incomprensible. *Después de todo, ¿qué es «divertirse»?*, me pregunté.

Me mantuve ocupado llenando un cuestionario psicológico-espiritual que me pasó Jim Kimbrough: era un documento de quince páginas que planteaba todas las preguntas clásicas sobre qué había hecho en la vida, dónde me encontraba espiritualmente y en qué creía. Me había hecho amigo de Jim desde que nos conocimos en un grupo de estudio de la Biblia cuando vivía en la calle Abilene. A pesar de que había intentado desbaratar su grupo, Jim siguió siendo mi amigo. Por más increíble que suene, seguía intentando mostrarme el amor de Dios. Me había dado el cuestionario hacía unas semanas y lo tenía guardado en el camión, por lo que me lo llevé al gimnasio.

El cuestionario me mantuvo ocupado durante la siguiente hora, mientras los demás seguían saltando y jugando sus juegos. Los observaba desde una fría distancia. *Voy a llenar su cuestionario y a escucharlos martillear sobre su Dios, pero sé lo que me espera, y nadie podrá detenerlo.* Su alegría me parecía la cosa más lejana del mundo. *¡Qué pérdida de tiempo!*

De regreso a la cabaña, la mayoría continuó «hermanando». Encontré varios colchones en el suelo de una habitación en el sótano, tomé uno y me tiré a descansar. Varias veces, algunos de los hombres vinieron a hablarme, pero yo les pedía que me dejaran tranquilo o directamente los ignoraba.

Estoy seguro de no ser el primero en comportarse mal en un encuentro de la iglesia, pero sin dudas era el caso más difícil al que estos hombres se habían enfrentado. A pesar de mi pésimo humor y de mi reserva, ellos sólo me ofrecían su amabilidad a cambio. Me pregunté si debía sentirme avergonzado.

Mi sueño fue precario, a veces marcado por una sensación de terror, a veces tan sólo agitado e intermitente. Hice rechinar los dientes con tanta fuerza que me rompí uno. En un momento abrí los ojos y me quedé mirando al techo con la mente en blanco. Esperé el amanecer entre ronquidos, chasquidos de lengua, gruñidos y vueltas en la cama. Me sentía asqueado.

Me levanté a las cuatro de la mañana y salí de la cabaña. El frío cortante del aire invernal fue refrescante tras estar encerrado en esa «cueva». Al cabo de una hora Lynn Seaton, el cocinero mentor sabio del grupo, hizo café y preparó el desayuno. La mayoría todavía dormía: muchos se habían quedado hasta tarde conversando, riendo, hermanándose y alabando a Dios.

En cuanto todos estuvieron listos, retomaron los estudios de la Biblia y las plegarias en donde las habían dejado. *¿Estos tipos no descansan nunca?*, pensé. Di una vuelta, tomé más café y me mantuve lo más lejos posible de ellos. Al cabo de unas horas, me dijeron que irían a un terreno cercano a jugar juegos de gladiadores. No podía imaginarme en un falso combate con uno de estos guerreros sagrados, así que rechacé la invitación. Cuando el último de ellos se alejó, me sentí aliviado al encontrarme solo de nuevo.

Comparado con lo que me costaba simpatizar con los «muchachos de Dios», la idea de estar solo en mi casa parecía mejor que un viaje a la Riviera francesa. Me sentía miserable, hundiéndome cada vez más. Decidí que era el momento de actuar. Me apuré a juntar mis cosas y corrí hasta mi camión. Esperaba que fuera una fuga fácil. Giré la llave de encendido.

—Por favor —rogué. Volví a intentarlo. Nada. Esperé y lo intenté otra vez. Mismo resultado. Le di un golpe de frustración al volante y estudié mis posibilidades. No pensaba pedir ayuda y tener que escuchar a uno de esos cristianos sabelotodo cantándome una canción sobre Jesucristo mientras me llevaba a buscar gasolina. ¿Cómo era posible que no tuviera gasolina? Estaba atrapado.

Caminé por los bosques que rodeaban la propiedad, maldiciendo y resoplando, y envié un mensaje de texto a Maggie que decía: «No estoy feliz». Aquel mensaje debe haber encendido las alarmas de su mente. En los doce años que habíamos pasado juntos, nunca había visto algo tan directo proveniente de mí. El mensaje era claro y simple, sin insultos, sin largas explicaciones ni dramatizaciones. Simplemente «no estoy feliz», lo que para ella era un claro llamado de auxilio. Ella respondió: «Sólo ven a casa e iremos esta noche a la iglesia».

¿Por qué haría una cosa así? No creía en Jesucristo, ni creía que hubiera alguna esperanza. Había luchado una guerra, y era la víctima. Estaba harto de la iglesia, harto de fingir. Estaba listo para rendirme.

Como estaba atrapado contra mi voluntad, cada minuto mi frustración crecía. Dentro de mí explotó una violenta ira. Fuera de control, daba patadas al aire y maldecía el día en que había nacido. En un estado que reconozco como de gran opresión satánica, me volví más peligroso e impredecible. Piensen en un hombre que ya se ha resignado a morir por su propia mano en menos de veinticuatro horas... ¿cuánto pueden importarle los demás?

Otra vez Satán me tenía aislado y retrayéndome, convencido de que mi vida siempre sería igual de desesperanzadora e irredimible. Creo de todo corazón que el inframundo estaba rebosante de alegría, sabiendo que el momento de mi partida, y de mi subsecuente llegada al infierno, estaba muy cerca.

Una ráfaga de aire frío matutino me arrancó de mi crisis y me despejó la cabeza lo suficiente como para pensar. Había escrito cartas de despedida para mi ex esposa, mis hijos y las hijas de Maggie. La única que me quedaba por escribir era para su hijo Andrew. Iba a ser difícil. Al igual que con todos los que cruzaron mi camino en esta vida, nunca llegué a conectar con Andrew. Era un niño genial al que le sucedían muchas cosas, pero era inalcanzable para mí. De alguna forma triste, creía que esta carta conseguiría unirnos y limpiar años de descuido emocional. Podía imaginarlo pensar *Al menos le importaba lo suficiente como para escribirme una carta.*

Tomé un cuaderno y un bolígrafo del camión (no crean que no intenté arrancar el camión una vez más porque lo hice. Y no, esta vez tampoco arrancó) y caminé hasta una colina cercana que dominaba un pintoresco valle. No era un mal lugar para escribir las últimas palabras de mi vida en esta Tierra.

Encontré un lugar en la pequeña colina y me tomé el tiempo de apreciar el paisaje. Los suaves rayos del sol de enero me entibiaban tras liberarse por una abertura entre las nubes blancas. Los pájaros gorjeaban desde las alturas. La presencia de la naturaleza consiguió calmar un poco mi mente preocupada. La ansiedad bajó, y paseé la mirada por la belleza que me rodeaba. Pensé en mi amigo y consejero Bob Sanders, que había perdido su batalla contra el cáncer hacía apenas tres semanas. Lo extrañaba.

Sin dejar de ser el mismo hombre enojado de siempre, sentí cómo mis ideas comenzaban a cambiar y conseguí pensar con una claridad a la que no estaba acostumbrado, sobre todo en los últimos días oscuros.

Pensé en Dios y en cómo había llegado a construir mi idea sobre Él. Yo creía que era bueno y malo a la vez, y lo culpaba de todas las cosas terribles que me habían sucedido en la vida.

Abrí el cuaderno y comencé a escribir:

11 de enero del 2008, 11:42 a. m.

Dios, imagino que estarás por aquí. Supongo que existes. Aunque hoy no estoy tan seguro. No te amo, y estoy bastante seguro de que NO CONFÍO EN TI.

Señor, donde quiera que estés, si estoy hablando con el lado bueno me vendría bien un poco de ayuda.

Creo en el lado oscuro porque es todo lo que he conocido. Creo en Satán porque he visto su rostro y su trabajo.

He sido cortado, me he cortado a mí mismo, me han matado y me he matado a mí mismo. Me han lastimado, y he lastimado a los demás.

Señor, si eres real, tienes que empezar a hablarme. Sabes que estoy listo para morir. Sólo me queda una carta que escribir a Andrew y ya está.

Te diré otra cosa si estás por ahí: ¡tus seguidores dan lástima! Mienten y son hipócritas. Pasan de citar la Biblia a fornicar en un momento. Hablan con tus palabras y se mienten entre sí. Van a la iglesia poco después de haber deseado a su vecino y de pecar. Dicen servirte, pero son esencialmente malvados. Profesan tu fe, pero sus ojos y sus corazones están consumidos por este mundo. Dios, te necesito ahora. Ayúdame.

Si existes, ayúdame ahora. He mentido y matado. He mentido y engañado. He lastimado a todos en mi vida, incluyéndote, si es que estás ahí.

Dios, me han herido, y tú no estabas allí. He llorado cada noche, y tú no estabas allí. Yo sólo era un niño, con mis bracitos, mis pecas y mi estúpida camiseta a rayas. ¿Por qué? ¿Por qué, Dios? Satán me recibió con los brazos abiertos. ¿Por qué tú no? Éste es el final, Dios, lo sabes. Ayúdame, ¿Dónde estás? Te necesito ahora, no mañana.

En cuanto terminé de escribir me invadió una súbita paz. El consuelo recorría mi cuerpo a pesar de la batalla espiritual en mi interior y calmaba la tormenta. Entonces parecieron esfumarse todas las ardillas, conejos y pájaros del bosque. El viento frío dejó de soplar y el cielo se fue difuminando. El camino por el que había llegado desapareció entre el paisaje, y en ese momento sentí algo que se acercaba a mí y que nunca antes había visto.

A mi izquierda se erguían figuras oscuras y sombrías, y a mi derecha y frente a mí veía unas imágenes grandes y blancas. Entre las figuras blancas y las oscuras comenzó lo que parecía una batalla, y el viento volvió a soplar en mis oídos. Durante aquel enfrentamiento espiritual, por momentos sentía una gran pesadez, y en otros paz y seguridad. Mi cuerpo se fundía en el entorno. Estaba consciente y alerta, pero no sentía mi cuerpo físico.

—Para, para, para, para… para —escuché una voz que hablaba en suspiros— ¿Qué es lo que deseas?

Sin emitir ningún sonido pregunté:

—¿Dios?

—Soy tu creador —respondió la voz.

Una sensación total de paz me limpió por dentro. Tomé el bolígrafo y el cuaderno, y empecé a escribir. Deslumbrado por las palabras que brotaban a través de mí, me sentía a salvo, seguro y protegido. En un instante volví a sentirme completo. Aquella sensación había tomado mis pedazos y me había vuelto a dar forma. Se me aceleró el pulso y respiraba más rápido, como un niño que acaba de descubrir una sorpresa maravillosa y está demasiado excitado para hablar.

Escuché la voz que me decía:

Michael, yo elegí ese nombre. Te elegí a ti antes. Toma tu cruz, pregunta lo que quieras. Tu fuerza está en mí. Entrégate por completo, somete tu espíritu al mío. Yo te abriré los ojos. Volverás a ver. Cordero, escucha mi voz. Yo soy tu refugio. Difunde el mensaje, reza por Jesucristo. Ten fe. Antes te cerrabas ante los ángeles. Difunde la Palabra. Bob Sanders está a salvo, protegido y seguro. No tengas miedo, Michael, es hora de que tengas paz. Es hora de que comprendas. Deja que los demás me vean a través de ti. Reza por tu país, reza por los afligidos. Tus dones te los he dado yo. Satán ha sido derrotado, recibe lo que tengo para darte. Tus pensamientos han sido purificados. Tu tiempo se acerca. Lucha, yo silenciaré a tus enemigos. Deja que tu luz brille. Lucha, yo aliviaré tu corazón. Te convertiré en un líder. Lo haré. Ya lo hice. Lo estoy haciendo. Lucha, mi palabra será la tuya. Enseña a los demás. Has sido bendecido. Renuncia a Satán y a sus tretas, perdónalo todo. Eres un guerrero, Michael, yo calmaré tu mente y te daré la paz. Nunca voy a abandonarte. Nunca volverás a abandonarme. Estás en mis manos, estás en mis brazos. Envié a mis ángeles para que te protejan a ti y a tu casa. Puse a muchos a tu alrededor para que puedas confiar.

Sentía como si cada célula de mi cuerpo absorbiera la palabra de Dios.

—Te necesito, te quiero conmigo. Señor, te quiero en mi vida. Lo siento tanto, Señor... —Eso fue todo lo que pude decir.

Pasaron horas antes de que pudiera moverme. Poco a poco fui sintiendo mi cuerpo de nuevo y recobrando mis sentidos, como si saliera de un sueño muy, muy profundo. No tenía fuerzas para ponerme de pie, pero sentí cómo algo gigante detrás de mí me ayudaba a levantar. Escuché el sonido distante de las risas y las voces del grupo. Intentando procesar lo que me había sucedido, caminé despacio hasta mi camión. Entré, giré la llave de contacto y se encendió. Miré a través del parabrisas, intentando encontrar algún sentido a lo sucedido, y distinguí a los hombres que regresaban de sus juegos.

Siguiendo las voces que venían detrás de la cabaña, me encontré con un grupo de hombres que conversaban sentados. Todavía estaba algo aturdido e incoherente, y los cuatro comenzaron a hablarme. Mantuvimos una charla intrascendente por unos minutos, pero yo podía ver en sus rostros que sabían que se encontraban frente a otro hombre. Alguien muy diferente a quien conocieron la noche anterior. Aquello me dio esperanza, pero tenía algo que decirles:

—Tengo una historia que contar. ¿A alguno le interesa oírla? —dije a Frank Stotts, el más cercano.

Ernie Flowers y Brett Andersen me miraron inquisitivos, como recordando lo distante, maleducado y enfadado que había sido desde mi llegada. Bill Wagones me sonrió y me incitó a continuar. Tras una pausa, finalmente Brett sonrió:

—¡Alabado sea Dios, allá vamos!

Ernie estaba rezando, y nos dirigimos a un lugar tranquilo en la cabaña.

No recuerdo mucho en realidad sobre lo que se dijo durante una hora. Por lo que me contaron, se realizó el proceso de liberación, con los hombres expulsando a los demonios hasta que yo pudiera recibir a Cristo como mi salvador. Con sus preguntas, Brett Andersen me llevó a un estado en el que podría recibir a Jesucristo. Ahora comprendo que en aquella colina entregué mi espíritu al Señor.

Los hombres se separaron, alabando al Señor. Dios me dijo que debíamos leer el Salmo 119. Todos hacíamos alabanzas mientras uno se puso a leer las escrituras en voz alta.

Inmediatamente después, el Señor me hizo saber que debía bautizarme. Entonces los demás llenaron la bañera y yo me metí dentro. Frank Stotts, a quien le temblaban ligeramente las manos, me preguntó:

—Michael, acabo de ver cómo recibiste a Jesucristo en tu vida. Brett te hizo unas preguntas y te explicó la Palabra de Dios respecto de la salvación. Todos los que presenciamos esto creemos, basándonos en la Palabra sagrada de Dios, que has nacido de nuevo y eres una nueva criatura, una nueva creación. ¿Deseas bautizarte como expresión de tu deseo de vivir una nueva vida junto a Jesucristo?

—¡Sí! —grité con lágrimas de felicidad brotando de mis ojos.

Mis ahora hermanos se reunieron en el pequeño baño y Frank me metió la cabeza en el agua mientras lo escuchaba decir:

—¡Michael, te bautizo en nombre del Padre, del Hijo y del Espíritu santo!

Al hundir la cabeza en el agua, mi mente retrocedió hasta un tiempo en el que era niño. Estaba en la playa y una mujer me sostenía bajo el agua, intentando ahogarme. Veía las manos de la mujer que quería hacerme daño. Veía la luz del sol proyectada bajo el agua. Lo veía con total nitidez: el niño... la mujer...

Pero cuando Frank me sacó del agua, vi el rostro de Jesucristo. Su voz resonó en mi espíritu: *Te salvé entonces, y te estoy salvando ahora.* Una paz desconocida inundó mi cuerpo y mi espíritu. Me sentí renovado. Ahora sí conocía el verdadero poder, el poder de cambiar un corazón destrozado, y me sentía invadido por él.

Seguí con mis alabanzas hasta que Dios me dijo que quería que recitáramos Hechos 2. La siguiente hora fue increíble, con el Espíritu santo llenando la habitación y el espíritu de todos los que estábamos allí. Todos habíamos participado antes de encuentros, pero ninguno como éste. Era el mejor al que había ido.

Aquella noche hice una petición personal: que Dios nunca más me permitiera ser indiferente ante mi fe, que tomara mi vida antes de permitirlo.

Su respuesta me hizo reír: «Hijo, tú nunca has sido indiferente».

Aquella noche dormí un sueño profundo y apacible. Nunca antes había dormido tan en paz. A la mañana siguiente, cuando todo el mundo despertó, comimos y nos dimos un tiempo para compartir lo sucedido la noche anterior. Todos opinaron sobre el retiro, lo que había significado para ellos, y nos despedimos con una plegaria.

Mientras conducía hacia el Sur por la autopista hacia la interestatal 35, para ir a Edmond, el Espíritu santo me recordó que mi madre había pasado los últimos años en una residencia de ancianos sobre esta misma carretera. Me había alejado de ella y sólo la había visto un par de veces en los últimos seis años, pero algo me obligaba a detenerme. Maggie y yo habíamos llevado a los niños a visitarla seis meses atrás, y aquella había sido la última vez que habíamos hablado.

Entré al estacionamiento preguntándome qué le diría a mi madre. Pasé por la recepción y firmé. Me informaron que mi madre seguía sin reconocer a nadie. Una enfermera me acompañó a su habitación. Me dijo que un amigo de la familia había venido hace un año, y que mi visita de seis meses atrás había sido la otra. Dolía escucharla decirlo. Sin familia, sin visitas, sin amigos.

Al entrar en la habitación, quedé de pie en el marco de la puerta. Ella se giró hacia mí con la mirada vacía. Se veía limpia y bien cuidada, y le brillaban los ojos.

—Hola —dijo, como saludando a un desconocido.

Me acerqué a ella y me agaché junto a su cama. Le tomé la mano. Era suave y blanda, y la apreté con dulzura mientras me invadía una ola de recuerdos. Con los ojos llenos de lágrimas miré la habitación: ningún objeto personal, ninguna fotografía, ningún recuerdo de la familia, de los amigos o de tiempos mejores. Le habían robado sus recuerdos. No había nada además de una cama, una mesa de luz, una lámpara, una silla y un suelo de losa fría y dura.

Acerqué mi rostro al suyo y le hablé en un susurro:

—Hola, mamá —se inclinó hacia mí—. ¡Solo quería decirte que le entregué mi corazón a Jesucristo! No puedo describir lo que pasó, pero puedo decirte que el Señor habló conmigo y que ahora soy suyo. Quiero vivir para Él. ¡Creo que su hijo se sacrificó en la cruz por mí y por ti! —Alcé la vista y vi una dulce sonrisa, las lágrimas brotaban de sus ojos—. Mamá, sólo quería decirte que siento no haber sido un mejor hijo. Siento que te hayan lastimado cuando eras joven. Siento no haber estado en contacto contigo. Mamá, te perdono. Espero que tú también puedas perdonarme —clavé la mirada en sus ojos llenos de lágrimas—. Mamá... —se me quebró la voz. La abracé intentando recobrar la compostura. Me limpié el rostro con el dorso de la mano y seguí hablando—: Mamá, Dios también envió a su hijo Jesús para ti. Jesús murió en la cruz por tus pecados, los míos y los de todo el mundo. ¡Todo lo que debemos hacer es recibirlo en nuestros corazones y aceptarlo como nuestro Señor y Salvador! —parecía entenderme, así que le pregunté—: Mamá, ¿te molesta si rezo?

—Claro que no, hijo —respondió, hablando por primera vez.

Mi plegaria fue más o menos así:

—Señor, te agradezco mucho tu gracia y tu misericordia. Gracias por salvarme, gracias por el retiro. Dios, ayúdame a conocerte mejor. Señor, te pido que ayudes a mi mamá, te pido que le permitas comprender tu misericordia y tu poder como hiciste conmigo. Jesucristo, muéstrate ante mi madre si no lo has hecho todavía. Dios, no sé qué más decir... nunca he sido tan formal contigo. Espero que me perdones —sonreí ante la franqueza de mi último comentario, me enderecé y volví a mirar el tierno rostro de mi madre, que seguía llorando. Quizá, y sólo quizá, había comprendido cada palabra—. Te quiero, mamá.

Aunque mi madre apenas podía hablar, creo que su corazón brilló a través de sus ojos llorosos y que Dios entró en su vida. Es lo que creo y lo que espero. En aquel momento no sabía que mi madre moriría unas semanas después. Estoy infinitamente agradecido de que Dios, en su gracia, me haya empujado a verla por última vez y a rezar por ella.

•

El domingo 13 de enero —el día elegido por el enemigo para mi muerte— estaba más vivo que nunca. Colmado por la felicidad de mi nueva vida junto a Cristo, me senté en la primera fila del servicio de las once treinta en LifeChurch para alabar y rezar al Dios que me salvó.

Cuando comenzó la música, recibí un mensaje de texto del jefe de seguridad John Ziegler, preguntándome a qué servicio iría. Respondí rápido «a éste» y me preguntó dónde estaba. Había revisado a la multitud y no me había visto en mi asiento. Una fisura en la seguridad estaba en progreso.

Le escribí diciéndole que mirara a la izquierda de donde se encontraba. Yo estaba en primera fila, al centro. No puedo ni imaginar qué paso por las mentes de los pastores y los guardias de seguridad cuando me vieron a mí, al hombre que había recibido la orden de matar a su líder espiritual, en primera fila, con las manos en el aire alabando a Dios, feliz y libre. Si al principio dudaron, no puedo culparlos. Pero pronto comprendieron que algo sin duda había cambiado: me había convertido en un milagro ambulante, y podían verlo. Muchos pastores y devotos lloraron al comprobar que sus plegarias habían sido escuchadas.

Al día de hoy, siempre me siento en el mismo lugar cuando voy a la iglesia: el mismo lugar en el que el Señor me dijo que me sentara cuando fui por primera vez tras ser salvado. Siempre me siento al frente en la iglesia para dar gloria a Dios en la forma en que lo necesito. Porque siendo el terrible pecador que fui, tengo muchísimo por lo que estar agradecido.

Quizá ustedes también lo tengan. En eso nos parecemos ustedes y yo: sólo somos pecadores que necesitan a Jesús. Recuerden, no importa cuánto crean que hayan pecado ni el desastre en el que hayan convertido su vida, seguramente no es nada comparado a lo mío. Nunca se den por vencidos, nunca pierdan la esperanza. Jesucristo es especialista en reparar desastres como nosotros. Es, y siempre será, el gran redentor, y Él está listo para transformar su vida en el momento en que lo llamen. ¿Por qué puedo decirles esto? Sólo miren lo que hizo por mí.

Tuve una experiencia dramática, que cambió mi vida con el Creador del universo. Él me mostró su gracia y su misericordia, perdonó mis pecados, y me salvó de una vida de maldad, oscuridad y dolor.

Hoy ya no me hago la pregunta «¿Por qué estoy aquí?», sino más bien «¿Qué necesitas de mí, Dios?

El camino a casa

Sin embargo, todo aquello que para mí era
ganancia, ahora lo considero pérdida por
causa de Cristo. Es más, todo lo considero
pérdida por razón del incomparable valor de
conocer a Cristo Jesús, mi Señor. Por él lo he
perdido todo, y lo tengo por estiércol, a fin de
ganar a Cristo y encontrarme unido a él. No
quiero mi propia justicia que procede de la ley,
sino la que se obtiene mediante la fe en Cristo,
la justicia que procede de Dios, basada en la fe

Filipenses 3, 7-9

DESPUÉS DEL SERVICIO RELIGIOSO regresé a casa, puse un CD de
canciones religiosas en el equipo de sonido y elegí la canción
«Shout to the Lord» de Darlene Zschech. Pulsé el botón de repe-
tir. La canción terminaría sonando una y otra vez, las veinticuatro
horas del día, durante los siguientes seis meses. Creo que al final
hasta mi perro conocía la letra. Era una canción con la que podía
identificarme. ¡Lo único que quería era gritar el nombre de Dios y
alabarlo! Todo lo que antes despreciaba, ahora lo amaba. Amaba
estar de pie en mi salón, cerrar los ojos, alzar las manos al cielo y
cantar en nombre del Señor.

Subí las escaleras con paso decidido porque tenía una misión
que cumplir. Fui hasta mi habitación y abrí la puerta que daba a la

terraza. Salí y me dirigí directamente hacia donde estaba la cuerda colgando del borde de la terraza, esperando mi planificado suicidio. Tomé mi navaja de bolsillo, la misma que antes utilizaba para infligir heridas y dolor y que ahora serviría para cortar la cuerda que representaba el poder de Satán sobre mí.

Mientras cortaba la cuerda y la veía caer al suelo, dije:

«Satán, nunca más vas a gobernarme. A partir de ahora, cada vez que sienta que vienes por mí o por los que amo, le hablaré de Jesucristo a por lo menos cinco personas ese mismo día. ¡Vete! ¡Fuera de mi vida! ¡Te acuso a ti y a tus maniobras! Me arrepiento ante mi Señor por haberte servido alguna vez a ti y a tus métodos malignos. Padre, perdóname y protégeme a mí, a mi familia y a tus devotos en mi vida!». Cuando la cuerda cayó, con ella lo hicieron todas las pesadas cargas de mi existencia.

Sentí cómo una nueva fuerza se apoderaba de mí, me sentía como nunca, limpio y con el espíritu alerta, descansado y con la mente despejada. Era como si fuera de nuevo un niño puro e inocente. Sabía que le correspondía a Dios la gloria por lo que había logrado en mí. Él estaba conmigo. Lo sentí sonreír mientras se mantenía a mi lado. Por primera vez en mi vida, me sentí completamente amado.

•

Durante los días y las semanas que siguieron a mi salvación, mi vida cambió por completo. Podía ver con mayor claridad y los colores parecían más vivos, olía con más intensidad y la comida sabía mejor. Cada nuevo día era más brillante que el anterior, y por primera vez se esbozó una verdadera sonrisa en mi rostro. Casi no estuve deprimido ni triste, ni estaba consumido por la idea de la muerte. Quería vivir.

La pesadez que antes sentía había desaparecido. La ansiedad y la preocupación se esfumaban día a día. Los miedos que alguna vez me habían asolado se fueron. La paz del Señor estaba dentro de mí, y no pensaba dejarla ir. Tenía una nueva misión: compartir lo que me había sucedido con el mundo entero.

LifeChurch.tv siguió siendo mi iglesia mientras viví en Edmond. La iglesia a la que concurre mi familia es maravillosa. Es innegable el amor que me mostraron en mis momentos más oscuros, así como la generosidad con la que siguieron amándome y guiándome después. Comencé a ir a varios servicios religiosos de LifeChurch.tv para conocer y relacionarme con los miles de miembros que se reunían cada semana. También visité otras iglesias para escuchar los mensajes que transmitían y analizar la forma de predicar de diferentes pastores. Pronto tendría la posibilidad de hablar frente a mucha gente y compartir mi testimonio: estaba convencido de que Dios tenía una misión para mí, y que una parte de ella era compartir mi testimonio y su palabra con congregaciones de cualquier tamaño.

Participaba en al menos tres Grupos de Vida a la semana. Daba charlas en grupos locales y encuentros de jóvenes. Dios me enseñó en el libro de los Hechos que cuando Ananías puso sus manos sobre Saulo y las escamas cayeron de sus ojos, Saulo comenzó a predicar en las sinagogas (Hechos 9, 20). El Señor me dijo que debo escuchar siempre su voz y que muchos se opondrán a mí, tanto fuera como dentro de su Iglesia. Los ataques más duros provendrán de aquellos que amo y de dentro del cuerpo de la Iglesia. Dios me dio instrucciones de sólo fijarme en Él, porque las tormentas de la existencia no van a desaparecer, pero Él siempre estará a mi lado para acompañarme y señalarme el camino.

Cuando miro hacia atrás, me sorprende lo incansable que fue Dios en mi búsqueda. Incluso cuando más lejos me encontraba de Él, se encargaba de enviar gente a mi vida que pudiera guiar mi avance a trompicones hacia su luz. Y ahora que estoy focalizado en servirlo, Dios sigue guiando mi camino a cada momento.

Gracias a la intermediación de mi buen amigo Darius McGlory conocí a Joe Thomas, quien se convirtió en mi mentor y maestro. En el momento en que escribo esto, Joe tiene ochenta y siete años y es pastor. Han pasado setenta años desde que renació en Cristo, y es uno de sus seguidores más audaces y sinceros. Solemos vernos varias veces por semana para estudiar las escrituras y predicar a otros. Ambos somos pastores y nuestros ministerios están muy en contacto con el objetivo común de transmitir la palabra de Dios y ayudar a otros a liberarse de las ataduras, de las adicciones y de la desinformación.

Actualmente, el pastor Joe y yo nos sentamos juntos en primera fila de nuestra iglesia y durante el servicio solemos bailar instigados por el Espíritu santo. Disfrutamos del tiempo que pasamos juntos cada semana, y para mí es un honor que sea parte de mi vida. Ambos tenemos mucho en común, y compartimos también un enfoque didáctico al transmitir la palabra de Dios en cada lugar al que vamos.

En Edmond, David Barnes y yo nos encontramos a tomar un café y pasar el rato casi cada día en una cafetería llamada *All about Cha*. Puedo estar escribiendo mi diario, comenzando un nuevo libro o sólo estudiando la Biblia mientras Davis hace sus negocios en su computadora o simplemente habla de lo que Dios logra en su vida. De hecho, somos unos veinte visitantes habituales de LifeChurch los que vamos cada día a esta cafetería. Se come muy bien, el café es excelente y hay un gran ambiente de camaradería.

Nuestra misión no termina al aceptar a Jesucristo como nuestro Señor y Salvador. Él desea que cumplamos nuestro propósito de compartir esta nueva vida con los demás.

Ha sido increíble y ha forjado mi fe ver lo que hace cada día en mi vida el Señor. El Señor se glorifica en muchos acontecimientos asombrosos. En los once meses que llevo como cliente de la cafetería, se me han acercado más de mil personas para hablarme de su fe, de Dios, de Jesucristo y de la Biblia. Siempre tengo una Biblia abierta sobre la mesa, no sólo como referencia y objeto de estudio, sino como forma de predicar. La Biblia parece atraer a las personas a sentarse a mi lado. Cada uno puede entonces compartir sus intereses en el mundo o explicar por qué cree o no en Dios.

•

En los tres años posteriores a mi salvación, mi vida ha cambiado por completo. La claridad de ideas que me brinda Dios es sorprendente. Cada día hablo con quien quiera escuchar mi historia. Donde quiera que vaya, estoy dispuesto a hablar sobre la gracia y el amor de Dios. Las Sagradas Escrituras fluyen de mi boca. Siento una gran necesidad de ayudar y sostener a los demás. Nunca miro hacia atrás, lo único que me interesa es qué traerá cada nuevo día.

Estoy haciendo todo lo que puedo para dejarme guiar por el espíritu del Señor. Hay momentos en los que fracaso y peco, en los que me distraigo y debo luchar para estar *en* su mundo y no *fuera* de él. Satán es un tentador, por lo que debo someterme al Señor, arrepentirme y seguir avanzando con obediencia. Continuamente debo elegir a Dios y obedecer sus mandamientos. Y lo que es más importante: debo elegir relacionarme con Él. Cada día de mi vida debo volver a elegir a quién y qué sirvo.

Lucho para no caer en la depresión. Lucho para mantenerme económicamente. Lucho contra mi carne. Las batallas me cansan. No soy ni lo suficientemente bueno ni trabajo lo suficientemente fuerte para ganar la aprobación de Dios o de los hombres. Pero no necesito hacerlo, sólo necesito someterme y renunciar al control de mí mismo a favor de Dios, porque Él se hará cargo del resto. Una y otra vez, Dios me aleja del pecado con su amor y me recibe en sus brazos. En lugar de evitar a Dios en momentos de tentación y fracaso, lo que hago es rezar por mi corrección y mi santificación.

Para mí siempre ha sido muy difícil ceder el control, pero el beneficio de dejarlo ir y entregarle todas mis preocupaciones a Él da sentido a mi acto de fe. Él me da una paz y una libertad que hacen crecer mi fe. Mi sumisión a Dios le permite actuar en mi vida y cumplir las promesas de su reino. Mientras más triunfa Él en mí, más fácil es volcarme en Él por completo, y mientras más compruebo su fidelidad, más fácil me resulta confiar en Él y dejar de lado cualquier cosa que se interponga entre nosotros.

He aprendido que lo único que el mal puede absorber es la oscuridad. La oscuridad invade nuestra vida cuando le cerramos el paso a la luz del amor de Dios. Pero cuando hay luz, no puede haber oscuridad. La luz penetra la oscuridad e ilumina la verdad.

Tenemos que entender que vivimos en un mundo entrelazado espiritualmente. Para nosotros no hay nada más allá de lo evidente. Tenemos que abrir los ojos y ver el reino espiritual, que existe y es muy poderoso. Y debemos aprender también cuáles son las armas de nuestro adversario, no sólo para evitar ser atrapados por la oscuridad sino para poder entrar en esa oscuridad y rescatar a otros, como yo, gracias a la luz. Somos los instrumentos del cambio, poderosos barcos llevando un eterno cargamento de vida o de muerte.

Mi intención al compartir mi historia en este libro es evidenciar el poder de Dios sobre Satán y mostrar al Dios misericordioso que tenemos en el cielo. Es la de glorificarlo y alabarlo, demostrar la supremacía del amor sobre el miedo, el amor que nuestro Padre siente por nosotros, y permitir que la luz de Dios acabe con la oscuridad. Pero mi gran esperanza es que, leyendo esta historia, quizá las personas se entreguen al rey de reyes.

Rezo porque mi historia les brinde la esperanza de que, sin importar lo lejos que se encuentren de Dios, Él siempre estará cerca. Simplemente llama a la puerta y pregunta con educación si lo dejan entrar. La única razón por la que quiere entrar es para darle paz y sentido a nuestras vidas. Él ama a su creación. Los ama. Y tiene un deseo para sus vidas: que éstas puedan brindarles una felicidad perfecta y una dirección.

Las escrituras nos dicen que no es deseo de Dios que nadie muera, sino que todos puedan arrepentirse y tener vida eterna (Juan 3, 16).

Dios no nos promete un viaje de placer o un camino libre de obstáculos, problemas y tiempos difíciles. Nos promete que, sin importar por lo que estemos pasando, Él estará junto a nosotros, para reconfortarnos, para darnos fuerza, y para brindarnos una paz que no puede ser expresada en palabras. Nos dará la salvación eterna junto a su presencia perfecta.

Rezo porque ustedes, como yo, puedan encontrar a Cristo y ese lugar de esperanza, libertad y paz.

Rodeado de una multitud de testigos

Por tanto, también nosotros, que estamos rodeados de una multitud tan grande de testigos, despojémonos del lastre que nos estorba, en especial del pecado que nos asedia, y corramos con perseverancia la carrera que tenemos por delante. Fijemos la mirada en Jesús, el iniciador y perfeccionador de nuestra fe, quien por el gozo que le esperaba, soportó la cruz, menospreciando la vergüenza que ella significaba, y ahora está sentado a la derecha del trono de Dios. Así, pues, consideren a aquel que perseveró frente a tanta oposición por parte de los pecadores, para que no se cansen ni pierdan el ánimo

Hebreos 12, 1-3

ESTOY MUY AGRADECIDO con los hombres y mujeres que Dios puso en mi vida para darme ánimos y guiarme hacia el evangelio incluso en mis días más oscuros. Estos son algunos testimonios de hombres y mujeres que me conocen bien y que certifican que todo lo que cuenta este libro es verdad. ¡Dios lo puede todo!

David Barnes: Ser director de marketing en una consultora me permitió trabajar junto a excelentes personas, viajar un poco y utilizar la sala de conferencias de la oficina como lugar de reunión de mi grupo de reflexión. Los hombres de aquel grupo éramos como una familia. Ellos estuvieron a mi lado al atravesar problemas laborales, problemas familiares o problemas con mis hijos, y eran unos buenos amigos.

Doug Warren formaba parte de aquel grupo. En diversas reuniones había pedido que rezáramos por uno de sus vecinos. Cuando caminaba por su barrio siempre veía a aquel hombre tan intenso trabajando en su jardín a cualquier hora del día o de la noche. Doug primero rezó por él, y finalmente lo invitó a venir a nuestro grupo. Así fue como conocí a Michael Leehan.

En aquel primer encuentro Mike se mostró como alguien muy inquieto. Pude sentir un hombre tremendamente infeliz con su vida. Tras nuestra rutina habitual, llegamos al momento de la reunión en la que proponemos cosas por las que rezar. Le pregunté a Mike si era creyente y dijo que no estaba seguro. Le pregunté si podíamos rezar por él y respondió: «Sí, mientras nadie me toque».

Nada me había preparado para lo que iba a vivir junto a Michael Leehan. Hasta el día de hoy no me creo capaz de describir lo que sucedió durante aquella reunión. Empezamos rezando, tres horas más tarde, estaba mirando el suelo y pidiéndole al Señor que hiciera su obra, porque sabía que me encontraba en una situación que no podía controlar. La habitación estaba inundada por una presencia maligna como nunca antes había sentido. Todos juntos luchamos con nuestras plegarias. Estaba claro que esta presencia emanaba a través de Mike, pero sentí tal compasión por ese hombre que supe que Dios se estaba ocupando de ello.

La reunión terminó a la una de la mañana. Al día siguiente todo el mundo me llamó preguntando qué había pasado. Invitamos a

Mike a nuestro siguiente encuentro, al que yo ya había decidido llevar a Robert Wall, uno de nuestros pastores, para que lo conociera.

No recuerdo gran cosa de la siguiente reunión. Robert se sentó en una punta de la mesa y Mike en la otra. Se habló muy poco, fue más bien un cruce de miradas. Era como si se estuviese librando una batalla espiritual que ninguno podía ver, pero nadie dijo nada. Fue muy extraño.

Y *extraño* es el término que también voy a utilizar para describir lo que sucedió más adelante. Tras un par de reuniones y muy pocas conversaciones, Mike me miró y me dijo: «Creo que deberías venir a trabajar para mí». Le contesté que estaba muy contento con mi trabajo y que no buscaba un cambio. Al día siguiente en la oficina, el dueño de la empresa me invitó a un almuerzo de tres horas en el que me dio la noticia de que iba a suprimir mi puesto de trabajo. Acto seguido llamé a Mike y le pregunté qué tenía para proponerme. Mirando atrás, no sé en qué estaba pensando al ir a trabajar para un tipo con el que acababa de vivir semejantes experiencias. Unas semanas más tarde era empleado de Doors USA, haciendo un trabajo con el que nunca había soñado. Conocí también al socio de Mike, quien tras advertirme sobre dónde me estaba metiendo, me entregó un saco lleno de libros sobre emancipación, el ministerio de la libertad y ocultismo. Fue uno de esos momentos en los que uno se dice: «¿En dónde me metí?».

Al final resultó que era muy bueno en el puesto para el que me contrataron, y también disfruté mucho de mi relación con Mike y de la dirección en la que llevaba la empresa. En más de un sentido, era un trabajo ideal: las cosas eran bastante normales y el negocio de Mike era muy lucrativo. Era claramente una persona que sabía construir relaciones con sus clientes y llevar adelante la empresa de forma eficiente. Sin embargo, bajo una superficie de normalidad, sucedían «cosas».

A medida que fui conociendo a Mike, aprendí a ser muy cuidadoso con las situaciones y las circunstancias a las que debía enfrentarme. El espacio en el que obtuve mayores réditos fue en mi relación con Dios. Sabía que no podía manejar aquello en lo que me encontraba envuelto sin el poder del Señor a mi lado. Rezaba, y mucho. Había una parte de Mike frente a la que debía ser muy cuidadoso, pero a medida que nuestra relación creció, él fue teniendo mucho cuidado en tratarme como a un empleado al que respetaba e incluso como a un amigo. Mi primer desafío fue cuando Mike me pidió que lo acompañara en un viaje a través de Kansas, Nuevo México y Texas para ocuparse de una serie de trabajos. Subimos en su camión y comenzamos el viaje. No sucedió nada destacable hasta que nos detuvimos en una gasolinera Kicks 66 a cargar gasolina.

Una de las primeras cosas que saltan a la vista sobre el aspecto de Mike son las cicatrices de sus brazos. Algunos de los rituales que realizaba consistían en cortarse los brazos e invitar a los demonios a entrar en él a través de su sangre: tiene los brazos cubiertos por estas cicatrices. Cuando en aquella gasolinera nos acercamos a la caja para pagar, el muchacho detrás del mostrador fijó su mirada en los brazos de Mike. De inmediato noté que él también tenía los brazos cubiertos de cicatrices. No tantas como Mike, pero allí estaban. Cuando sacó el cambio para pagar, el cajero señaló una moneda entre las demás que llevaba algo impreso. Mike la tomó y la giró para mostrar la cruz en la otra cara, explicando que era «algo de Dios» que su hija le había regalado. El muchacho murmuró algo que no pude comprender y después dijo otra cosa que sí comprendí: «vas a morir». La gente a nuestro alrededor nos miraba. Mike rió y contestó: «Puede ser». Mientras nos dirigíamos a la salida, le pedí que me aclarara lo que le había dicho aquel tipo. Me explicó que era un satanista, y que solían lanzar maldiciones a cualquiera que intentara abandonar su estilo de vida. Cuando subíamos al camión, del altavoz bajo la marquesina que protegía el surtidor de gasolina surgió una voz extraña que gritó: «¡Me has oído perfectamente!». Tuve miedo. Arrancamos el camión y salimos a la carretera.

Invité a Mike más de una vez a venir a mi casa para participar en nuestro pequeño grupo de estudio de la Biblia. Las pocas veces que vino siempre sucedió lo mismo: llegaba, se sentaba durante algunos minutos y comenzaba a resollar. Terminaba costándole tanto respirar que al final terminaba yéndose. Aquella vez, en cuanto dejamos atrás la gasolinera, también comenzó a resollar, y sus ojos se pusieron vidriosos. Todo esto me preocupaba especialmente porque estaba conduciendo. La situación se intensificó cuando Mike sacó un cuchillo negro, que más adelante descubriría que solía utilizar en sus rituales. Colocó la hoja contra su brazo y presionó hasta cortarse. No sé por qué, pero no entré en pánico. Tomé el cuchillo de sus manos y llamé a un amigo con bastante experiencia en estos asuntos. Gracias a sus consejos y a muchas plegarias, conseguimos superar aquel momento y llegar sanos y salvos a casa sin que nada más sucediera.

Durante los seis meses siguientes pasé mucho tiempo en la carretera. Cuando estaba en la oficina, Mike y yo pasábamos mucho tiempo. Nuestra amistad creció, y yo aprovechaba cada ocasión que tenía para hablarle de Dios y de la felicidad que podría aportarle una relación con Jesucristo. Durante aquellos tiempos, yo me sentía muy confiado y protegido por mi relación con Cristo. Esto nunca cambió, pero sí lo hizo mi relación con Mike.

Un día me llamó a su oficina y me preguntó si estaría interesado en gestionar a sus contratistas a nivel nacional. Era el puesto para el que me había contratado en un principio, pero entonces yo estaba disfrutando mucho mi tiempo en las carreteras. Aunque el cambio necesitaría que pasara la mayor parte del tiempo en la oficina, decidí aceptar.

Trabajar junto a Mike en el día a día era toda una aventura. Había días en los que me divertía como nunca antes; fueron los momentos a los que él se refiere como sus días de «dobles pensamientos». Yo sabía que él deseaba servir a Cristo, pero estaba tan enganchado al poder que sentía en el lado oscuro que le resultaba muy difícil dejarlo. Los días malos podían llegar a ser muy extraños: Mike encontraba los puntos débiles en las personas y los explotaba de todas las formas posibles. Algunas veces era para conseguir algo que quería, y otras parecía que sólo lo hacía para divertirse.

A medida que el tiempo avanzaba, Mike se fue volviendo más distante. Uno de nuestros más importantes clientes compró a otro de nuestros clientes, lo que puso a la empresa en una situación delicada. Terminamos perdiendo a ambos, lo que vino a sumarse al caos y la confusión que parecían crecer en la empresa.

En lo que respecta al ministerio, yo solía pedir ayuda a amigos cuya experiencia y conocimientos me parecía que podrían serme de utilidad. Uno de estos amigos era Larry Ladd. Larry había atravesado varias situaciones en su vida y por lo general se apoyaba en ellas para aconsejar a los demás. Arreglé un encuentro entre Mike y Larry para desayunar una mañana. Mantuvimos lo que me pareció una conversación normal, hablando durante una hora sobre el sistema de creencias de Mike y algunas de las cosas a las que se enfrentaba. Él parecía sentirse a gusto junto a Larry, y se abrió ante él. Cuando el encuentro terminó, dejé que Mike se fuera y me quedé con Larry un momento. Lo primero que le pregunté era qué pensaba, a lo que me contestó que sentía que acababa de tener una conversación con unas siete personas diferentes.

Unas semanas después, recibí una llamada de Mike a las dos de la mañana. Estaba claro que su batalla interior lo estaba afectando. Le propuse que nos encontráramos en la capilla de la iglesia del campus de LifeChurch en Edmond y aceptó. Contacté a Larry y él se nos unió allí. Larry y yo comenzamos a rezar, y por alguna razón Mike no decía ni una palabra. No puedo decir si no era capaz de hacerlo o si simplemente no quería hablar, pero parecía muy alterado.

Se comunicaba con nosotros escribiendo notas, como si temiese que alguien lo escuchara hablar. Escribió una cita de la Biblia en un papel y me lo entregó. Creo que era un texto de Hebreos 10, 19-25.

Le pregunté de qué se trataba y no quiso contestarme. Abrí mi biblia y comencé a buscar la cita cuando Larry, al ver el trozo de papel, me dijo que sabía lo que era. Larry contó que antes de salir de su casa había llamado a su hermano para contarle a dónde iba. Éste le mencionó la misma cita de la Biblia y le dijo que necesitábamos «llegar a él a través de la sangre de Jesucristo». Mientras rezábamos, una paz pareció llenar la habitación. La expresión tensa que por lo general dominaba el rostro de Mike pareció relajarse, y de hecho se tranquilizó tanto que se quedó dormido. Larry y yo conversamos en voz baja mientras dormía. Fue un momento de calma.

Espiritualmente, Mike no cesaba de avanzar y retroceder. En el trabajo, la situación de la empresa empeoró, y Mike parecía mantenerse en un estado de agitación permanente: era un lugar conveniente para ventilar su frustración. Solía culparme por las dificultades que atravesaba la empresa, aunque nunca directamente, sino a través de los correos electrónicos al director financiero. Solía tener discusiones sobre la situación de la empresa y mi papel en su resolución… o en la ausencia de soluciones. Los correos electrónicos parecían confidenciales, pero siempre los enviaba con copia para mí. Estaba todo el tiempo enojado conmigo, y sospechaba constantemente de mí.

Un viernes por la mañana yo estaba en mi escritorio durante lo que era un típico día de trabajo. De pronto, de la nada Mike entró apurado en mi oficina. Al entrar, miró sobre su hombro y dijo «cubre mis espaldas, Satán». Entonces me maldijo, me dijo lo embustero y poco confiable que era y me ordenó que saliera de la oficina. Me despidió y me dijo que nunca quería volver a verme. Siguió insultándome mientras yo juntaba mis cosas y me iba. Durante todo el proceso yo sentí una gran paz interior. Regresé a casa y recé tanto por él como por el camino al que me llevaría este nuevo viaje.

Esa misma noche Mike llamó a mi casa. Se disculpó conmigo y me hizo saber lo buen amigo que era. Me pidió que considerara regresar al trabajo, y le contesté que lo pensaría durante el fin de semana. El lunes por la mañana fui a la oficina y entré en una reunión que Mike tenía con el equipo de ventas. Era raro en aquel entonces verlo emocionarse. Se estaba disculpando con el personal y les estaba contando que me había llamado para disculparse conmigo y pedirme que volviera. Les dijo que yo era un valioso amigo y empleado, y que se había equivocado al dejarme ir. Nunca lo había visto tan cerca del llanto.

Las siguientes semanas fueron inestables, con días buenos y malos. Yo me sentía cada vez más incómodo, y la atmósfera opresiva de la oficina no paraba de crecer. Sentí que Dios me decía que mi tiempo allí casi había terminado. Mike necesitaba llegar a un punto en el que la decisión de seguir a Cristo fuera suya, yo no podía «convencerlo» de ello. Un viernes por la noche llegué a mi casa y le dije a mi esposa que no pensaba regresar a la oficina. No tenía ninguna otra perspectiva de trabajo inmediata, y mi situación financiera no era la mejor. No tenía el dinero suficiente para mantener mucho tiempo a mi familia. Llamé a uno de los muchachos de mi grupo y le expliqué la situación y cómo me sentía. Él estuvo de acuerdo en que aquella experiencia llegaba a su fin, y me dijo: «Dios siempre es fiel. Es fácil confiar en Él en las cosas sin importancia, pero cuando confías en Él en lo importante, le brindas una oportunidad de mostrar su fidelidad». Me senté y escribí mi carta de renuncia.

Mi esposa y yo conversamos mucho sobre nuestra situación a lo largo del fin de semana. No estábamos enfadados con Mike. De hecho, sentíamos más compasión que nunca por él. Ella me dijo que debíamos seguir rezando por él, y que sabía que Dios le tenía preparada una gran misión más allá de las circunstancias en las que se encontraba en aquel momento. También me dijo que no debíamos decir sino cosas buenas sobre Mike. El lunes fui al trabajo con mi carta de renuncia en la mano, totalmente en paz con mi decisión.

Mike no estaba en la oficina aquel día. Nunca olvidaré mi caminata hasta la oficina de Alfredo, el director financiero. Alfredo era un tipo muy agradable pero tremendamente leal a Mike y a la empresa. Tuve una breve interrupción en mis cavilaciones cuando sonó mi teléfono (el teléfono de la empresa) por última vez. Era Doug Reeves. Doug era un amigo de la iglesia con el que llevaba meses sin hablar. Me llamó pidiéndome mi dirección para poder enviarme el anuncio de la graduación de su hija. Me preguntó qué estaba haciendo y se lo conté; era bueno poder hablar con un amigo en aquel momento. Me dijo que pasara a verlo al salir de la oficina. Entregué entonces mi carta de renuncia a Alfredo y éste me pidió que dejara el edificio de inmediato. Los días siguientes recibí una catarata de correos electrónicos de Mike, bajo pretexto de hacerme saber el pésimo empleado que era. Yo podía sentir su dolor y su ira, pero ignoré sus correos y cesé todo contacto con él.

Fui a ver a Doug a su oficina. Era propietario de un pequeño negocio de venta de material eléctrico para industrias. Una semana después, me ofreció un puesto en su empresa y acepté de inmediato.

Más allá de cruzarme una vez brevemente en una tienda de materiales de construcción, no volví a ver a Mike ni a hablarle durante un año. Mi tiempo junto a Doug fue una bendición, pero finalmente di un giro en mi carrera que me permitió bendecir otros ámbitos. Un día, estaba sentado comiendo en un restaurante con los dueños de la empresa donde trabajaba cuando de la nada una papa frita me dio de lleno en el rostro. Al alzar la vista me encontré con Michael Leehan riendo. Me contó que había aceptado a Cristo en su vida y que ésta había cambiado drásticamente. Pude notar el cambio en él durante nuestro breve encuentro, pero todavía era escéptico al respecto. Acepté llamarlo la semana siguiente para que tomáramos un café. Me tomó tres semanas decidirme a llamarlo. Finalmente nos encontramos y me contó la increíble historia de su conversión. Durante los meses que siguieron, pasamos mucho tiempo. Nunca he visto a alguien exhibir un cambio tan dramático en su personalidad. Su empresa había quebrado, su mujer se había ido, y se dedicaba a hacer trabajos de carpintería. Ganaba mucho menos dinero que cuando yo trabajaba para él, y sin embargo nunca había visto a nadie tan feliz y tan en paz consigo mismo. Me dijo que prefería no tener ninguna posesión terrenal si esto implicaba perder lo que tenía, que definió como el dulce aliento de Jesucristo, a cinco centímetros de su rostro, insuflándole vida cada día.

Han pasado casi dos años y medio desde que aquella papa me golpeó en pleno rostro. Paso más tiempo con Mike que con cualquier otro miembro de mi familia. Lo he visto predicar a muchísimas personas, incluyendo amigos míos muy cercanos. Lo he visto asumir rápidamente las correcciones del Santo Espíritu y alzarse desafiante cuando alguien que identifica como «hombre de Dios» actúa en contra de sus conocidos. Y no dejan de suceder cosas extrañas a su alrededor. Como escribe en este libro, solemos pasar mucho tiempo en una cafetería. Una vez, varios amigos estaban sentados a su alrededor mientras él conversaba con un hombre interesado en publicar el trabajo de Mike o convertirlo en una película. Muchos de nosotros notamos la presencia de un hombre pálido, sentado en una esquina cerca de la puerta. Estaba leyendo un libro, pero no paraba de mirar en nuestra dirección. Nadie dijo nada hasta que de pronto alzó el libro en sus manos para que pudiéramos verlo. Era *Libro de las sombras*. Poco después, desapareció. Uno de los gerentes del restaurante con el que Mike había trabado amistad se acercó y nos preguntó si conocíamos a aquel hombre extraño. Situaciones similares a ésta suceden con frecuencia, pero Mike las maneja con una confianza que yo sé proviene del Espíritu santo.

Hoy yo sostengo el ministerio de Mike, tanto financieramente como a través de mis plegarias. Juntos hemos atravesado momentos que destruirían cualquier relación para siempre. Pero un perdón que sólo puede provenir de una relación sincera con Cristo y el poder del Espíritu santo ha hecho de la nuestra una amistad repleta de alegría y de grandes expectativas ante la misión de Jesucristo. Es un testamento del poder de Jesús, porque a pesar de todo lo que ha sucedido, Mike es mi amigo.

Joe Thoma: Quisiera agradecer a Darius McGlory por proponer a Mike que nos conociéramos. Conozco a Darius desde hace dos años, en los que hemos compartido horas de estudio de la Biblia y mi propio testimonio. Le he mostrado cómo Jesucristo me liberó del espíritu de la lujuria que tantas veces me avergonzó como un pastor bautista. Jesucristo también rompió las maldiciones generacionales de la lujuria, el divorcio, la enfermedad, la pobreza, las deudas y las muertes tempranas que afectaron mucho a mi familia.

Dado que yo sabía más sobre Satán y los espíritus malignos que el promedio de la gente, Mike y yo compartíamos cierto terreno común. Sin embargo, me enseñó mucho sobre el satanismo que yo desconocía. Compartí con él mi experiencia de setenta años de estudio de la Biblia y mis experiencias en el ministerio de la salvación. He enfrentado a los espíritus de la homosexualidad, la crueldad, la lujuria, la brujería, el asesinato, la glotonería y el miedo, por mencionar algunos. Y siempre prevaleció el nombre de Jesús y los espíritus fueron derrotados.

Mike y yo nos encontramos con frecuencia en Denny's o Starbucks y conversamos con los empleados y clientes. Una vez una camarera se quebró y lloró mientras Mike «la leía». Pudimos rezar y compartir con ella la paz del Señor. Se sintió muy conmovida por nuestros cuidados y por compartir el amor de Dios.

Las palabras de sabiduría de Mike me elevaban al ver aquella bendición espiritual en acción. Por ejemplo, una noche estábamos en la iglesia rezando, y unas filas detrás de nosotros se sentó un muchacho de apenas un poco más de veinte años. Nadie se sentó entre Calvin, el muchacho, y Mike. Mike le dijo: «El Señor me cuenta que tienes un problema con el alcohol. Prometiste que lo dejarías. Pero el Señor me dijo que ayer por la noche faltaste a tu palabra. Debes tomar una decisión: o sirves al Señor, o a la bebida».

Las lágrimas corrieron por las mejillas de Calvin. Más adelante nos contó que se había emborrachado la noche anterior y que se sentía muy culpable. Nos encontramos en Denny's después del servicio, donde hablamos y rezamos por él. Nos pagó la comida y nos dijo que sentía nuestro amor y el amor de Jesucristo que le hablaba. Hace unos meses me crucé de nuevo con él, y me contó que no ha vuelto a beber desde entonces.

Me siento junto a Mike en la primera fila de la iglesia cada domingo. Luego de que su testimonio fuera compartido con los fieles, mucha gente reconoce a Mike y se acerca para rezar y escucharlo cada semana. Una noche, una adolescente que solía hacerse cortes en los brazos vino junto a su madre. Mientras Mike predicaba, entregó su corazón al Señor y sus navajas a su madre. La madre me pidió que les brindara la eucaristía, cosa que hice mientras leía las escrituras y rezaba por ellas.

En tanto cristiano converso, Mike tiene aún bordes por limar y se enfrenta cada día a severas pruebas. Una vez, en una gasolinera, un hombre se enfadó con él y le escupió en la cara. Lo maldijo y lo trató de muy mala manera. Mike le advirtió que se alejara o le rompería la nariz. El hombre siguió provocando a Mike, así que finalmente le rompió la nariz. La policía y los paramédicos acudieron a la escena. No se hicieron cargos contra Mike, porque varios testigos confirmaron los actos de aquel hombre y la paciencia inicial de Mike. Más tarde, le leí algunos pasajes de las escrituras, incluyendo 2 Corintios 10, 4: «Las armas con que luchamos no son del mundo». Le dije que deberíamos rezar por aquel hombre en lugar de lastimarlo. Mike me escuchó, y me respondió que había rezado por él: ¡rezo porque se cure luego del altercado! Supongo que si alguna vez me encontrara en una situación de riesgo físico, quisiera que Mike estuviera allí.

Mike es un tipo sin florituras. Tiene un buen porte, y no imagino a muchos hombres, ni más jóvenes ni más grandes, que quieran meterse con él. Camina con una suerte de autoridad que impone respeto. Sus ojos reflejan su pasado, y no se necesita mucha imaginación para que su mirada contenga casi cualquier confrontación. ¡Ya veo por qué tantos se alegran de que haya pasado del lado del Señor!

Considero a Jim Kimbrough como el principal mentor de Mike, ya que lo conoció bien tanto en el «antes» como en el «después». Sin embargo, yo estaba más disponible para Mike, y tanto Jim como yo tenemos igual fe en la palabra de Dios y en lo sobrenatural. Disfruto estar cerca de él, con sus dones proféticos y su confianza ciega en Cristo. Juntos hemos pasado mucho tiempo, cada semana durante los últimos años, en un par de grupos de estudio de la Biblia, varios servicios religiosos y visitas a cafeterías. Desde que me fui acercando a él y que he rezado a su lado, nuestra unión ha sido una bendición para mí.

Mike me mencionó algo en lo que nunca había pensado. Me dijo: «Satán cree que terminará ganando, padre Joe. Se engaña a sí mismo. ¡Es el padre de las mentiras y no sabe la verdad!». Quizá para muchos ésta sea una declaración inocente, pero para mí es algo muy profundo en lo que jamás había reparado.

Satán no se rendirá nunca hasta encontrarse en el lugar que le ha sido preparado. ¿Cómo hará cuando deba enfrentarse a todos los que ha engañado, manipulado, mentido y asesinado antes de que pudieran descubrir a Dios? ¡Por la gracia de Dios, planeo estar en un lugar muy lejos del infierno!

Mike ha vivido muchas pruebas, la mayoría por parte de personas religiosas, pero también directamente por Satán. Le he visto ser probado en todos los frentes y en cada área de su vida, y he presenciado un crecimiento en Cristo y una resistencia de los que nunca antes había sido testigo, así como una inquebrantable voluntad para propagar la palabra de Dios. En Romanos 8, 18 se afirma: «considero que en nada se comparan los sufrimientos actuales con la gloria que habrá de revelarse en nosotros». Este versículo es aplicable a la vida de Mike y sobre él se afirma. ¡Todos deberíamos afirmarnos en él!

Mike Leehan es, probablemente, uno de los oponentes vivos más peligrosos del reino de las tinieblas.

Gregg Gun: Un par de años atrás, mi hermano Nathan era parte de un grupo de estudios bíblicos. Mike Leehan también estaba en aquel grupo, y mi hermano me contó la increíble historia de cómo Mike había encontrado a Cristo durante un retiro unos meses antes. Era un relato tan sorprendente, convincente, fantástico e interesante que sentí la imperiosa necesidad de conocer personalmente a Mike. Quería comprender de primera mano exactamente qué ideas y acontecimientos podían haberlo sacado del horror del lado oscuro hacia una vida en la luz.

Cuando nos conocimos, sentí de inmediato una afinidad espiritual con él. Simplemente conectamos. Ambos nos considerábamos en un viaje constante para ver el trabajo de Dios en nuestras vidas de forma más poderosa cada día. En Juan 17, 11, Jesús reza: «Padre santo, protégelos [a mis discípulos] con el poder de tu nombre, el nombre que me diste, para que sean uno, lo mismo que nosotros». Es exactamente el tipo de unidad que sentí con Mike.

Aunque en aquel entonces Mike era un nuevo creyente, yo ya podía ver los frutos de la fe en su vida. En nuestros siguientes encuentros y conversaciones a través de los meses, compartió conmigo el testimonio de su existencia. Comprendiendo que su historia tenía el potencial de provocar un gran impacto, quería que la conociera la mayor cantidad de gente posible. Le pedí que viniera a nuestra casa a dirigir un grupo juvenil de estudios de la Biblia para adolescentes amigos de mis hijos. Cuando se corrió la voz de que Mike vendría y sobre qué hablaría, acudieron veinticinco muchachos a la reunión. Sentados en mi salón, Mike no sólo compartió lo que Dios había hecho para liberarlo de su pasado, sino también lo que seguía haciendo en su vida. El poder que Mike es capaz de generar en el mundo espiritual es asombroso, y el Señor hace uso de él de manera grandiosa. Aquella noche, varios muchachos entregaron sus corazones y sus vidas por completo a Cristo.

Unas semanas después organizamos otro encuentro en mi oficina, donde había más lugar. Vinieron entre cuarenta y cincuenta personas. Algunos de los que vinieron eran unos jóvenes escépticos que concurrían a un seminario en una universidad cristiana local. Al principio escucharon educadamente a Mike mientras compartía su experiencia personal de cambio radical en su vida. Sin embargo, cuando abrió el juego a las preguntas, fue evidente que la única razón por la que habían venido era para dejarlo en evidencia en los puntos débiles de su doctrina bíblica. Obviamente lo habían planificado con antelación. Las preguntas no estaban pensadas para comprender, sino para hacerle perder pie.

Las respuestas pacientes y humildes de Mike me sorprendieron, principalmente porque en aquel entonces era un creyente muy reciente. Él tenía claro que no se consideraba un erudito de la Biblia. Simplemente dijo: «Escuchen, yo no sé nada de todo eso. Sólo sé que estaba enceguecido y que ahora puedo ver. Sé que estaba atrapado por la oscuridad, pero Jesucristo me liberó». Aunque Mike no parecía poseer una comprensión sobre cuestiones teológicas y otros «ismos», expresaba con claridad y humildad que su más alta prioridad era que su camino junto a Dios se mantuviera siempre puro. El nivel de madurez que exhibió aquella tarde fue para mí la confirmación de su sinceridad y de la pureza de su corazón. Sin duda no es perfecto, pero es un hombre cuya vida ha sido completamente transformada.

Desde entonces, he visto cómo Mike se rinde cada vez más ante Dios, rompiendo antiguos lazos y liberándose en cada área de su vida, un trabajo que el Señor realiza en todo aquel que se le acerque con humildad. Soy un seguidor de Michael Leehan. Su completa devoción por Cristo como su rey y salvador es una fuente de inspiración. Es un privilegio poder llamarlo mi amigo y mi socio en nuestra misión de hacer de los demás seguidores devotos de Jesucristo.

Jim Kimbrough: El otoño de 1994 fue un periodo de transición para mí. En medio de una separación con quien había sido mi esposa durante once años, intentaba descifrar lo que significaba la vida de soltero para alguien acostumbrado al matrimonio. Nuestra unión no había producido hijos, y yo debía redescubrirme completamente.

Ser un seguidor de Cristo era una conexión que siempre había valorado sobremanera, ya sea como parte de pequeños grupos o en grandes encuentros. Los pequeños grupos, sin embargo, eran espacios especiales y dinámicos donde se construye la confianza y existe un sentido de comunidad cristiana. En uno de esos pequeños grupos conocí a Mike.

Aquella noche no era nada especial. Habíamos tenido una pequeña prédica, una conversación y habíamos rezado por otras personas. Recuerdo que Mike permanecía en silencio y observándolo todo, con los ojos bien abiertos y atravesando a todos con la mirada. Mientras rezábamos, recuerdo haber tenido una sensación de gran presión atenazándome la frente.

Cuando el momento de las plegarias llegaba a su fin, me presenté ante Mike. Parecía algo sorprendido de que me acercara y era como si le costara mirarme a los ojos. Sentí como si acabara de conocer a un amigo: Mike me agradaba, y percibía una fuerte conexión con él. Este hombre se quedaría como parte de mi vida para siempre. Entonces, seguí molestándolo. Estoy seguro de haber sido pesado, pero Mike se comportó muy bien conmigo.

Todos tenemos una historia. Si abrimos nuestros oídos y nuestros corazones y escuchamos, las personas tienen historias maravillosas que contar. Me encanta oír las historias de la gente. Si pudiera, me sentaría todo el día a escuchar las historias de mi bisabuela sobre sus viajes desde Texas hasta Arkansas en un tren de mercancías. Con Mike era lo mismo: quería conocer su historia, y esperaba que confiara lo suficiente como para contármela.

La historia de Mike era única. Al principio habló sólo para probar mi capacidad de resistencia. ¿Seguiría escuchando tras los primeros detalles sórdidos de ataques demoníacos, encuentros con espíritus malignos, derramamientos de sangre y sacrificios de animales pequeños? Para su sorpresa, estas historias no consiguieron amedrentarme.

Debo reconocer que era un novato en esto de manejar a alguien poseído por el demonio, o en este caso, alguien que se relaciona con demonios.

El tema de los demonios y cómo tratar con ellos no es precisamente confortable para los cristianos norteamericanos. De hecho, la idea de que Satán y los demonios existen es un tema que muchos prefieren pasar por alto. Por otra parte, también existen grupos que creen que todo lo malo que sucede puede ser atribuido a actividades demoníacas. En estos temas, todavía es necesario encontrar un equilibrio. No existía mucha información ni apoyo sobre el asunto cuando me encontré con Mike, y la poca información existente no servía de mucho en su caso.

Comencé durante nuestras reuniones de grupos intentando ahuyentar a los demonios que Mike podía identificar perfectamente y que incluso eran capaces de identificarse a sí mismos. Mike terminaba en cuclillas en algún rincón de la casa, conmigo gritando en su cara a alguna o algunas misteriosas criaturas «¡salgan de ahí!».

Su rostro se contorsionaba, gruñía, y yo sentía como si estuviéramos consiguiendo algo. Nadie me ayudaba. Eran experiencias extrañas e intimidantes.

Dado que me sentía falto de cualificación y de equipo, buscaba cualquier cosa que pudiera ayudarlo. En Oklahoma había un hombre que sabía cómo liberar a las personas, por lo que pregunté a Mike si deseaba ir a verlo. Aceptó a regañadientes: quería ser libre. Era un alma atormentada, yendo y viniendo entre las puertas del infierno y las del cielo. Dios lo bendiga, estaba dispuesto a casi cualquier cosa.

Así que allí fuimos, escuchamos el mensaje y se nos entregaron algunos materiales. Sólo puedo describir al hombre que ayudaba en las liberaciones como el mejor pastor imitador de Elvis que jamás haya visto. Entre Elvis y yo, no pasó mucho tiempo antes de que las cosas se descontrolaran del todo. Mike terminó en algún lugar escondido bajo un escritorio, y supe que habíamos perdido todo control de la situación. Después de esta experiencia, Dios habló claramente y me dijo: «limítate a ser su amigo».

Al convertirme en su amigo asumí la responsabilidad ante el Señor de la liberación de Mike. Sabía que Dios lo colocaría en el lugar y entre las personas indicadas para facilitar su liberación.

Ser amigo de Mike puede significar muchas cosas, pero sin duda no es aburrido. Mike piensa y planifica. Posee una mente activa, lo que debe ser una bendición y una maldición a la vez. Conocí a sus tres hijos una vez que me invitó a comer: recuerdo sus rostros a través de las ventanas observándome mientras avanzaba hacia la puerta de entrada. Cuando entré en la casa, no podían apartar sus ojos de mí. Mike me confesó que les había dicho a sus hijos que un autobús me había atropellado mientras andaba en patineta, por lo que no debían mirarme fijamente. Era un tipo muy gracioso.

Una noche me llamó por teléfono para decirme que estaban sucediendo cosas escalofriantes en su casa. En ese instante escuché lo que parecía un lanzallamas, y Mike me dijo que salía fuego de su baño. También escuché voces extrañas de fondo. Yo asumía estos hechos con cierto escepticismo. No estaba impresionado. Mike era capaz de eso y mucho más. Lo he escuchado proferir hasta cuatro o cinco sonidos diferentes con la boca al mismo tiempo.

A veces pasaban semanas o meses sin que Mike diera señales de vida. Cuando al fin llamaba, en general era en relación a un ataque demoniaco. Me decía por ejemplo que estaba en algún lugar del desierto y que no sabía cómo había llegado allí. Una vez me llamó luego de conducir a través de Little Rock, en Arkansas. Allí hay una gran iglesia pentecostal al borde de la interestatal 40, con una pizarra que anuncia los diferentes eventos y servicios religiosos. Me dijo que al mirar el anuncio leyó «Estaciónate». Cerró los ojos, volvió a mirar y el anuncio seguía diciendo «Estaciónate». Se detuvo en el estacionamiento de la iglesia y se quedó dormido. Era domingo por la mañana. Los asistentes al servicio lo despertaron y le preguntaron si quería ir a la iglesia. Estando allí, sintió con fuerza el efecto de las plegarias.

Mike participó en nuestro grupo durante un tiempo, y uno de los jóvenes asistentes sintió la presencia demoniaca que lo acompañaba y comenzó una suerte de guerra contra él, aunque se parecía más a un Jedi intentando usar la fuerza que a una guerra espiritual. Mike me miró, yo los miré a ambos, y lo mínimo que puedo decir es que la escena era cuanto menos cómica.

Mike también me llamaba en momentos de claridad, para hablarme de su futuro junto a Cristo, describiendo el ministerio que compartiríamos y hablando sobre los libros que escribiría.

En aquel momento, yo había conocido y estaba comenzando a salir con una chica llamada Melissa. Era muy honesto con ella respecto de mi vida junto a Dios, y compartí algunos de mis encuentros con Mike. Ella no se amedrentó. Para la época en que decidimos casarnos, Mike comenzó a desaparecer con más frecuencia. En uno de nuestros encuentros le pedí que fuera mi padrino en nuestra boda, que tuvo lugar en la primera semana de agosto de 1995. No podía imaginar a otro que a Mike en ese rol, aunque sabía que sería abrumador para él. Quería que supiera que lo amaba, y era mi forma de mostrarle lo mucho que significaba nuestra relación para mí.

Tras la boda y la luna de miel, Mike aparecía cada vez con menos frecuencia. De hecho, Melissa y yo estábamos a punto de dejar la ciudad rumbo a Little Rock para visitar a mi familia cuando encontré en mi buzón una carta enviada desde la prisión del condado de Oklahoma con el nombre de Mike en ella. Fuimos a la cárcel, inscribí mi nombre en el registro de visitas y le dejé algo de dinero y una nota diciéndole que lo contactaría en cuanto regresara a la ciudad.

Cuando salió de la cárcel, decidí pasar un tiempo con él comprando varias herramientas y trabajando juntos. En aquella época yo estaba en la fuerza aérea y trabajaba en un turno de noche que me dejaba tiempo durante el día para hacer otras cosas. ¡Todavía conservo algunas de esas herramientas! Sin embargo, no era un buen ayudante. Finalmente aprendí a instalar puertas de garaje, pero no creo que haya sido muy cómodo para aquella pareja verme teniendo que leer las instrucciones antes de instalar sus puertas.

Continué con mis contactos ocasionales con Mike. Recuerdo haber rezado para que el Señor estableciera un equilibrio en su vida espiritual para que ya no tuviera que lidiar tanto con el mundo espiritual y pudiera trabajar en algunas cuestiones del corazón que creo que el enemigo complica para poder aprovecharse mejor.

En junio de 1998 nació mi primer hijo, Trent. El mismo mes recibí una orden de traslado a Biloxi, en Mississippi. Fue una mudanza rápida. Cuando llegamos a Biloxi la primera semana de septiembre, fuimos recibidos por el huracán George, y durante el tiempo que permanecí allí sólo vi una vez a Mike, cuando su novia me llamó para decirme que él estaba cerca de donde yo me encontraba y que no pasaba por un buen momento. A lo largo de los años de conocer a Mike, he aprendido a saber cuándo llamarlo: estoy seguro de que es el Espíritu santo quien me lleva a hacerlo. Siempre parecía saber cuándo era el momento apropiado. Su novia me describió el color de su camión y me dijo que seguramente lo encontraría en el casino. Le pedí a Dios que me mostrara dónde estaba Mike.

Tomé la carretera y conduje hacia el Este. El primer casino que encontré fue el Presidente. Entré en el estacionamiento y encontré su camión en el fondo. Al ingresar al casino, tenía dos opciones: el primer o el segundo piso. Elegí el segundo, mientras pedía a Dios que guiara mis pasos. Cuando salí de la escalera mecánica atravesé una hilera de tragamonedas. Allí estaba Mike, y había un asiento libre junto al suyo. Puse un par de monedas y accioné la palanca. Hice un comentario en voz alta, del tipo «oye, esto es una estafa». Cuando se giró para mirarme, sus ojos se pusieron grandes como platos. Pudimos conversar un rato. Me contó lo que estaba haciendo: tenía un trabajo en Florida, y le pedí que no fuera. Algo en mi espíritu se sentía intranquilo respecto de aquel viaje.

No supe más de Mike hasta que regresamos de Biloxi en 2003. Había estado rezando para conseguir una casa donde mudarme, pero no había obtenido respuesta de ninguna de las personas a quienes había contactado. Lo llamé un lunes, y el viernes debíamos partir hacia Oklahoma. Mike y su novia son personas generosas, y la casa en la que se habían conocido estaba vacía, por lo que nos permitieron mudarnos allí.

En aquella época Mike se debatía entre si Dios era bueno o malo, o incluso si de verdad existía. Estaba llegando a su límite, y yo no podía ayudarlo. Sabía que necesitaba un encuentro personal con Dios para recuperarse. En invierno de 2007 me llamó y me dijo que había estado pasando el tiempo con un grupo de tipos, y le habían pedido que fuera con ellos a un retiro. Decidió ir a último momento, y el resto es historia.

Como ya había visto un destello de esperanza en sus ojos de vez en cuando, sólo me tomó un par de semanas comprender que esta vez era la definitiva. Al escribir esto, ya han pasado tres años desde su salvación. Nunca lo había visto llorar. Nunca. Ahora, su corazón es tierno, está dispuesto a aprender y está arrepentido. En cuanto se da cuenta de que actúa en contra del amor, está listo para arrepentirse.

La sangre de Cristo y el trabajo de la cruz han sido completados. Dios es grande, y Satán es un mentiroso y fue derrotado. Nuestro propósito en la Tierra es glorificar al Señor y demostrar esa derrota.

Quiero agradecer a Jesucristo de Nazaret por verter su amor sobre mi amigo Mike. Gracias por responder a nuestras plegarias y a las suyas. ¡Dios es bueno todo el tiempo, y su misericordia durará por siempre!

Antes mencioné que cuando Mike tuvo su experiencia en «la cima de la colina» me tomó un par de semanas comprender que el momento que ambos esperábamos había llegado al fin. El tipo de vida que él llevaba era tan volátil que sabía que terminaría por matarlo a menos que Dios decidiera mantenerlo con vida. Y si Dios decidió mantenerlo con vida, fue con un propósito. Como Mike sobrevivió, Dios tiene un plan para él.

Hoy, mi hermano predica casi todos los días, todo el día. Es un hombre consumido por la pasión de Cristo, ocupado en liberar a las personas. Liberarlas del pecado y de la apatía, y liberarlos para que lleven a cabo su destino en Dios. Nada de esto me sorprende. Sabía que en cuanto Mike cediera el control de su vida en nuestro Salvador se convertiría en una herramienta del Señor. Lo que sí me sorprendió, y no debería ser así, es el grado de persecución que ha recibido de quienes se llaman a sí mismos cristianos. Pero quizá sea ése el problema. Existe una gran diferencia entre un cristiano y un seguidor de Cristo. Algunos piensan que son cristianos de nacimiento, algunos a causa de sus relaciones, y otros simplemente porque tienen algún tipo de contacto distante con Jesucristo.

Una de las cosas que he visto hacer a Mike con gran pasión es escuchar la voz de su pastor. Mike ama a Cristo, y esto se ve con claridad. Es utilizado sabiamente por Dios para entrar en la vida de las personas. Se ha rendido con una sorprendente fe comunitaria. En una comunidad de confianza donde la libertad y la responsabilidad personal se practican constantemente. En un ambiente de libertad, es necesario que exista la confrontación. Y la confrontación no es conflicto, sino que está designada para fortalecer y para enseñar.

Algunos califican a Mike de profeta. Yo sólo lo considero un cristiano normal. Simplemente hace lo que todos los cristianos deberían hacer. Es un ejemplo de lo que Dios quiere hacer a través del cuerpo de Cristo. Uno de los trabajos de un profeta del Viejo Testamento era convocar a la gente a realizar un pacto con Dios. Veo que lo mismo sucede con Mike. A través de su ministerio, Dios llama a su gente a la pureza. Los puros de corazón podrán ver a Dios.

Michael Hoang: Conocí a Mike Leehan durante una charla que dio en Bushido, un retiro para hombres de LifeChurch.tv. En el momento en que supe que nuestro conferencista invitado sería un ex satanista, comencé a enviar mensajes de texto a mis amigos de la zona para que vinieran a verlo. En cuanto comenzó su testimonio sobre su salida de la oscuridad, quedé automáticamente cautivado por su historia. ¿Cómo alguien tan inmerso en el demonio y en la oscuridad del satanismo puede volverse tan encendido y apasionado por el Señor? El contraste entre su lucha con el satanismo y su experiencia en la cristiandad era sorprendente.

Tras su testimonio, Mike abrió el turno a las preguntas de los asistentes. No pude evitar alzar la mano. Las preguntas que respondía sólo me generaban nuevas dudas. ¿Hay gente que de verdad venera e invoca a los demonios? ¿Cómo son los demonios? ¿Cómo nos atacan? Las preguntas invadían mi mente. Por desgracia, no tuvimos mucho tiempo. ¡Podría haber hablado con este tipo toda la noche! Su testimonio realmente me abrió los ojos a lo real y presente que es en verdad el mundo espiritual.

Tras el retiro, conseguí el número de teléfono de Mike gracias a un miembro del personal que había organizado el encuentro. Esperaba poder sentarme con él y hacerle más preguntas sobre sus experiencias en el lado oscuro. Había vivido varios eventos sobrenaturales en mi vida que nunca había terminado de entender, y esperaba que él pudiera arrojar algo de luz sobre ellos.

Finalmente lo llamé y recibió con agrado la posibilidad de encontrarnos. Un amigo y yo nos citamos con Mike en la cafetería Panera Bread de Edmond. Mientras conversábamos, comprendí que era diferente a cualquiera con quien había hablado antes. En su vida, lo sobrenatural era algo normal. Cosas de las que sólo había oído hablar eran pan de cada día para él. ¿Puedes realmente oír y ser guiado por el Espíritu santo? ¿Dones espirituales? ¿Profecías? Aunque había vivido muchas cosas en mi camino por la cristiandad (o eso pensaba entonces), todavía me sentía algo escéptico al respecto. Pero mi sed de conocimientos y comprensión se imponía sobre todo. Nos sentamos y conversamos durante horas. ¿Podía ser esto real? Mi mente estaba expandiéndose. Cuando nos fuimos, no podía parar de pensar y hablar con otros sobre lo que había oído.

A la semana siguiente nos volvimos a encontrar en la capilla del campus de LifeChurch en Edmond, esta vez junto a una docena de amigos con quienes había hablado. Conversamos y nos turnamos para hacerle preguntas sobre su testimonio, el lado oscuro y el Espíritu santo. Tras una larga conversación rezamos todos juntos, y verdaderamente Dios se nos apareció. Todos pudimos sentir el poder el Espíritu santo en una forma inexplicable. Mientras rezábamos recuerdo haber sentido un peso agradable y cálido a mi alrededor, como si llevara puestos quince abrigos de piel. Mike me miró y me dijo que veía un rayo de luz cayendo sobre mí desde el cielo.

Estábamos sorprendidos por la realidad de la presencia de Dios. He sido cristiano por mucho tiempo, y nunca había oído hablar de estas cosas. Era como si estuviera caminando por la casa en la que había vivido toda mi vida y de pronto descubriera una pequeña puerta. ¡Al abrirla, encontré tras ella un enorme espacio que nunca había imaginado!

Luego de irnos, no podía parar de pensar en aquella noche. Mi mente no podía detenerse. ¡Necesitaba hablar con alguien de esto! Conduje durante media hora para ir a un grupo en el que se encontraban algunos de los que habíamos estado en la capilla. Entramos sin decir una palabra, pero todos sabíamos que estaba sucediendo algo. Ellos también podían sentirlo. ¡Cuando nos preguntaron qué pasaba, no podíamos parar de hablar! Sentía como si fuéramos como los pastores luego de ver al bebé Jesucristo por primera vez. ¡Teníamos que contárselo a alguien! Todos crecimos aquel día. Nuestros ojos espirituales comenzaban a abrirse. ¿Esto era lo que quería decir en Hechos 2? Todo se sentía tan nuevo, tan fresco, tan real otra vez... como ver al mundo desde el lugar de un nuevo cristiano. No es necesario aclarar que la semana siguiente nuestro grupo se había duplicado.

Desde entonces, Mike y yo nos hemos convertido en buenos amigos. Posee unos increíbles dones espirituales y es una de las pocas personas que conozco que de verdad viven en su fe. A través de nuestra amistad y de su guía, he aprendido mucho sobre el mundo espiritual y he madurado en mi fe cristiana. Puedo ver a Dios moverse a través de él todo el tiempo para transformar miles de vidas en Edmond, Oklahoma. ¡Ver los frutos de un hombre que lleva sólo unos pocos años encendido por Dios es asombroso! Dios lo guía hacia algo y él simplemente lo lleva a cabo. No es alguien especial, es simplemente un tipo que ha visto lo que hay del otro lado y ahora se ha comprometido completamente del lado de Cristo.

Kathy Hayes: Encontrar a Mike Leehan ha cambiado mi vida. Mi esposo y yo lo conocimos hace más o menos un año y medio. Cada vez que puede, asiste a nuestro Grupo de Vida, y cuando está presente todo es diferente. A causa de su pasado, y del hecho que viene del satanismo, su relación con el Señor es mucho más profunda que otras.

Mike es muy carismático. Puede «leer» a las personas. A veces, el Señor le otorga un conocimiento especial sobre «dónde» se encuentra una persona en su vida. Y cuando lo hace, el efecto es inmediato. La persona en cuestión encuentra la certeza, porque Dios ya ha hablado con él, y las palabras de Mike son sólo la confirmación. He visto suceder esto una y otra vez. Mike siempre está predicando porque hay mucha gente desesperada por oír a Dios, y sus pecados, su falta de madurez o lo que sea les impiden escuchar. Entonces, el Señor utiliza a Mike para guiar a las personas hacia la salvación. Es excelente lidiando con personas que sienten que han pecado demasiado para que Dios pueda perdonarlos. Posee el corazón de su Padre. Sabe que ha sido perdonado, pero nunca olvida de dónde viene. Esto hace de él alguien increíblemente poderoso en el reino espiritual.

En lo que a mí respecta, Mike me hace querer avanzar más en el Señor. Veo cómo Dios lo utiliza y entonces deseo ser un mejor vehículo de su fe. Es muy dedicado, y sabe lo que es morir para uno mismo. Le ha dado todo al Señor, y pone sus propias necesidades en segundo lugar detrás de su servicio a Dios. Predicar es un trabajo a tiempo completo. La paga es escasa, pero los beneficios celestiales son inconmensurables.

Este libro es algo bueno. Estoy convencida de que la historia de Mike acercará a mucha gente a Dios. Satán intentó robar, apoderarse y destruir una vida, y durante un tiempo lo consiguió… pero entonces Mike entregó su vida al Señor. Cuando alguien que está tan inmerso en Satán se vuelve hacia Dios, no puede ser tibio al respecto. Mike tiene claro lo que está en juego, y se inclina ante Dios cada día. No le interesa ser famoso por su propia gloria: desea glorificar al Señor.

El adversario intenta constantemente hacer tropezar a Mike, pero él continúa avanzando y avanzando en el Señor, a pesar de los desafíos e incluso de los atentados contra su vida.

El testimonio que ofrece ante Dios es enorme. Mike está focalizado, y su vida gira alrededor de Jesucristo. Tiene un gran corazón para los perdidos, y habla de una manera que todos puedan comprender.

Si sucede algo en mi vida que me hace necesitar desesperadamente el contacto del Señor, llamo a Mike y le pido que rece por mí. Sé que Dios me escucha, pero es como si Mike tuviera una línea más directa que yo de comunicación a través de la plegaria. He visto a pastores llamarle cuando deben lidiar con una situación que parece desesperanzadora. Mike ni siquiera parpadea ante lo que el mundo considera sin esperanza. El amor de Dios fluye a través de él. Es un honor ser parte de su vida.

George Clark: Estoy convencido de que muchos de los «golpes de suerte» en la vida distan de ser una casualidad. Son los retrasos en casa sólo para luego saber que hubo un accidente en la autopista o algo similar. Los momentos de frustración suelen llevar más adelante a un suspiro de alivio. Entonces, atravesamos las molestias confiando en que Dios trabaja activamente en nuestras vidas. Esto se manifiesta también en los encuentros «casuales» con ciertas personas.

Sigo sin estar seguro de cómo conocí a Mike. El conocer a alguien me llevó a conocer también a otra persona que me recomendó un grupo de estudio de la Biblia, que a su vez me llevó a otro grupo donde me encontré en una reunión de plegarias. Vi a Mike hablar al grupo con gran discernimiento y sabiduría divina. No era como presenciar el sermón de un pastor el domingo, era más bien como ver a un cirujano espiritual extirpar un cáncer. Un tipo llegó tarde al encuentro y Mike lo recibió diciendo: «¿Quién es la mujer a la que hiciste enojar?». Con él no hay forma de esconderse. Pero Dios le ha dado un carácter que me inspira confianza.

Nunca he conocido a alguien que se haya adentrado tanto en el satanismo. Su historia me abrió los ojos, no sólo ante lo oculto sino ante las constantes batallas espirituales que nos rodean. Dios ha utilizado a Mike para aportar una sabiduría invaluable en mi vida.

He tenido la oportunidad de pasar el tiempo con Jim Kimbrough, Mike, David Barnes y Joe Thomas. Entre sus historias sobre aquella vez que se toparon con doce satanistas en un restaurante o sobre los seguidores de un culto que dejaban serpientes y cuervos muertos en la puerta de la casa de Mike, he tenido la oportunidad de acostumbrarme a las cosas más raras.

Pero lo más valioso de todo no han sido las historias, sino la guía de Mike. Siempre ha sido directo y claro conmigo. Leer su historia me ha abierto los ojos ante un aspecto de la espiritualidad que nunca había tenido en cuenta. Al principio puede sonar extraño, pero piensen que la mayoría de la gente en los Estados Unidos cree que el demonio es un invento de Hollywood y que las entidades oscuras siempre terminan haciendo que la cabeza de las personas dé vueltas mientras escupen sopa de guisantes. Mi generación y la que le siguió creció entre películas de *zombis* y películas de asesinatos extremadamente grotescas. Las cuestiones espirituales se han dejado para los enfermos mentales que escuchan voces mientras se encuentran aturdidos por las drogas o algo así. Hemos olvidado las hermosas palabras de Efesios 6: «Nuestra lucha es contra poderes y potestades».

No habría creído muchas de las historias de este libro si no hubiera conocido a Mike ni hubiera recibido la bendición de pasar tiempo junto a él. He hablado con aquellos que lo conocen de antes de Cristo y después de Cristo. Sus historias concuerdan.   †

Camino a la salvación, de Michael Leehan
se terminó de imprimir y encuadernar en junio de 2012
en Quad/Graphics Querétaro, S. A. de C.V.
lote 37, fraccionamiento Agro-Industrial La Cruz
Villa del Marqués QT-76240